Meltzer em São Paulo

1996

Seminários Clínicos

Acervo Psicanalítico:

Sociedade Brasileira de Psicanálise de São Paulo

MELTZER EM SÃO PAULO 1996
SEMINÁRIOS CLÍNICOS

ORGANIZADORES
Maria Olympia de A. F. França
Evelise de Souza Marra

APRESENTADORES DO MATERIAL CLÍNICO
Alfredo Menotti Colucci
Alícia Beatriz D. Lisondo
Antonio Carlos Eva
Cassia A. N. B. Bruno
Celia Fix Korbivcher
Julio Frochtengarten
Marion Minerbo
Marisa Pelella Mélega
Martha M. de Moraes Ribeiro
Olívia Maria P. de A. Tulha
Paulo Sandler
Stela Maris Garcia Loureiro

TRADUÇÃO
Kylie Mackin

REVISÃO TÉCNICA
Lidia Rosenberg Aratangy

Casa do Psicólogo®

1ª Edição
1997

2ª Edição
2008

Editor
Ingo Bernd Güntert e Christiane Gradvohl Colas

Assistente editorial
Aparecida Ferraz da Silva

Editoração Eletrônica
Sergio Antônio Gzeschnick

Produção Gráfica
Ana Karina Rodrigues Caetano

Capa
Clovis Ferreira frança / Voga Planejamento Gráfico-visual

Revisão
Poato Composite

Dados Internacionais de Catalogação na Publicação (CIP)
(Câmara Brasileira do Livro, SP, Brasil)

Meltzer em São Paulo, 1996: seminários clínicos/ organizadores Maria Olympia de A. F. França, Evelise de Souza Marra — São Paulo: Casa do Psicólogo, 1997.

Vários apresentadores do material clínico
Bibliografia.
ISBN 85-85141-89-1

1. Meltzer, Donald 2. Psicanálise I. França, Maria Olympia de A. F. II. Marra, Evelise de Souza.

97-1360 CDD- 150.195

Índices para catálogo sistemático:
1. Psicanálise: Teorias: Psicologia 150.195

Impresso no Brasil
Printed in Brazil

CasaPsi Livraria, Editora e Gráfica Ltda.
Rua Santo Antonio, 1010 Jardim México 13253-400 Itatiba/SP Brasil
Tel.: (11) 4524-6997 Site: www.casadopsicologo.com.br

Sociedade Brasileira de Psicanálise de São Paulo
Avenida Dr. Cardoso de Melo, 1450 - 9° andar - Vila Olímpia
04548-005 São Paulo/SP Brasil
Tel.: (11) 2125-3777 Site: www.sbpsp.org.br

Sumário

AGRADECIMENTOS

Esta publicação é fruto de seminários clínicos realizados pelo Dr. Donald Meltzer na Sociedade Brasileira de Psicanálise de São Paulo, em abril de 1996. Expressamos um especial agradecimento ao Dr. Meltzer pela autorização desta publicação. Cabe ressaltar o estímulo e apoio recebidos da Diretoria Científica da Sociedade Brasileira de Psicanálise de São Paulo, assim como a confiança irrestrita à nossa ação por seu presidente, Leopold Nosek.

Queremos agradecer também aos colegas da S.B.P.S.P e de outros centros de psicanálise, presentes ao encontro, que ajudaram a fertilizar as discussões; sua participação nos gratifica e estimula para futuras reuniões. Um agradecimento muito especial aos colegas, em sua maioria didatas e membros efetivos da S.B.P.S.P., que tão generosamente ofereceram o material de seus trabalhos clínicos, imprescindível para este trabalho.

A Lydia Aratangy um agradecimento especial por sua dedicação e competência na revisão dos textos, assim como a Kylie Mackin, responsável pela tradução das fitas. A Liana Pinto Chaves, intérprete das falas do Dr. Meltzer durante as sessões, nosso agradecimento por sua clareza e objetividade. A Alan V. Meyer, Belinda Mandelbaum e Joyce Kacelnik nossos agradecimentos por seu trabalho de tradução. À eficiência e dedicação de nossos funcionários da Secretaria, personalizados na pessoa de Adéle Lacotis, o nosso muito obrigado.

Junto a esta publicação estão as vidas de nossos pacientes: anônimos em suas identidades, presentes em nossa gratidão.

Maria Olympia de A. F. França

À Guisa de Prefácio

Donald Meltzer

Ao iniciarmos, em Oxford, o "Ateliê de Psicanálise", Martha Harris (minha falecida esposa) e eu desenvolvemos um método de ensino no estilo da escola de Atenas, com o qual esperávamos evitar a burocracia organizacional e a tirania sobre os mais novos, geradas em Viena e adotadas nos Estados Unidos.

Ao longo dos últimos quinze anos, surgiram na América do Norte e do Sul, na Europa e na índia grupos autogerados e auto-sustentados, dentro e fora da IPA e de associações regionais, oferecendo programas complementares, absolutamente não-competitivos. O método, que teve sua origem na Clínica Tavistock, sob a direção de Esther Bick e Martha Harris, enfatiza a observação e o pensamento, e considera a terapia como um processo de desenvolvimento protegido, e não de resolução de conflitos de desenvolvimento. A ênfase claramente está mais no papel da confusão na interrupção do desenvolvimento do que nos conflitos do instinto, mais nos valores do que nas ansiedades.

Esse parece ser o rumo para onde aponta o trabalho de Bion, que frutificou na América do Sul mais do que em qualquer outro lugar.

Prefácio

Maria Olympia de A. F. França

Em sua tarefa clínica, o psicanalista confronta-se e convive com o desafio de viver. Será esse desafio decifrável, em sua completa amplitude? Sem dúvida que não.

Meltzer em suas conversas e observações sobre o fato clínico traz os seus ouvintes ou leitores para uma proximidade bastante grande do acontecer da experiência emocional na relação humana. Será essa capacidade de "enxergar" o fato psíquico um dom? Sim, Meltzer parece tê-lo, ao mesmo tempo em que se percebe na leitura de suas observações o analista experiente que reflete, mergulhando no acontecimento psíquico e trazendo do fundo dele suas mais densas articulações e tramas vivenciais.

Neste livro, encontramos diversos analistas brasileiros da S.B.P.S.P. com toda sua fé, sua tenacidade e afinco no trabalho com seus pacientes. A franqueza de suas intimidades foi trazida para o encontro com Meltzer e seus outros pares de forma muito generosa, que conduziu a um contato fértil, impactante, e de luta com os movimentos psíquicos evidenciados no que nos é relatado. O desafio de viver é posto à tona, desnudado de suas roupagens sociais e outras manobras e artifícios que o escurecem, usados talvez na tentativa de absolvição das limitações humanas. Meltzer aponta-nos uma trilha nesse desafio da vida, o perdão, que não o perdão cristão: "A base do perdão é perceber que, se não fosse pela benevolência de meus objetos internos, eu também poderia ser um vilão". Nesses encontros, conversamos sobre o nascer, o morrer, a esperança, o desânimo, a virtude, o machucar, o parar, o chegar, a coragem e a tolerância.

Através do material clínico, Meltzer fala-nos, de forma viva, de vários conceitos da psicanálise. Mostra-nos os muitos fatores que interrompem ou dificultam a formação da identidade, aspectos esses apontados dentro da experiência emocional que ocorre cora a dupla analista/analisando, diferente da maneira morta da explicação teórica afastada da transferência.

Vinculado a uma maneira estética, confrontativa e vivencial de Meltzer em suas colocações, percebe-se também o analista preocupado com o diagnóstico ou a nosologia do paciente, procurando por muitas vezes, junto ao material clínico, esmiuçar as sutilezas dos conceitos teóricos psicanalíticos.

CONFERÊNCIA "DREAM LIFE"

Donald Meltzer

Vou falar do desenvolvimento das minhas idéias sobre os sonhos e o lugar que ocupam na análise, idéias que foram desenvolvidas a partir de trabalhos que me influenciaram, como, por exemplo, o trabalho de Bion sobre pensamento.

A teoria de Freud sobre os sonhos e a prática de Freud da interpretação dos sonhos não se encaixam bem, como mostrei no livro *Dream Life.* A teoria era relativamente simplista quanto aos sonhos enquanto fenômenos, e era uma justificativa para que eles fossem objeto de atenção por parte da psicanálise. Mas, na prática da análise dos sonhos, Freud ilustrou com perfeição por que considerava os sonhos o verdadeiro caminho para o inconsciente. Em seu trabalho com os sonhos e na maneira como os utilizava no trabalho analítico, Freud foi maravilhosamente intuitivo.

Foi esse lado intuitivo que encontrou uma resposta tão viva em Abraham e, mais tarde, em Melanie Klein. Pois, embora Freud nunca tenha chegado ao conceito de concretude da realidade psíquica (ele estava mais preso a suas idéias sobre o superego como reflexo da verdadeira experiência da criança com seus pais), no seu brilhante trabalho com sonhos, como no caso Dora, a compreensão que ele teve da moça ia muito além do que teria sido possível deduzir a partir do que foram os pais de Dora. A admiração e o respeito que ele tinha por ela estavam ligados à apreciação do elemento criativo presente nos sonhos dela. Carl Abraham, principalmente em seus trabalhos sobre estados maníaco-depressivos e classificações dos estados pré-genitais, chegou a uma noção da concretude dos objetos internos que provavelmente teria levado mais adiante e desenvolvido muito mais se não tivesse morrido tão cedo. Mas as idéias que ele estava desenvolvendo passaram diretamente para Melanie Klein, que estava em análise com ele na ocasião, e encontraram eco no trabalho dela com crianças, bastante revolucionário para a época.

Esses desenvolvimentos relativos à concretude da realidade psíquica deram aos sonhos o significado de uma visão muito direta da operação dos processos internos, o que reforçava idéias anteriores de Freud, especialmente sobre hipocondria e estados depressivos, sadomasoquismo e masoquismo. A linguagem que Klein usou foi fiel à linguagem de Freud, até que ela parou de falar em superego e passou a falar em objetos internos. De certa maneira, ela tentou introduzir o aspecto materno do superego, retrabalhando a idéia do ideal do ego, mas acho que acabou por desistir dessa idéia, em favor de falar sobre objetos internos, maternos ou paternos. O uso dos sonhos era imprescindível para localizar e esclarecer a qualidade desses objetos internos e para definir, com alguma precisão, a transição daquilo que Abraham chamava de objeto parcial, para o desenvolvimento dos objetos totais. De certo modo, foi essa diferenciação que Abraham fez e que Melanie Klein certamente tomou e transformou nos conceitos das posições esquizoparanóide e depressiva. Ainda que esses conceitos não sejam sinônimos de objeto parcial e de objeto total, ela parece ver algum tipo de relação entre esses dois níveis, na formação do conceito.

Essa era a situação do trabalho com os sonhos por volta da morte de Melanie Klein, e o livro que escrevi dedicava-se simplesmente a preencher esses conceitos com fenômenos clínicos.

Era também uma tentativa de juntar a fenomenologia da análise de crianças com a análise de adultos.

Tento mostrar que, acompanhando os sonhos exatamente da mesma maneira que se acompanha a brincadeira de crianças, seria possível observar a operação, no processo analítico, de uma história natural evolutiva - no sentido de que a transferência se move numa configuração circular e espiralada. Parecia possível considerar que o processo psicanalítico tinha uma história própria, uma evolução característica em princípio, não especialmente dependente de qualquer configuração de fantasia e de relações de objeto. Ao tentar fazer isso, o objetivo era desengajar da pessoa do analista o processo de transferência e contratransferência, e considerá-lo numa perspectiva fenomenológica, como algo que se dava no paciente e que o analista tenta assistir da melhor maneira - que eu chamaria de levar a transferência -, o que significou também carregar a contratransferência.

Acho que as pessoas que entenderam e seguiram essa direção viram-se escutando os pacientes e falando com eles de maneira um pouco diferente. Assim, o trabalho do analista passava a ser visto como algo que não pode ser descrito simplesmente pela interpretação. Enfatizava o relacionamento entre analista e paciente mais em termos do relacionamento entre um pai e uma criança, com uma evolução que podia ser descrita, assim como se pode descrever o desenvolvimento das crianças.

Essa era mais ou menos a posição kleiniana na época em que as idéias de Bion começavam a aparecer e a provocar um grande impacto. Embora seja verdade que já tínhamos começado a falar sobre o sonho como uma forma de pensamento, foi apenas com o desenvolvimento do trabalho de Bion que se tornou possível estudar o processo de pensamento em si, e com isso prestar atenção a aspectos do sonhar. Assim, aspectos do processo analítico iam além de descrever a vida das fantasias e os mecanismos da defesa. Isto é, passou a ser possível descrever processos mentais, ou seja, estudar toda a metapsicologia, e não só perseguir os aspectos dinâmicos.

De fato, os aspectos dinâmicos, que tiveram tanta importância na interpretação, foram perdendo essa importância à medida que se percebia que não eram funções tão estáveis. No processo analítico, era possível ver uma rotatividade muito grande e nenhuma dinâmica específica ficava consistentemente presente. À medida que os estados mentais se desdobravam e se desenvolviam, a dinâmica mudava, e aí nos percebíamos acompanhando o paciente na imediatez dos processos da transferência e da contratransferência, com menos referência à história do desenvolvimento.

Ficou claro que, à medida que a maturidade do paciente evoluía, a história do desenvolvimento *dele* mudava, e não era mais possível ajustar as interpretações da transferência em termos da história do paciente acerca da própria infância. Na verdade, à medida que a análise se desenvolvia, surgia gradualmente uma história inteiramente diferente.

No meu entender, esse é o ponto mais importante, o de maior mudança, no meu trabalho nos últimos quinze anos. Ou seja, uma mudança no sentido de estudar os movimentos imediatos do processo da transferência/contratransferência – e estudar isso com referência específica aos processos de pensamento. Vamo-nos dando conta de que nem tudo o que acontece na mente é pensamento, que há muitas outras coisas que se passam na mente e que não podem ser consideradas processos de pensamento, pois têm outras configurações; que as funções mentais apresentadas no consultório pertencem a pelo menos duas grandes categorias: a intimidade do processo transferência-contratransferência; e a grande área das atividades da vida que poderiam ser chamadas de casuais ou contratuais. São processos de adaptação à cultura, seja à cultura da família (para as crianças), seja, mais tarde, à cultura da escola, à cultura dos amigos e à cultura grupal da adolescência, e os processos adaptativos da cultura adulta (ganhar a vida, arrumar uma profissão, achar um lugar para si). Acho que ficou claro para muitos analistas fora dos Estados Unidos (não sei se isso vale também para os Estados Unidos) que a psicanálise tinha pouco a ver com os processos de adaptação social e com os aspectos contratuais e casuais da vida mental. Não significa que a psicanálise não possa oferecer ajuda nessas áreas, mas, infelizmente, melhorias na vida emocional e íntima podem resultar numa má adaptação, na medida em que podem levar a uma recusa a qualquer adaptação sentida como degradante para a área íntima. Esse tipo de conflito é mais claro no paciente adolescente, que vivencia as exigências de adaptação à cultura adolescente como uma traição aos valores familiares.

Essa ênfase no estudo do processo transferência-contratransferência, considerado um processo de pensamento, muitas vezes induz o analista a investigar aspectos que parecem não interessar muito ao paciente, e o paciente sente que o analista está interessado em problemas abstratos que não o interessam, porque ele não consegue ver como se relacionam com sua vida íntima ou com seus problemas de adaptação. Isso fica especialmente claro nas áreas do estudo dos processos de pensamento, e envolve o analista na delicada questão dos usos que o paciente faz da linguagem.

O estudo das desordens de pensamento exige um exame detalhado dos bons e maus usos que o paciente faz da linguagem, de uma maneira que envolve a implementação dos conceitos de Bion, tanto da grade como da grade negativa, e o estudo dos processos que Bion preferia chamar de "mentir", mas acho que podem ser classificados em categorias diferentes, que não a de falar coisas que não são verdadeiras para esconder a própria ignorância. Em um estudo cuidadoso da linguagem e da imagética do sonho, descobre-se que existe uma enorme área de auto-enganos que não têm nada a ver com "mentiras". Também existe uma grande área de confabulação que não tem nada a ver com mentira e, evidentemente, há toda uma área de transformações em alucinoses que não têm nada a ver com os processos alucinatórios dos distúrbios psicóticos.

Depois das contribuições de Bion, o trabalho do psicanalista ficou mais interessante, mas também mais complicado. É extremamente interessante quando se consegue engajar o paciente *nele*, mas pode ser frustrante quando o paciente só está interessado nos benefícios da análise, e não em conhecer a própria mente. Encontramos muitos pacientes que não estão interessados em saber como suas mentes funcionam, que querem simplesmente descobrir maneiras de funcionamento mais eficientes e com maior probabilidade de sucesso. Talvez tenhamos de liberar esses pacientes para outras formas de psicoterapia, que empregam a transferência mas não a estudam, que usam a contratransferência mas não se interessam por ela como uma forma de desenvolvimento do analista.

Não é justo falar assim sem oferecer algum material clínico do que considero típico do nível de análise dos sonhos. Vou contar o sonho de um paciente que quase não tolerava minhas análises e que já tinha passado por seis analistas.

Depois de alguns anos de análise comigo na Inglaterra, ele voltou para os Estados Unidos, mas por algum motivo manteve contato comigo, e vinha para uma semana de análise todas as vezes que tirava férias. Eu estava tão interessado nesse paciente que sempre dava um jeito de encaixá-lo, por mais que ele me tratasse mal e ficasse me ensinando tudo. Os seus sonhos me interessavam muito, porque ele sofria de um grave distúrbio de pensamento. Ficava paranóico e agressivo toda vez que eu mencionava isso. No entanto, ao longo desses quatro anos, com uma semana a cada três meses, ele melhorou em muitos aspectos, mas não no seu comportamento para comigo.

Numa dessas semanas, trouxe um sonho que achei muito interessante. Nesse sonho, ele tinha comprado um chalé à beira de um lago e, quando foi tomar posse da casa, descobriu que o chão estava coberto de excrementos humanos (só se deu conta disso quando já tinha pisado nas fezes com as meias – por alguma razão, estava sem sapatos). Conseguiu lavar as meias e saiu do chalé. Assim que saiu, viu um homem, à beira do lago, tentando se matar. Reconheceu que aquele homem era ele mesmo, e achou que deveria ir lá e ajudá-lo a morrer. Então desceu, foi até a beira do lago, e a maneira pela qual tentou ajudá-lo a morrer foi acendendo fósforos e jogando-os dentro da garganta do homem. Mas, paradoxalmente, em vez de conseguir matá-lo, isso foi, de alguma maneira, benéfico para o homem, que pareceu se recuperar da determinação suicida.

Ficamos felizes em relacionar isso com as funções da análise, e as suas permanentes queixas de que o analista estava tentando matá-lo. A relação dele com a mãe tomou uma nova dimensão, e ele passou a acreditar firmemente que ela o tinha amamentado, enquanto sua crença anterior era de que seu irmão mais velho jamais teria permitido que a mãe fizesse isso. O estratagema de jogar os fósforos acesos dentro da garganta do homem guarda uma estreita semelhança com a maneira como um passarinho alimenta os filhotes, que ficam no ninho, com os bicos abertos, e a mãe joga a comida (insetos, bichinhos e outras guloseimas) dentro das suas bocas. Isso reverberava na nossa experiência, em que eu tentava alimentar o paciente com interpretações, pondo interpretações dentro dele. Ele não apenas as considerava nojentas, mas achava que elas, de fato, o matavam.

A questão é: em que tal análise difere do que teríamos interpretado para esse homem há vinte anos? Provavelmente, há vinte anos, eu estaria enfatizando os processos de cisão e ressaltaria seu desejo de ajudar o homem a morrer como uma indicação de melhora numa parte cindida dele. E, de fato, seu interesse nessa parte cindida era terapeuticamente benéfica. Acho que essa é uma maneira legítima e útil de interpretar tal sonho, mas desconsidera um aspecto mais interessante: o paradoxo de que uma coisa, que se acreditava letal, é na verdade benéfica, por ser esclarecedora.

Isso indica que o esclarecimento da confusão é o fator operativo da interpretação, o que é diferente de interpretar os processos de cisão como um conflito entre a parte boa e a parte má da personalidade. Coloca a ênfase em idéias como interesse e compreensão que superam a confusão.

A essência da revolução que Bion trouxe para a psicanálise consiste justamente em nos afastar dessa antiga crença de que o homem é um animal desesperadamente mau e que a psicanálise diz respeito a um conflito entre o bom e o mau na personalidade. Bion nos conduz numa direção que considero humanista, a qual reconhece que o homem carrega um fardo, que é o de ter inteligência para ver o problema, mas não para resolve-lo. Conseqüentemente, ele padece de confusão. Já se sabe há muito tempo que o grande instigador da atuação na transferência são estados confusionais não-resolvidos. Faz parte da grade de Bion, em que o impulso para ação interrompe o pensamento, quando ele diz que a resposta à pergunta é o *infortúnio* da questão: a resposta desafortunada é sempre a resposta que indica como agir. Essa diferenciação, que justapõe pensamento e ação, parece-me um desenvolvimento filosófico na psicanálise que substituiu, por exemplo, a noção do Instinto de Vida e de Morte, que é uma outra maneira de falar em Deus e Diabo.

Perguntas da Platéia

P1: Gostaria de perguntar como se poderia encadear o processo de pensamento com funções sexuais. Por exemplo, num determinado momento da palestra, o senhor aludiu a um modelo de ajudar a pensar comparável a um modelo alimentar, no qual o analista procurava alimentar o paciente com suas interpretações. Ou seja, um modelo baseado numa imagem de aparelho digestivo, com uma função obviamente ligada à oralidade. Eu perguntaria se o modelo de colaboração, em um processo de pensamento, não estaria mais próximo ao modelo de função sexual ligada à genitalidade, no qual esse sonho do paciente seria como um produto da relação dos dois, analista e analisando, como um coito que resulta numa fertilização, que é o sonho.

D. Meltzer: As questões de genitalidade e pré-genitalidade, como modelos para o pensar, me parecem importantes, principalmente porque grande parte da sexualidade com que lidamos nas análises é, na verdade, sexualidade pré-genital. Só no final de uma análise bem-sucedida é que começamos a encontrar elementos da resolução do complexo de Édipo genital. O complexo de Édipo está presente o tempo todo, durante uma análise, mas é apreendido primariamente de maneira pré-genital e de objeto parcial, que está incluído, a meu ver, nas questões de geografia e confusões zonais.

A questão não é tanto de que modelo se usa, é mais uma questão de que modelo se descobre que a mente do paciente está usando, o que envolve alimentar o paciente com conceitos; conceitos que o paciente desconhece, mas que são necessários para que ele pense, para conseguir avançar além de um certo ponto. Esses conceitos estão incluídos na teoria do pensamento da grade vertical de Bion. Falarei sobre isso quando falarmos sobre o trabalho de Bion.

Como vocês sabem, tentei seguir essas pistas propostas por Bion, praticar esse tipo de trabalho, especialmente no que diz respeito ao nível estético e seu lugar no processo analítico, o que novamente parece vir no final da análise, em relação ao objeto total, o complexo de Édipo genital.

P2: Minha pergunta diz respeito ao que o senhor chamou de atitude pedagógica do analista. Gostaria que o senhor explicasse um pouco melhor o que entende por isso. É uma atitude ativa, ou o quê?

D. Meltzer: Acho que não faz parte do vaivém do processo. Acredito que chega um momento, na análise de uma pessoa, em que você se dá conta de que faltam ao paciente alguns conceitos, algumas noções, que são filosóficas, artísticas, estéticas. E o pensamento *dele* é incapaz de ir mais adiante, se não lhe forem dados os elementos para pensar essas noções. Isso se aplica não apenas ao nível estético, mas também ao que é provavelmente o nível espiritual; isto é, com freqüência o paciente precisa que lhe expliquem, por exemplo, o significado do conceito de perdoar, que provavelmente é um conceito espiritual.

P3: Gostaria de lhe pedir que falasse um pouco mais sobre sua afirmação de que o trabalho do analista não é apenas o de interpretar. Qual a sua definição de interpretar?

D. Meltzer: Minha idéia é que o trabalho do analista *é de* natureza primariamente descritiva. Aquilo que, no passado, foi chamado de interpretação, tinha uma natureza tão explicativa, que hoje em dia acho que mal tem lugar em análises, não estamos explicando mais nada. Porque não há nada para explicar, estamos lidando com processos que não têm nem causa, nem orientação. Tudo o que acontece na mente, acontece na base dos processos de pensamento, que incluem, como Bion nos ensinou, a observação, os diferentes passos nos processos de pensamento, o desenvolvimento do pensamento em diferentes níveis de abstração etc.

Tudo procede de acordo com processos de observação, julgamento e pensamento. E julgamento, segundo Bion, não passa de opiniões. Como analista, você não tem nada a oferecer a não ser opiniões; você não tem explicações para dar, mas tem uma porção de opiniões a oferecer. Isso quer dizer que você tem todo o direito, por exemplo, de mudar de idéia. Você não tem de ser consistente. O paciente pode dizer: "Mas você disse tal coisa na semana passada". Aí, eu digo: "Sim, mas mudei de idéia esta semana, por causa disso, disso e disso..." Quando os dados mudam, espero que a minha mente também mude com eles.

Naturalmente, o "sem memória e sem desejo" de Bion pode ser só uma justificativa para o fato de não ter nenhuma memória. Tenho muita simpatia por essa idéia e pela falta de memória de Bion, porque a minha está sumindo muito depressa.

Quando as pessoas perguntam: "Você lembra?", só posso dizer: "Espero que sim!".

Acho que está na mente, em algum lugar. Disso eu tenho certeza.

P4: Como o conflito estético e a apreensão do belo levam a um processo de sonhar?

D. Meltzer: Naquele livro expliquei, dando um exemplo da minha enteada, que os bebês chegam ao mundo e ficam perplexos, surpresos com a beleza do mundo. E essa beleza do mundo é representada e ilustrada pelas mães. A maioria dos bebês não é capaz de suportar o impacto desse objeto estético, excessivo para eles, e rapidamente invocam processos para diminuir esse impacto. A primeira coisa que fazem é cindir-se, entre a parte que está olhando para a mãe e a parte que está olhando para o teto. A parte que está olhando para o teto não consegue entender por que a outra parte está tão excitada, o que é isso que a deixa tão excitada. E essa parte que olha para o teto vai pela vida afora sem entender por que tanta agitação. E a parte realista que acredita em soluções finais.

Na Grã-Bretanha, atualmente, essa parte é representada pela idéia de matar milhões de vacas, como solução final para a doença da *vaca louca,* o que considero absolutamente imoral. Os fazendeiros não têm nenhuma objeção, contanto que recebam pelas vacas, porque aparentemente não amam as suas vacas. Mas se alguém quisesse eliminar a raiva, eliminando todos os cachorros, teríamos uma luta armada, uma revolução na Inglaterra.

P5: Como relacionar o esquema de descrição dos processos de pensamento de crescimento do paciente e do analista com os processos de interação que ocorrem na dupla analista-paciente?

D. Meltzer: Só posso fazer aquilo que Bion descreveu como aprender da experiência. Baseia-se num processo em que o bebê transfere para a mãe a sua confusão, a mãe trabalha essa confusão e devolve-a para o bebê. Creio que esse é o melhor modelo para o processo analítico, com a exceção de que não acho que o próprio analista faça isso. Ele, de fato, carrega a transferência do objeto que faz isso. O analista não compreende nada, ele simplesmente representa, na transferência, o objeto que compreende.

GRUPO DE TRABALHO
DISCUSSÃO CLÍNICA

Donald e Colaboradores

Grupo de Trabalho *A1*

Coordenadora: Este mesmo grupo vai se reunir por três seminários. Hoje será apresentado um material inicial, e a proposta é que a discussão evolua, tendo como eixo "Transtornos de Pensamento".

Apresentador: Vou apresentar um texto escrito, que lerei vagarosamente. Peço ao Dr. Meltzer que interrompa sempre que achar interessante fazer algum comentário.

Lembranças do Trabalho Clínico

Olho o meu relógio. Acabei de atender um analisando e, praticamente sem intervalo, já é hora de iniciar a sessão seguinte. Tenho na memória quem deve estar na sala de espera. Há, em mim, quase certeza de que tal pessoa se encontra lá, pois ouvi um toque de campainha pessoal, isto é, com a duração de um ou dois segundos, que associo a quem não quer tocar demais, nem fazer ruído excessivo.

D. Meltzer: Você quer dizer que pode reconhecer essa pessoa pela maneira como toca a campainha?

Apresentador: Sim.

D. Meltzer: Da mesma maneira como você reconhece alguém pelos passos.

Apresentador: Na sala de espera reconheço, procuro. Está atenta, olhando para a direção em que apareço. Lentamente, coloca seus óculos de grau no rosto, recolhe um molho de chaves e caminha em minha direção. Cumprimentamo-nos verbalmente e com um leve aceno de cabeça: "Boa tarde"... "Boa tarde"!

D. Meltzer: Explique-me por que ela coloca os seus óculos de grau.

Apresentador: Não sei.

D. Meltzer: É o habitual? Ela se senta lá sem os óculos, mas os coloca no momento em que você aparece? Apresentador: Sim. E é bom acrescentar que é comum ela chegar na sala de análise, tirar os óculos, e na saída colocá-los.

D. Meltzer: O que ela faz com as chaves?

Apresentador: Ela põe as chaves na bolsa, em cima da cadeira e junto com os óculos.

D. Meltzer: Bolsa, óculos e chaves em cima de uma cadeira.

Apresentador: Olho-a desde que a encontrei. Tenho a impressão de que ela passou os olhos em mim por um ou dois segundos, e não me olha diretamente. Está cabisbaixa, olhando o chão. Tenho, no entanto, a fantasia de que, tanto quanto eu a olho e observo, ela também o faz.

D. Meltzer: Quer dizer que é como se ela tivesse uma dessas máquinas fotográficas que revelam imediatamente uma foto, e ela olha para a fotografia que tirou de você?

Apresentador: É uma boa imagem.

D. Meltzer: Porque há uma diferença entre pessoas que o olham e captam imediatamente uma imagem viva de você e pessoas que o olham e tiram o que a polícia chama de "foto de frente e perfil", algo que não tem vida, sem expressão, olhos mortos. Não sabemos como ela olha para você, mas sabemos que ela o olha rapidamente.

Apresentador: Estamos num sobrado. Ela sobe para o andar superior rapidamente, dois ou três degraus por vez, de modo que, quando chega ao topo da escada, eu ainda me encontro no meio. Logo a perco de vista, ouço seus passos em direção à minha sala. Quando chego à sala, ela está parada ao lado de minha mesa de trabalho, me esperando.

D. Meltzer: Se ela está subindo as escadas de dois ou três degraus por vez, não me parece que esteja usando uma saia justa. Como ela se veste?

Apresentador: Calça jeans, sapato sem salto, uma camisa de manga comprida, cinza ou azul cinzenta.

D. Meltzer: Até que ponto ela usa roupas e atitudes de um garoto? Gostaria de saber que aparência ela tem, se parece um menino/menina.

Apresentador: Na escada, é um menino ou uma menina rápido ou rápida; na sala não é nem menino nem menina, provavelmente não tem corpo.

D. Meltzer: Esta é a impressão que ela dá, de um tipo não marcado pela sexualidade, mas com uma qualidade neutra e despersonalizada.

Pergunta da platéia: Que idade ela tem?

Apresentador: Na carteira de identidade? Na carteira de identidade, ela tem uns quarenta ou cinqüenta.

D. Meltzer: Que tipo de documento é esse?

Apresentador: É uma carteira de identificação.

D. Meltzer: Para a polícia?

Platéia: Todos nós precisamos de uma, e temos de carregá-la conosco.

D. Meltzer: E como é que você viu a carteira da identidade dela? Esses fatos da cultura brasileira são novos para mim.

Apresentador. Eu queria esconder do colega, que pergunta da platéia, a idade cronológica, e fiz essa brincadeira dizendo que a idade que está no documento *deve* ser entre quarenta e cinqüenta.

D. Meltzer: Mas eu quero entender esses documentos.

Platéia: Foi uma brincadeira.

D. Meltzer: Tem um documento ou não tem?

Platéia: Tem, mas o analista nunca pediu para vê-lo.

D. Meltzer: Vocês podem fazer piadas em português, porque eu certamente não vou entender.

Apresentador: Quando chego à sala, ela está parada ao lado da minha mesa de trabalho, me esperando. Encaminho-me para a minha poltrona. Logo a seguir, como se esperasse por esse movimento, senta-se no canto do divã, na extremidade oposta à minha poltrona, e retira lenta e cuidadosamente os sapatos. Guarda-os junto ao pé do divã, deita-se no extremo oposto do divã, de barriga para cima, e sobe arrastando o corpo, até encontrar o travesseiro que é sempre colocado em diagonal, ele estava paralelo ao divã, e ela o ajeita em diagonal. Encolhe-se, dobrando pernas e braços em decúbito lateral, com as costas voltadas para a parede, junto ao divã: formou um pacote humano, com as costas voltadas para a parede e a parte anterior dobrada sobre si mesma.

Esse encontro, como o descrevo até aqui, é "como sempre". Temos um costume, um ritual, depurado ao longo de nosso convívio, que parece estável. Nada me chama a atenção como novo, parece-me um velho e conhecido encontro, típico "começo de sessão".

Estou confortável e conhecido no que se repete. Parece-me também que estou desocupado mentalmente, livre mentalmente. Tão logo ela se ajeita no divã e eu na poltrona, emerge um estado de depressão e desânimo, que localizo nela, quer a partir da posição corporal fechada, quer a partir de um ar rarefeito que aparece entre nós.

D. Meltzer: Quase todos os pacientes ritualizam o início das sessões, cheguem eles adiantados, atrasados ou na hora, pela maneira como esperam, como entram etc. Nesses rituais de começo, parece-me que a operação da identificação projetiva é muito evidente em alguns pacientes, tanto quanto em crianças que mergulham na sala, ou entram correndo, fechando a porta e deixando o analista para fora, ou entram na sala errada etc. O que me impressiona é a maneira como ela escorrega para dentro, como escorrega para fora dos sapatos e escorrega na superfície do divã, rearranja o travesseiro, encolhe-se e se aninha dentro de você. Assim, não me surpreende que, imediatamente depois disso, uma nuvem de depressão baixe no consultório. Será que o bebê está vivo?

Apresentador: Imerso nesse estado, sou surpreendido pela fala da analisanda. Diz estar muito envergonhada, pois se lembrou – e começa a contar – que esteve na casa da Amélia (uma amiga que freqüenta a nossa conversa nos últimos meses) e que lá viveu uma grande inveja, dela e da família. Faz um pequeno relato, em termos genéricos e abstratos, que foi lá jantar a convite e percebeu uma Amélia cheia de vida, de interesses e compromissos. Diz que ter filhos, como Amélia teve, ajudou-a a se manter viva. Acrescenta que a mãe de Amélia ajuda sempre que necessário, que colabora e dá uma mm, para a filha nos cuidados da casa e das crianças. É uma casa com vida, com movimento.

D. Meltzer: Estou ouvindo um relato da transferência e do tipo de vida que a sua esposa leva, que o libera para ter pacientes como ela. Você é o tipo do marido em quem podem ser depositadas todas as ansiedades da vida familiar. A ansiedade principal da vida familiar é sempre uma variação da ansiedade: "O bebê está vivo?"

Apresentador: Respondo, apenas mentalmente, que é bastante diferente do que percebo conosco, ali, e do que tenho como lembrança da vida descrita por Maria.

Ao ouvi-la, vai-se acentuando em mim a percepção de uma pessoa triste, vencida, que sequer pode exercer a inveja com alguma liberdade. Talvez (faço a hipótese), por estar na minha presença.

Isso deve fazer parte do repertório de que "inveja-não!", o que quer que ela chame por esse nome.

Interessa-me mais o estado desagradável, que aponta e eu noto, e menos o nome inveja, dado a tal estado. Vou, no entanto, usá-lo a seguir.

Digo-lhe que me parecia triste, desanimada, e que talvez o que chamou de "envergonhada" tivesse a ver com o episódio que me conta ter vivido na casa da amiga, querer para si o que é bom e a outra vive, ou perceber uma vida viva, contrastando com a vida dela.

D. Meltzer: Eu comentaria que isso não é uma interpretação. É uma boa descrição, um bom sumário daquilo que ela conta e organiza a comunicação, de tal modo que abre caminho para a investigação da transferência. Provavelmente, a situação transferencial tem algo a ver com o motivo pelo qual ela impõe esse tipo de desvitalização na relação com você. E minha resposta provisória é: "porque você é um bom marido, e todos os bebês mortos podem ser depositados em você."

Apresentador: Tenho uma forte lembrança, ao formular essa idéia a respeito da vida que a analisanda vive dia após dia, "sem filhos", "sem família", "sem marido", ou com um que dificilmente a entende e ajuda. Parece-me um negativo, diante do positivo que se revelou a ela através de Amélia.

Em mim, estabelece-se a convicção de que há uma pessoa, tanto lá fora como aqui comigo, na qual predominam o desânimo, a incapacidade, a falta de habilidade, a certeza, que freqüentemente me passa, de estar "fora do jogo", sem esperanças no presente e no futuro. Faço a hipótese de que me ouve, aparentemente com atenção, e me dá um certo intervalo de tempo para se certificar de que terminei o que eu queria dizer. Creio que prossegue na mesma seqüência de idéias que desenvolvia. Conta-me que, mesmo que o casamento de Amélia não vá bem, pois o marido não liga para ela e eles brigam muito, há o lado dos filhos, da família de origem, da profissão que pode ser exercida com prazer. Eu chamaria de admiração o que vê na amiga. Parece-me que se cumpre uma função na comunicação que me faz. Há algo na vida da outra que ela não tem, nem terá, e que aprecia muito ou deseja muito. Que devo entendê-la nos sentimentos que experimenta, em particular agora, como resultado disso. Uma pessoa sem qualquer oportunidade de felicidade, que esteve ao lado de alguém que tem a oportunidade de viver uma vida cheia, alegre e plena. Em outros termos, que a visita feita permanece em andamento, agora, e que experimenta um sentimento de ausência de vida, algo que capto no presente, comigo.

D. Meltzer: Vamos parar um pouco e tentar entender o que você está lhe dizendo.

Como falei, parece-me que você resume muito bem a descrição do que ela está comunicando e que você começou a interpretar a transferência, uma vez que o coloca em uma posição de incapacidade e inabilidade, o que você chama "hora do jogo", sem esperança no presente ou no futuro.

Em resposta a isso, ela agiu de uma maneira que poderia parecer muito considerada, dando tempo para digerir e ver se acabou, mas parece que não o ouviu. Continua contando o outro lado da história de Amélia: que a relação que Amélia tem com o marido não é boa, mas que isso é compensado pelo prazer da vida familiar, com os filhos e a mãe etc.

Você diz que, na comunicação com você, se realiza uma função, que tem algo a ver com essa vida que outros têm e ela não: aprecia muito, deseja muito, mas nunca terá. Isso me parece apenas repetir aquilo que você já disse, resumindo a sua comunicação, mas não me parece investigar a transferência que você já descreveu, que o deixa incapaz, deprimido, sentindo-se "fora do jogo" etc.

Você também fala de uma pessoa sem qualquer oportunidade de ser feliz, ao lado de alguém com a oportunidade de levar uma vida cheia, feliz e plena. Não está claro se você está falando da situação da transferência, ou refere-se à relação que ela tem com Amélia.

Apresentador: Estou falando concretamente da situação que ela me descreveu, e percebo que isso está chegando para o meu lado.

D. Meltzer: Que isso está entrando na transferência.

Apresentador: Em outros termos, que a visita feita permanece em andamento agora e que experimenta um sentimento de ausência de vida, algo que capto no presente comigo, que também está ali.

Acrescento, a seguir, que a vejo mortificada, no meu entender, pelas idéias e sentimentos que estão guardados nela e que, pelo que me contou, pôde percebê-los no contato com a amiga. O clima emocional que percebo muda abruptamente, há um encerramento de algo que, para mim, apenas começara. Há silêncio e morte. Penso em ressuscitar o assunto, para recuperar a emoção que percebia nela, mas opto por esperar. Valho-me da experiência anterior com ela, de que esse movimento é duradouro e que flui lentamente. Ela me parece parada, física e mentalmente, o trabalho que se dá lá dentro é inacessível aqui de fora. Se puder, espero, permanecendo em isolamento.

D. Meltzer: Vamos parar e examinar isso. Parece-me que, em vez de interpretar que ela está evacuando dentro de você a experiência dela, como alguém com uma ausência de vida que o deixa, por meio das projeções, incapacitado e parado, você percebeu uma mudança no clima da relação e decidiu ficar quieto em relação a isso. Tem a tentação de ressuscitar as emoções nela, mas escolhe esperar. Não está claro por que você escolhe esperar, mas me parece baseado em algum sentimento seu de que o estado atual dela ficou fora de seu alcance.

Apresentador: Maria toma nova iniciativa verbal, que me atrai: pergunta-me se, de onde estou, posso ver o arvoredo que se movimenta. O sol, acrescenta, e esse movimento dão uma bela vista.

D. Meltzer: Certamente isso é uma iniciativa nova. Não está claro se ela acha que você pode ver, ou se você está numa posição de onde não pode ver.

Apresentador: Ela tem dúvida se posso ver o que ela está vendo através da janela.

D. Meltzer: Mas você pode?

Apresentador: De fato, posso.

D. Meltzer: Mas você não pode ver o que ela está vendo.

Apresentador: Respondo que vejo o arvoredo, que também me parece uma bela vista, e que, além disso, percebia um movimento amistoso dela comigo, para que eu também pudesse perceber a bela vista.

D. Meltzer: Ouço a pergunta como se ela estivesse dizendo: "Você pode ver o mundo que eu estou vendo?" E acho que não ajuda muito responder: "Sim, vejo o mundo que você está vendo e é bastante belo, e você fica satisfeita com isso", porque suspeito que ela esteja falando de um mundo muito diferente, o outro mundo.

Apresentador: Ela continua dizendo que está batendo também um "solzinho" no quintalzinho lá de trás e que a casa fica encantada, muito bonita, e que ela gosta de estar ali.

D. Meltzer: Esta é uma frase que induz confusão, porque não sei de qual casa ela está falando, se é uma casa que vê através da janela, se é uma casa dentro da qual ela está, que facilita que veja a outra casa através da janela.

Suspeito que, quando ela diz que a casa é encantadora, quer dizer encantada, e que está desfrutando do que Bion chama de reversão de perspectiva, que está vendo o mundo lá fora a partir da identificação projetiva, mas também está vendo o objeto dentro do qual ela está, a partir de fora.

Uma característica de pessoas que atuam no palco é que elas não só vivenciam o papel que estão representando, mas também se imaginam assistindo à própria representação.

Apresentador: Percebo uma alegria, algo de vida, que parece vivido no presente, naquele momento. Terá a função de contrabalançar ou contrapor-se ao que estava instalado? Terá a função de me alertar para o combate que se dá entre vida e morte, ânimo e desânimo, ou o quê? São perguntas que faço para mim mesmo.

D. Meltzer: Essas são as perguntas que já respondi para mim mesmo, na forma que está na minha mente: que ela está, com certeza, contrabalançando alguma coisa; está contrabalançando este mundo com o próximo. Está na posição da devota religiosa que contrabalança o vale de lágrimas com uma visão do paraíso.

Apresentador: Abstraindo mais: terá a dor sido insuportável e provocado um movimento alucinatório de "bela vista", ainda que a "bela vista" pudesse ser percebida sensorialmente ali presente? Isso provoca uma decisão de minha parte, pois, dependendo de como entendo o movimento, minha ação será bastante diferente. Isto é, se prevalece a colaboração comigo, no caso chamando a minha atenção para o belo da paisagem, ou se além disso ela se serve do belo para um acerto emocional mais profundo e urgente: inibir a devastação que o vazio vinha fazendo. Penso poder acompanhar, mais ou menos em paralelo, o que está vivendo.

D. Meltzer: Só para esclarecer: ao enfatizar que ela está vendo esse outro mundo fora da janela, não estou pensando que isso seja alucinatório; acho que faz parte da fenomenologia da identificação projetiva, isto é, que é mais delirante do que alucinatório. Mas, como os delírios religiosos, tem em si algo elitista e superior. Quando você desafia isso, significa que, muito provavelmente, vai ser acusado de uma inveja satânica.

Apresentador: Acho que isso vem a seguir. Maria me invade com uma lembrança que teve e agora me comunica Sempre achou que ser uma intelectual era o máximo em sua vida, que era através do exercício prático da profissão que seria feliz e também poderia ter respeito por si mesma, caso pudesse ser uma trabalhadora. E que agora, desgraçadamente, nem podia pensar em faculdade. Ficara burra e só eu não entendia que estava perdendo o meu tempo com ela, pois valorizava a sua inteligência, só que esta não existia mais.

D. Meltzer: Essa é uma maneira elaborada de dizer que você não percebe quanto ela teria mudado, que o tempo todo você sempre a idealizou e supervalorizou como se fosse uma intelectual, devido à inteligência dela, e não percebe que ela deixou tudo isso para trás.

Apresentador: Digo-lhe: "Vejo você presa numa grande armadilha, pois você nem desistiu de vez de ter vida, nem conseguiu tê-la suficientemente para se sentir contente. A situação, parece-me, não tem saída na forma como está posta. Penso também que você me faz de contraponto: provoca-me para que eu seja uma espécie de esperança, de modo que eu rompa com a desesperança que vive agora".

D. Meltzer: O que você está lhe dizendo? Que ela criou uma armadilha para você? Com isso, certamente eu concordo. Você continuou dizendo que, de fato, ela montou uma armadilha para si mesma, com o que eu certamente concordaria, pois ela espertamente se fecha em um claustro. Mas a dificuldade, nesse momento, é que ela não está vivenciando a claustrofobia, só está vivenciando a grandiosidade que vem da identificação projetiva.

A identificação projetiva tem dois componentes diferentes, que geram dois tipos diferentes de fenomenologia. O primeiro é o componente identificatório, no qual a parte que foi projetada é identificada com o objeto, e vivencia a grandiosidade e onipotência que vai junto com isso; mas o outro lado da identificação projetiva é a fenomenologia do claustro, no que parece um lugar fechado e aprisonante. Embora me pareça correto, psicologicamente, falar que ela montou uma armadilha para o analista, na qual ela mesma se prendeu, na minha experiência não ajuda interpretar a ansiedade claustrofóbica enquanto vigoram a grandiosidade e a megalomania. Acho que isso está em pleno vigor com esta paciente nesse momento: ela viu a glória futura que a espera.

Apresentador: Na situação que descrevo, há um forte componente que vem da vida prática, vivida, que confirma ou serve de base para a idéia apresentada por Maria. Penso ser a partir disso que ela me responde: "Mas eu sou um zero. Tudo o que quero fazer não consigo, e são coisas simples. Quando eu estudava matemática, eu parecia mais capaz do que sou hoje, tanto que quase me formei. A dificuldade era mais com a dor de cabeça do que com a matemática; quando eu estava lúcida aprendia bem, o rendimento era pouco, mas eu aprendia bem. Agora, uma coisa simples como aprender um começo de pintura não vai, e eu tive a esperança de que, com a pintura, fosse deslanchar. Ainda mais que era um grupo de pessoas, uma oportunidade para conversar, para começar a ser social. Mas elas só falavam de filhos, casa, marido, assuntos sobre os quais eu não tenho o que dizer". Quero esclarecer que ela está fazendo referências a uma tentativa recente, de começar a aprender a pintar com o objetivo de encontrar pessoas.

D. Meltzer: Sim, porque ela acha que fez um movimento da ciência para a arte e você não percebeu isso, e caiu na armadilha de continuar idealizando a inteligência dela. É verdade que começou a estudar pintura, não por amor à pintura, mas pela esperança de encontrar pessoas que pensam como ela. Creio que ela fez uma má escolha, deveria ter-se vinculado a uma igreja, ou a qualquer coisa semelhante a uma igreja, como a igreja psicanalítica. Mas ela descobre que os analistas não têm pela análise uma devoção religiosa, pois ainda acham que é uma ciência, e ela tem enorme desprezo por isso.

Apresentador: Ela continua: "Mas eu sou um zero, não tenho vida, não participo da conversa das outras pessoas, passo o dia sem fazer nada... Só foi sofrimento ir lá, tanto que parei logo de ir". Ainda está falando quando a interrompo, dizendo que tenho uma idéia diferente da dela. No momento, ela está fazendo algo que me parece importante, está conversando comigo de experiências de vida que me parecem frustradoras, difíceis, mas que servem para admitir seu desejo de ter vida, de mudar de situação.

É provável que eu não tenha habilidade suficiente para transmitir aos leitores a dor mental intensa que está sendo vivida por Maria e descrita por mim através dessas constatações. O caminho do suicídio está sempre, ou quase sempre, como um pano de fundo em minha vivência com Maria. Fui penosamente me familiarizando com **esse** componente, ou essa possibilidade de desfecho para a batalha. Creio, no entanto, que ter perdido boa parte da responsabilidade de manter Maria viva deu-me liberdade e coragem para ser franco com ela, diante dessa situação particular: se vale a pena continuar viva e em que condições.

D. Meltzer: Era exatamente isso que eu queria dizer quando disse que você era depositário do problema familiar *"O bebê está vivo?"* Embora seja verdade que esse tipo de ausência de vida, desespero e falta da vitalidade podem levar na direção do suicídio, em minha experiência isso não acontece. E a maneira pela qual se mantém o bebê vivo é ajudando-o a sair da identificação projetiva. Isso se faz analisando o estado mental em que o paciente está imerso. Na medida em que a grandiosidade é bem-vinda, mas a claustrofobia certamente não. O sabor da grandiosidade mantém a paciente em estado de identificação projetiva, porque gera uma complacência e um agradável sentimento de ser superior aos outros. Enquanto não conseguir reduzir o prazer da grandiosidade, você não conseguirá abrir caminho até a claustrofobia, que faria a pessoa sair da identificação projetiva. Para reduzir os prazeres da grandiosidade, você tem de descrevê-los e descrever os seus sinais. E a minha opinião é que a grandiosidade da paciente está bem escondida da sua vista. Toda essa conversa sobre a inferioridade dela, a sua inteligência precária, a sua impossibilidade de ser pintora, a incapacidade de qualquer tipo de criatividade, tudo isso tem a finalidade de colocá-lo fora da trilha da grandiosidade. Acho que isso se revelou só por um instante, naquela imagem beatífica do sol e das árvores, e a casa bonita e encantada.

Apresentador: Freqüentemente ela me surpreende porque, ao lado da pobreza, do sofrimento, tem projetos que me parecem inviáveis, como, por exemplo, fazer vestibular para a faculdade. Porque ela já fez uns quatro ou cinco; ela passa, e abandona depois de algum tempo, provavelmente porque não encontra lá o que está procurando.

Percebo também que sou um fiel depositário das experiências e memórias ligadas a tentativas de suicídio, algumas materializadas e outras tão-somente planejadas ou imaginadas. Tais experiências e memórias, que estão presentes em mim e que imagino não estão depositadas no sujeito que as viveu, foram deixadas para trás. Quero, com isso, introduzir a idéia de que Maria me parece ter uma vida já vivida, que não cabe na sua personalidade. Falta-lhe, segundo essa minha impressão, autoria para a própria vida.

Tomo, como resposta, a fala seguinte de Maria, que me parece calma, com um ar conformado: "Eu só tenho conversado com você sobre a minha vida, não tenho com quem falar do que me acontece. Meu marido não consegue dar conta da sua própria vida, anda muito deprimido, trancado em casa, sem ânimo para trabalhar – ele, que tem possibilidade de trabalhar, imagine! E, mesmo quando está mais disposto, não quer saber dos problemas da minha vida, eu nem sei por que continua casado comigo. Ele acha que não tem como me ajudar, fica aflito, não entende por que eu fico tão desanimada, por que choro tanto. Com os meus pais nunca deu para falar nada, acho que agora são eles que precisam de mim, já estão doentes e velhinhos"...

D. Meltzer: Isso toca no problema desse tipo de paciente, que vai de uma coisa para outra com um certo otimismo e esperança, mas sempre acaba em desapontamento. Embora descrevam isso como se estivessem desapontados consigo mesmos e com seu jeito de funcionar, de fato o desapontamento é sempre com o mundo e com as outras pessoas, que eles consideram desinteressantes, **sem** brilho, e especialmente sem espiritualidade.

Ela não deixa claro por que fala com você sobre a vida dela. Sugere que é porque não tem mais ninguém com quem falar, implicando que é seu serviço ouvir e que ela paga por isso, mas não tem nenhuma esperança de que você possa entendê-la, porque você é um homem deste mundo e ela quer um santo.

Apresentador: Maria prossegue: "nunca me ajudaram, e não seria agora que iriam fazê-lo" O tom dessa fala é gelado, destituído de qualquer sentimento mais intenso. Há uma espécie de desgaste de tanto ter falado sobre essa parte de sua vida. Há um tom frio, desolado, na comunicação, e me parece que há também alguma concordância com a ação imaginada, que ela me conta a seguir:

"Um dia desses, pensei que poderia ir à feira. Mas nem sei como é que se vai à feira, como se compram as batatas, nem sei se é por quilo ou como é. E eu não quero bancar a ridícula, chega o meu aspecto, que já é todo ridículo".

Digo-lhe: "Parece-me que você está acordando de um grande sono e que começa a se interessar pelo que se passa aqui com os humanos, eu e você por exemplo. Lembrei-me de ouvi-la contar algumas histórias, que para mim fazem um conjunto com essa sua vontade de começar a ir à feira. Ah, se você já soubesse antes o que está por aprender ou acontecer..." (referindo-me às batatas). Tenho a intenção, ao falar disso com ela, de tentar juntar lembranças que estão comigo e que, para ela, são esparsas. Tenho alguma intenção de devolver ao verdadeiro proprietário algo que me parece ser da sua própria vida. Sei, por outro lado, que não poderá haver um milagre psicanalítico que, por vezes, compartilho com Maria – quem sabe, no caso, imaginar-me indo à feira e comprando batatas com ela, ser um facilitador de experiências que, no contexto atual, não podem passar do projeto à vida prática. Mas, em outras ocasiões, penso haver uma "homeopatia psicanalítica", que vai fortalecendo seu mundo mental, para que possa conter o que se passa com ela.

Dou-me conta de que se passaram cinqüenta minutos. Levanto-me, aguardo-a junto à porta e nos despedimos: "até amanhã!" "Até amanhã", respondo.

D. Meltzer: Você lhe disse uma coisa muito importante: "Se apenas você pudesse antecipar o que tem para aprender ou acontecer. "Isso está absolutamente certo. Ela não está interessada no presente, nem neste mundo. Está interessada no futuro e no outro mundo.

Uma coisa que acontece com pacientes nessa situação é que eles evocam em você um desejo forte de mantê-los vivos, fundamentalmente "manter o bebê vivo". Você não pode manter um bebê vivo, se ele não se alimentar. Quem tratou de anoréxicas sabe que se pode até enfiar um tubo no estômago e injetar leite lá dentro, mas não se pode forçá-las a ganhar peso. O ponto é que elas o obrigam a trabalhar arduamente, numa tarefa infrutífera. Enquanto você tenta resgatá-las da claustrofobia, que não estão vivenciando, agarram-se mais firmemente à grandiosidade que estão desfrutando.

Acho que é necessário, e afinal você é forçado a isso, reconhecer a sua inutilidade e deixar claro para o paciente que faltam as condições para a análise nessa situação, dominada pela grandiosidade. E preciso esperar que saíam desse estado mental, e eles não vão sair disso enquanto a grandiosidade não perder o encanto e eles não começarem a se sentir aprisionados e excluídos da vida. Parece ser um fato psicológico que o claustro assemelha-se a uma prisão, da qual não se consegue escapar. Mas não é verdade: a saída do claustro é tão simples e direta quanto a entrada. E, na minha experiência, o caminho para o claustro sempre tem suas origens na masturbação.

A grande história mitológica sobre o claustro é a história de Teseu e Ariadne, a entrada no labirinto para matar o Minotauro. É uma grande tentação para o analista ser Teseu, se pudesse achar uma Ariadne a quem se prender para sair do labirinto. Mas esses heroísmos não funcionam em psicanálise. Se você entra no labirinto, descobre que não sabe como sair, porque esquece como entrou. E, na minha longa experiência de ajudar pacientes a sair do claustro, essas duas operações (diminuir a grandiosidade e intensificar a claustrofobia), ao mesmo tempo que se desvenda a função da masturbação no caminho para o claustro (descoberta através dos sonhos e outras manifestações), tornam possível ajudar esses pacientes a achar o caminho de volta para o mundo. Esse processo geralmente leva alguns anos e aí estamos, na verdade, apenas no início de uma análise. Quando o paciente sai da identificação projetiva, entra em depressão, devido aos anos que perdeu no claustro. Então, volta correndo para o claustro e tem de ser pescado para fora novamente.

A análise das dependências químicas é, por excelência, a análise da pessoa presa no claustro e estou convencido de que não ajuda nada se aproximar da questão da dependência como se fosse a história do Minotauro. De nada servem heroísmos, como entrar no claustro e matar o Minotauro para liberar a alma da pessoa aprisionada.

Onde está Maria nesse processo? Acho que ela revelou inadvertidamente, nessa pequena fala sobre a beleza fora da janela, que ela teve um vislumbre da beleza da vida fora do claustro, mas que confundiu isso com um vislumbre do Paraíso. Está aberto o caminho para você explorar essa nova religiosidade dela, que ainda é secreta.

Vamos ter mais dois seminários sobre Maria, e espero que você fale tudo o que sabe sobre sua história, para fazermos alguma idéia de como se desenvolve esse tipo de personalidade. Porque, quando pacientes como essa procuram a análise, parece que já viveram no claustro toda a vida; e para os pacientes mais próximos da psicose, talvez seja verdade que estão nesse estado a vida toda. Mas a maioria dos pacientes, que não são psicóticos óbvios, entra nesse estado na puberdade e adolescência, e certamente são resgatáveis. A psicanálise não é a única coisa que pode resgatá-los; muitas vezes, um casamento acidentalmente bom pode resgatá-los. Digo acidentalmente bom, porque eles têm de achar um parceiro angelicamente bom, o que não é fácil.

Grupo de Trabalho A2

Coordenador: Vamos dar continuidade à reunião iniciada ontem, na tentativa de continuar a discussão tendo como tema "Transtornos de Pensamento".

Apresentador: Terminada a reunião de ontem, fiquei imaginando uma maneira de me oferecer, enquanto apresentador de uma situação clínica, para podermos ouvir os comentários que o Dr. Meltzer possa fazer. O final da reunião anterior foi, no meu entender, um momento precioso para todos que estavam aqui. Assim, estou desejoso e perseguido para dar continuidade a isto; pensei em ler novamente a sessão, e ir fazendo os comentários que me surgirem.

Dr. Meltzer: Eu preferia que você continuasse, e falasse mais sobre o paciente.

Apresentador: Então vou usar a sessão como um estímulo para contar mais.

"Olho o meu relógio. Acabei de atender um analisando e, praticamente sem intervalo, já é hora de iniciar a sessão seguinte. Tenho na memória quem deve estar na sala de espera. Há em mim, quase certeza de que tal pessoa se encontra lá, pois ouvi um toque de campainha pessoal, isto é, com a duração de um ou dois segundos, que associo a quem não quer tocar demais, nem fazer ruído excessivo."

Por mais cuidado aparente, que tanto eu quanto ela tenhamos para um não interferir na vida do outro, enquanto eu trabalhava na sessão anterior, percebi claramente a chegada dela, apesar de curta e silenciosa. Talvez por isso eu tenha escrito este segundo parágrafo.

"Na sala de espera reconheço, pois, quem procuro. Está atenta, olhando para a direção onde apareço. Lentamente, coloca seus óculos de grau no rosto, recolhe um molho de chaves e caminha em minha direção. Cumprimentamo-nos verbalmente e com um leve aceno de cabeça: 'Boa tarde'... 'Boa tarde'!

Olho-a desde que a encontrei. Tenho a impressão de que ela passou os olhos em mim por um ou dois segundos, e não me olha diretamente. Está cabisbaixa, olhando o chão. Tenho, no entanto, a fantasia de que, tanto quanto eu a olho e observo, ela também o faz."

Vou fazer um comentário sobre isto, tentando entrar na história.

Atendo essa pessoa há mais de dez anos, e vou isolar um aspecto para exame, por exemplo o uso do óculos: quando eu a conheci, ela não usava óculos. Ela só enxergava de muito perto, e pareceria simples dar-lhe a informação de que com óculos ela veria mais longe. Mas essa idéia encontrou uma enorme resistência, porque fui percebendo que o mundo que ela podia ou queria ver era próximo, pequeno, e que era conveniente para a vida dela que, após alguns poucos metros, tudo ficasse embaçado, embaralhado.

Progressivamente, ela vem usando mais os óculos; mas o Dr. Meltzer chamou a atenção, e isso fez sentido para mim, para o fato de que ela tira os óculos, tanto na sala de espera quanto na sala de trabalho. Durante algum tempo, poderia parecer que há uma única dimensão nesta relação; agora, penso que estou descrevendo aqui uma outra vertente: que ela tem um outro sistema de entrar em contato comigo e me perceber.

"Estamos num sobrado. Ela sobe para o andar superior rapidamente, dois ou três degraus por vez, de modo que, quando chega ao topo da escada, eu ainda me encontro no meio. Logo a perco de vista, ouço seus passos em direção à minha sala. Quando chego à sala, ela está parada ao lado de minha mesa de trabalho, me esperando. Encaminho-me para a minha poltrona. Logo a seguir, como se esperasse por esse movimento, senta-se no canto do divã, na extremidade oposta à minha poltrona, e retira lenta e cuidadosamente os sapatos. Guarda-os junto ao pé do divã..."

Dr. Meltzer: Ela ainda está usando os óculos?

Apresentador: Ainda está com os óculos até chegar à sala, e nesse momento também.

O senhor ontem fez uma afirmação de que ela não estaria de saia justa para subir de dois ou três degraus, e eu lhe respondi muito concretamente que, naquele momento, ela estava com jeans e sapatos sem salto. Agora, quero acrescentar que nunca vi essa mulher de saia, e que um dos problemas que vi aparecer durante estes anos é que a roupa dela ia-se acabando, gastando, e ela não tinha como entrar numa loja e comprar uma roupa nova.

Dr. Meltzer: Você podia ver essas roupas se acabando ou ela falou que elas estavam se acabando?

Apresentador: Eu podia ver que estavam se acabando e que ela usava praticamente um uniforme.

Dr. Meltzer: Você pode me contar o que observou, que indicava que as roupas estavam se acabando?

Apresentador: Ela usa exclusivamente um tipo de sapato de cordas, umas alpargatas, e algumas vezes as cordas de baixo estavam se acabando e ela entrava numa grande aflição, para conseguir alguém que a acompanhasse na compra; ou, melhor ainda, alguém que fizesse a compra. A mãe era pensada como uma pessoa que jamais faria isso. Ainda quanto à aparência, eu também jamais a vi usando batom ou qualquer outro enfeite feminino.

Ela teve uma grande esperança de que, quando as primas, muito mais novas, estivessem crescendo, ela poderia acompanhar o crescimento e aprender. Mas o bonde andou depressa demais, provavelmente na adolescência das primas ela não pôde acompanhar o que acontecia.

Dr. Meltzer: Que idade ela tem?

Apresentador: Entre quarenta e cinqüenta.

Pergunta da platéia: Você faz uma descrição quase minimalista dessa entrada dela. Parece uma cena em câmera lenta: ela muito cuidadosa, de repente na escada ela sobe de dois a três degraus, correndo. Essa situação parece contrastar com este entendimento de dez anos, que existe entre vocês, em que ela sabe como tocar a campainha e você já sabe quem está chegando. Você disse que ela não podia entrar numa loja, a não ser acompanhada, o que imediatamente evoca na nossa mente a idéia de um comportamento fóbico. Então, nessa sua descrição, que significado você daria a ela subir correndo a escada? Você acha que é uma atitude contra-fóbica, ou um anúncio de algo dissociado na personalidade dela, que ela está mostrando para você?

Apresentador: Vou falar algumas associações que me ocorrem. Ela me contou algumas vezes que, quando era pequena, jogava futebol com os meninos e teve um problema sério quando os meninos e as meninas começaram a ter atividades separadas, porque ela perdeu os companheiros do futebol e não entrou no outro grupo. Uma outra idéia que me veio também foi que algumas vezes ela consegue comprar roupas novas, imagino que existam, apesar de não as ter visto. Dou o sentido de que é um ato que acontece no mundo externo, que essas roupas são guardadas num armário e vão formando um monte cada vez maior e sem uso.

Dr. Meltzer: Isto é sua suspeita, sua conclusão baseada nos dados, ou sua imaginação?

Apresentador: Ela me conta freqüentemente e me faz crer que essas roupas existam e que estão no guarda-roupas. Atualmente, ela vive uma situação ambivalente, porque me conta que vê uma roupa numa loja, mas tem uma certa memória de que existe um guarda-roupas cheio, e que esse caminho de levar a roupa para casa não é suficiente para usá-la.

Dr. Meltzer: Parece claro que ela o faz usar a imaginação, porque dá pouca informação; ela dá pistas que o levam a extrapolar.

Essa mulher tem um caráter que eu chamaria *de enigmático,* o sorriso da Mona Lisa. Acho realmente interessante o fato de que ela sobe as escadas correndo. Isso desperta nossa fantasia e dá a impressão de que ela está fugindo de você, mas ao mesmo tempo implica que você está disposto a persegui-la. Provavelmente isso acontece no consultório também: ela dá uma rodadinha de associações e depois pára. Não posso deixar de relacionar isso com a fantasia sobre a janela, o Sol, as árvores, o chalezinho e a beleza. Imediatamente, penso nessa parte dela que não usa roupa nova, nem maquiagem, e tem a fantasia de ser uma ninfa perseguida por um sátiro, pelas planícies da Arcádia. Suponho que isto seja sua visão do Paraíso, porque me vem como se ela fosse uma freira, pertencente a uma ordem que ela mesma inventou, onde ela é a noviça, a única freira e também a madre superiora. E que há um outro mundo pelo qual está esperando e o que ela ***acts out e acts in*** na situação transferencial é este mundo. Ouço este material de suas observações sobre ela, como de uma contínua atuação na transferência. Com certeza, ela não é uma grande comunicadora, mas é uma boa mobilizadora de fantasias.

Acho que isso implica um caráter muito cindido. Pode ser que esse caráter seja cindido ao longo da linha da bissexualidade, do masculino e feminino. Essa idéia da pequena jogadora de futebol sugere isso, mas também sugere a idéia do paraíso perdido, onde era possível misturar os sexos de uma maneira inocente. A vida dos anjos é um pouco assim; eles parecem ter uma vida sexual intensa, que é desencarnada e consiste neste tipo de mistura, fundindo-se uns com os outros e separando-se numa forma desencarnada. Esta é minha fantasia, o que ela estimula em mim, e acho que, se fizéssemos uma rodada pela sala, acharíamos uma fantasia diferente em cada um; e a conclusão a que chegaríamos é que ela é uma mulher muito enigmática, que nos deixa adivinhando. Isto não significa despertar interesse. Não há nada na mulher de Leonardo que dê vontade de conhecê-la melhor, você não gostaria de cortejá-la nem de se casar com ela. As mulheres de Leonardo me davam a impressão de ter algo de malévolo oculto nelas. Basta lembrar do quadro da Virgem sentada no colo de Santa Isabel, que, quando se virava de cabeça para baixo, parecia uma ave de rapina. Provavelmente é um palpite acurado que, quando você vê uma cisão severa, há em algum lugar uma parte sado-masoquista.

Quando você fala dos óculos, que acha que ela está satisfeita em ver só aquilo que está a um metro ou dois de distância, e o resto do mundo nublado... Provavelmente é verdade que todo mundo tem uma certa fronteira da própria intimidade, que é variável, mas um estranho que chegue perto demais é imediatamente sentido como uma invasão e suspeito que essa distância de dois metros dentro do foco, com o resto nublado, não é só o limite da privacidade da paciente, é também o limite do aspecto secreto dela, para o qual não há entrada sem permissão. Não sei se subir as escadas correndo representa a permissão para ser perseguida de perto, mas suspeito que ela não ficaria surpresa se ouvisse você ofegar nas escadas atrás dela.

Apresentador: Ouvindo o que o senhor disse, vou acrescentar alguns dados que me parecem relevantes.

Ela teve, como motivo aparente para iniciar uma análise, uma dor de cabeça invencível, e depois de mais de um ano que nós estávamos trabalhando, ela se surpreendeu de que eu era um homem. Fiquei com uma forte impressão de que era uma coisa muito honesta, muito verdadeira. Tenho a impressão de que eu estava já dentro da vida dela quando ela me percebeu como homem, e ela fez um comentário interessante, dizendo que se não fosse assim eu não entraria, se não fosse por engano, por inobservar, eu não teria entrado, nós não teríamos nos aproximado.

Dr. Meltzer: Como na história do sapo que resgatou a bola dourada da princesa. E, quando ela acordou na manhã seguinte, era um príncipe que estava na cama com ela.

Apresentador: Nestes anos, essa dor de cabeça tem ocupado uma situação central, porque é tratada como um objeto estranho, é uma outra fora dela, e governa tudo que se passa com ela. Por exemplo, quando fazia faculdade e um professor marcava uma prova, ela dizia: "Se a dor de cabeça deixar eu irei, se ela estiver muito forte eu não irei". E o ritmo das sessões, a presença dela nas sessões, também é governada pela dor de cabeça, até agora.

Dr. Meltzer: Ela falta às sessões?

Apresentador: Ela falta às sessões, e eu já associo que, cada vez que falta, é que a dor de cabeça está intensa. Raramente há alguma outra justificativa para faltar.

Dr. Meltzer: É a teoria da ansiedade como sinal: quando a dor de cabeça a previne de que há perigo, ela evita a situação.

Apresentador: Durante um bom tempo ela tinha certeza de que a dor de cabeça nada tinha a ver com a vida de relação, com a vida mental. Progressivamente, a dor de cabeça está começando a ser um aspecto da existência dela, da própria vida. E ela tem tido algumas experiências de estar, por exemplo, com muita dor de cabeça, conversar com alguém e a dor de cabeça sumir; e ela pode aproveitar essa experiência para tentar perceber o que daquilo é tão perigoso, tão doloroso ou tão evitado.

Esse aspecto da dor de cabeça é muito violento. Ela é de uma família de médicos, e não houve ninguém capaz de criar um sistema medicamentoso e, há alguns anos atrás, apesar da minha resistência, de eu estar francamente contra, ela fez uma cirurgia para aliviá-la da dor, que também não teve qualquer efeito.

Dr. Meltzer: O que foi feito nesta cirurgia?

Apresentador: Não tenho informações, o que sei é que era para impedir a dor.

Dr. Meltzer: Foi feita por um neurocirurgião de verdade? Apresentador: Por um famoso neurocirurgião, de verdade.

Dr. Meltzer: *Famoso* não responde a pergunta.

Apresentador: Uma pessoa respeitada. Tenho a impressão de que ela se comporta com a dor de cabeça como alguém que tem câncer.

Dr. Meltzer: E na verdade um delírio somático. Apresentador: Ela tenta o que for possível para sair da dor.

Dr. Meltzer: Acho que você tem de tratar delírios somáticos como uma justificativa para toda a sorte de experimentos, mas que em geral têm o significado de experimentos eróticos. Enquanto a maioria das pessoas faz seus experimentos com um cirurgião plástico, elas fazem com neurocirurgiões.

Pergunta da platéia: Mais explícito seria uma mudança de sexo?

Dr. Meltzer: Sim, seria o mais explícito. Mas isso parece mais delirante do que o delírio somático comum, parece fazer parte de um sistema delirante mais do que um delírio somático isolado, que em geral significa uma idéia paranóica. Acho que é isso que procurávamos: a construção pedacinho por pedacinho da indicação de um sistema delirante.

Pergunta da platéia: Gostaria de indagar sobre pacientes que se refugiam nesse claustro, nesse núcleo encapsulado. Pacientes que aparentemente não fazem ruído ao entrar, mas fazem um imenso ruído pelo processo da identificação projetiva dentro do outro, porque me chama a atenção como essa paciente zera a possibilidade de ajuda por parte do objeto externo. Ela conta, por exemplo, que o marido está deprimido e incapaz de trabalhar, não pode ajudá-la; os pais não podem ajudá-la; o cirurgião não pode ajudá-la, e o analista também não pode ajudá-la. Penso nessa clausura como uma cristalização do tempo, pois ela tem horror à passagem do tempo (por exemplo, um sapato que se desgasta), e se alimenta da onipotência e da magnificência para manter a ilusão de que não precisa da ajuda de ninguém, como uma criança anoréxica. Seria o terror de mergulhar no mundo dos vivos, onde existe a passagem do tempo, existe a morte, existe o envelhecimento? Como é difícil, às vezes, romper essa carapaça que eles defendem com uma força imensa, sem ocasionar uma desestruturação maior. Ou seja: a técnica seria sermos mais incisivos ou sermos mais homeopáticos?

Dr. Meltzer: Na verdade, não vejo essa paciente como uma habitante do claustro; não vejo sua dor de cabeça como uma manifestação de ansiedade claustrofóbica. Posso imaginar que alguma vez ela tenha sido habitante do claustro, isolada dos outros e da influência terapêutica dos outros vínculos, mas suspeito que já saiu do claustro para entrar em um sistema delirante.

As experiências de tratar pacientes esquizofrênicos e de tentar tratar pacientes que são habitantes crônicos de claustros, sempre em risco de cair dentro dos sistemas delirantes, ensinam que o sistema delirante é peculiarmente não-analisável.

É preciso voltar para a teoria de Bion sobre as origens de idéias delirantes. Ele tem uma bela teoria disso: a teoria de reversão da função alfa, produzindo resíduos de símbolos fragmentados, que se aglutinam para formar objetos delirantes. Essa *dor de cabeça* parece um objeto delirante, e a questão desses objetos delirantes é que eles não favorecem nenhum tipo de investigação analítica, por causa da falta de estrutura. Esses fragmentos são aglutinados uns com os outros, mas não são estruturados.

A questão é: "Por que os pacientes esquizofrênicos procuram a análise?" Parte da resposta é: "Eles não procuram". Não é comum que eles procurem análise, e quando vêm é por imposição dos hospitais psiquiátricos. Por outro lado, é verdade que, quando eles de fato procuram análise, agarram-se tenazmente a ela, com a esperança de serem salvos da doença esquizofrênica, esperando que seu sistema delirante seja inteligível e analisável, e que possa ser desfeito pela compreensão do analista. Mas acho que não é isso que acontece, o sistema delirante não é desfeito. O que acontece – Schreber é um caso perfeito disso – é que o sistema delirante muda para a periferia da atenção da paciente, e pode retornar ao centro da atenção a qualquer momento. Enquanto está na periferia, pode-se estabelecer uma situação analítica e alcançar algum progresso com as partes da personalidade que são psicóticas *borderline,* mas não esquizofrênicas.

Embora essa sessão não apresente material suficiente para se ter uma idéia longitudinal da amplitude dessa análise, suspeito que aconteceu alguma coisa deste tipo, que a parte da personalidade *borderline* psicótica dessa paciente mostrou-se para o analista e à sua própria atenção em algum momento, talvez quando ela reconheceu que ele era um homem. Minha impressão é que essa mirada através da janela foi um vislumbre do sistema delirante.

Tudo isso faz prever uma tarefa para a vida inteira, que é no que se transforma sempre a tentativa de analisar uma esquizofrênica.

Pergunta da platéia: Você está dizendo que essa paciente é esquizofrênica?

Dr. Meltzer: Suspeito que seja uma paciente esquizofrênica e que o analista tem pela frente serviço para o resto da vida, embora, na minha experiência com pacientes esquizofrênicos, eles não fiquem esse tempo todo. Mas quando ficam, é muito interessante, especialmente se você estiver atento a essa movimentação do sistema delirante, para fora e para dentro do campo de atenção da paciente. Não estou sugerindo que você deva interpretar aquilo que acha que são fragmentos de sistemas delirantes: embora seja interessante para o analista, não acho que ajude o paciente. O que ajuda o paciente é trazer para o centro da atenção as partes da personalidade que não são esquizofrênicas.

Eu supervisionei uma análise interessante, de um garoto esquizofrênico, que levou muitos anos, em Novara, na Itália. O sistema delirante envolvia armas e cartuchos, perigo de assassinato etc. Quando o progresso chegou ao ponto em que o sistema delirante e a personalidade psicótica ***borderline*** podiam ser diferenciados, essa distinção manifestava-se através do movimento dos olhos do paciente. Quando ele estava em contato com o analista através da sua personalidade psicótica ***borderline,*** seus olhos estavam juntos; quando o sistema delirante começava a entrar em cena, deslocando-se para o centro de atenção, um dos olhos girava para o lado e ele começava a falar no idioma do sistema delirante, que, como a maioria dos sistemas delirantes, era um sistema quase religioso, sobre Deus, mensagens das estrelas, etc. Era um exemplo impressionante da idéia de Bion da reversão de perspectiva.

Pergunta da platéia: Parece-me que pacientes adolescentes entram com freqüência em situações dessa natureza. A cultura atual favorece a eclosão e a permanência nesses estados de mente?

Pergunta da platéia: Os distúrbios que o senhor mencionou, da latência, são equivalentes? Qual é a diferença?

Dr. Meltzer: O exemplo que se aplica à adolescência e à puberdade em geral é especialmente representado pela cultura da droga. Usar drogas parece fazer as pessoas mergulharem com regularidade no claustro, e é dentro dessa situação que correm o perigo de cair em sistemas delirantes. As drogas alucinógenas, como

L.S.D., cogumelos, são especialmente capazes de produzir esse tipo de mergulho, representado nas fantasias e sonhos dos pacientes como cair através do chão ou voar pelo espaço.

Se o analista fizer uma clara distinção entre o material comum da paciente, que me parece uma psicótica ***borderline**, a* permanente atuação na transferência que isso representa e aqueles vislumbres do sistema delirante, ele estará em condições de dar continuidade aos procedimentos habituais, de tentar ajudar alguém a sair do claustro, que já descrevi.

Em primeiro lugar, adota-se no processo uma postura de espera, durante a qual se descrevem para o paciente os sinais visíveis do mundo claustrofóbico em que ele está vivendo. Com essa paciente, esses sinais seriam derivados do que se consegue entender por seu comportamento social e pela imagem do mundo que isso implica. Até agora, parecem ter algo a ver com o mundo no qual ela vive, um mundo com dificuldades especiais para comprar roupas e dificuldades até maiores para usá-las. Parece-me que a implicação disso é um mundo dentro do qual todos usam uniformes, e embora se possa ansiar pelo uniforme de outros escalões, o perigo maior é ser pego com um uniforme que você não merece. Qualquer pessoa que já esteve no exército sabe como funciona: você tem de usar sempre o uniforme do escalão que lhe foi designado, e é crime militar não cuidar do uniforme ou usar um uniforme que você não merece.

É isso que quero dizer quando falo em descrever para a paciente o mundo dentro do qual ela vive, a partir das indicações que ela é capaz de trazer. Por exemplo, a questão de não ser capaz de fazer compras sozinha corresponde, na vida militar, ao fato de que não se pode comprar o que quiser, mas é preciso obter autorização do superior, levar a compra para o quartel-general, e esperar que seja liberada. Suspeito que ela está, na sua maneira claustrofóbica, vivendo num mundo com esse tipo de regulamento. Seu comportamento com o analista também pode ser visto como militar, exceto pela corrida escada acima, que suspeito que seja um rápido vislumbre do sistema delirante. O que não é muito útil para o pobre terapeuta.

Grupo de Trabalho A3

Apresentador: Nestes dias de trabalho, acumularam-se algumas questões sobre as quais eu gostaria de ouvi-lo. Percebo também que preciso fornecer algum estímulo para isto. Então, vou fazer algumas associações a partir da sessão, tentando trazê-lo para esses temas.

Tenho a impressão de que, desde que começamos a análise, esta pessoa vem sofrendo um processo de deterioração. Ela me conta com alguma freqüência que, quando ela e o marido estão dormindo juntos, ela tem uma atividade mental que é gritar. Ultimamente, grita: "Mãe, mãe, mãe!".

Dr. Meltzer: Dentro da mente ou em voz alta?

Apresentador: Em voz alta. E isso incomoda o marido, que diz que ele não é a mãe, briga com ela e vai dormir em outro lugar.

Eu estava querendo provocá-lo para comentar sonhos, essas atividades que a paciente recentemente admite que acontecem com ela.

Dr. Meltzer: Mas nós sabemos com alguma certeza se ela grita quando ele não está lá?

Apresentador: Não sei dizer. E ela sempre diz que, quando acorda, está tremendo muito e apavorada. Talvez por ter certeza de que não pode viver sozinha.

Dr. Meltzer: Pelo fato de ter esses sonhos?

Apresentador: Em primeiro lugar, por isso; em segundo, por causa da dor de cabeça; em terceiro porque parece incapaz de cuidar da própria vida.

Dr. Meltzer: O que isso significa? Ela não pode se alimentar?

Apresentador: Não pode se alimentar, tem medo de estar sozinha.

Dr. Meltzer: Ela pode tomar banho sozinha? Pode se limpar depois de ir ao banheiro? É capaz de se vestir e tirar a roupa sozinha?

Apresentador: Ela toma banhos especiais que duram horas, outro motivo de encrenca com o marido.

Dr. Meltzer: E por quê?

Apresentador: Não é no sentido de ser uma questão prática do uso do banheiro, suponho.

Dr. Meltzer: Não é uma questão prática. Não é que ele esteja batendo na porta porque quer entrar no banheiro?

Apresentador: Não. Ela alega uma razão semelhante para suportar pai e mãe, para agüentar pai e mãe.

Dr. Meltzer: Não compreendo.

Apresentador: Porque, de um lado, tem impetos de abandonar toda a família; mas, por outro lado, é dependente, começando pela parte econômica, especialmente do pai.

Vou descrever um trecho da sessão: Após o ritual de subir correndo as escadas, começa a sessão me contando que ontem esteve na casa da mãe, que lhe pediu que a ajudasse a lavar as mãos, deformadas provavelmente por uma doença degenerativa. Ela me diz que se sentiu mal em pegar naquelas mãos, mas que logo entrou a enfermeira que cuida da mãe e resolveu a questão com delicadeza e eficiência. "Eu sou uma canalha, amanhã vou lá e corrijo tudo", ela me diz.

Eu digo que ela poderia fazer qualquer coisa amanhã, mas ela estava me contando uma experiência acontecida, a respeito da qual ela estava se considerando canalha. Tenho a impressão de que ela me ouviu e não ouviu, e repete: "Amanhã vou lá e corrijo tudo".

E me conta uma coisa repetitiva durante esses anos: que a mãe trabalhava em outra cidade, a semana inteira, e, quando chegava em casa, dizia para ninguém encostar nela porque estava suja; entrava no quarto e não aparecia mais, semana após semana.

Dr. Meltzer: Parece o oposto da história de Jesus e Maria Madalena, quando ele ressuscitou e disse: "Não me toque", parecendo dizer que ela era suja.

Apresentador: Como ela repete que vai lá amanhã corrigir tudo, repito o que eu tinha dito, que amanhã ela poderá fazer o que quiser, mas que me contou uma experiência já acontecida, onde ela se sentiu **e** se chamou de canalha.

Pela terceira vez, ela me diz que vai lá amanhã e, pela terceira vez, digo que ela pode ir lá amanhã, mas que eu a tinha ouvido me contar aquela experiência, e acrescento que, na minha cabeça, aquilo estava gravado. Ela fica em silêncio um ou dois minutos, e começa um novo assunto que aparentemente não tem nada a ver com este. Penso que, como não foi eficiente o que tinha feito comigo, vai fazer um movimento mais eficiente, para separar uma coisa da outra, para terminar com aquela história.

Dr. Meltzer: A natureza do contato dela com o analista é, no mínimo, peculiar. Parece conceder que ele, de vez em quando, ouça seus pensamentos, mas não há nenhuma indicação de que esteja interessada em escutar qualquer coisa que ele tenha a dizer. Assim, por três vezes, ela se chamou de canalha, e parece que ficou irritada com a incapacidade do analista de modificar a resposta que lhe dava.

Apresentador: *As* vezes, em outras sessões, quando faço alguma interferência mais de cunho psicológico, ela amavelmente me diz que não devo estar com o juízo bom.

Dr. Meltzer: Isto é, que você não deve ter muito juízo na cabeça.

Apresentador: Mas percebo que há um completo desprezo pelo que fiz, que não valeu nada.

Dr. Meltzer: Não é uma brincadeira?

Apresentador: Não, é a sério.

Dr. Meltzer: Gostaria de saber se ela toma remédios durante a sessão.

Apresentador: Durante a sessão não, mas ela é uma hábil sabotadora de tratamentos. Freqüentemente, procura um neurologista, ou um outro médico, que lhe faz um esquema de medicação e, tempos depois, o esquema está completamente modificado por ela. Assim, ela se vê impedida de voltar ao médico. Diz: "Como é que eu vou chegar lá e dizer que não segui o que ele disse?". Tenho a impressão de que é um eficiente sistema para terminar relacionamentos.

Dr. Meltzer: Suspeito que seja um sistema eficiente para destruir sua reputação. Provavelmente, essa é a maneira como ela funciona em relação a todo mundo que possa ter uma relação com uma terceira pessoa. Não é complexo de Édipo, é mais o que Bion chamaria *de ataques aos elos de ligação.*

Pergunta da platéia: Como tenho participado desta seqüência de reuniões, uma questão que para mim é muito estimulante é a seguinte: inicialmente, eu tinha feito anotações das duas primeiras reuniões e, na primeira, o Dr. Meltzer levantou a questão: "O bebê está vivo ou não?". Na reunião de ontem, quando apareceu a situação clínica, onde a paciente subia as escadas e o Dr. Meltzer indagava se ela usava saia justa ou não, parece que o bebê estava estimulando a curiosidade, permitindo que a função alfa se exercesse. Na minha experiência em trabalhos com pacientes borderline e às vezes até mais graves, durante o desenvolvimento do trabalho ocorrem surtos psicóticos, geralmente controlados, às vezes sem necessidade de internação. Aproveitando uma certa proximidade com o caso apresentado, eu gostaria de perguntar ao Dr. Meltzer como ele vê o surto, se teria a função de um rearranjo mental, e se isso seria indício de eficácia da análise.

Dr. Meltzer: Em primeiro lugar, gostaria de esclarecer que, quando me referi à paciente como *enigmática,* não quis dizer *interessante* Minha visão é que ser enigmática é uma das técnicas de *ataques aos elos de ligação e é* anti-função alfa. Em toda questão de *colapsos* no decurso da análise, é preciso distinguir entre o tipo *de colapso* que gradual e inexoravelmente vai tomando posse da análise e que pode ser razoavelmente considerado produto da análise (embora isto seja raro, acontece); e o mais comum, que *é o colapso que* Bion descreve corretamente como um ponto de equilíbrio entre *breakdown e breakthrough,* que pode ocorrer em qualquer ponto nodal de uma análise, quando os processos de cisão estão se aproximando. A partir desse ponto de vista, a emergência da identificação projetiva e a confusão que isso produz pode ser descrita em termos da aproximação do processo de cisão entre os mundos externo e interno; é uma das nódoas típicas da grande confusão que pode provocar um *breakdown, que* são com certeza uma oportunidade para *breakthrough.*

Minha experiência com o primeiro tipo de *breakdown vem* principalmente de pacientes adolescentes, que estão se equilibrando à beira da doença esquizofrênica e parecem utilizar a análise para se lançar desfiladeiro abaixo. Minha reais recente experiência é de um paciente que supostamente se recuperou de uma doença esquizofrênica e estava a milhares de milhas de distância de sua casa, mais ou menos isolado, e foi encaminhado para análise pelo psiquiatra do hospital mental. Ele me parecia usar a análise para atacar e destruir todos os elos que existiram anteriormente com a família, com a figura idealizada de uma namorada, com o tipo de trabalho que fazia, no qual era considerado muito bom. Seu trabalho tinha a ver com computação e para mim não estava claro como ele conseguia isso. De alguma forma, usou tudo o que apareceu nos sonhos e as associações para extrair de mim algo que pudesse interpretar como pessimista. No fim, deixou a análise, segundo ele por razões econômicas, embora eu já tivesse baixado os honorários e estivesse disposto a reduzir ainda mais. Mas ele estava determinado a afastar-se. Não soube mais nada dele, porém presumo que tenha evoluído para uma doença esquizofrênica plena, ou até para um suicídio. É o exemplo de alguém que utiliza a situação analítica para atacar todas as outras relações que tem e, de algum modo, deixar o analista impotente para impedir o progresso do processo destrutivo.

Felizmente, isso acontece raramente, mas às vezes é possível reconhecer a condição a partir dos sonhos do paciente. Eu me lembro de um paciente, que também acabou por abandonar a análise e desenvolveu uma doença esquizofrênica plena. Sonhou que estava sentado na beirada do telhado de um edifício muito alto e, quando cochilou, balançou para frente e corria o risco de cair; eu também estava no telhado, e tive de correr até ele, acordá-lo e ajudá-lo a recuperar o equilíbrio; então, voltei para meu lugar e *ele* voltou a ficar sonolento e a se balançar para frente. Com certeza, o trabalho com este rapaz era exatamente o que está descrito no sonho. Cada interrupção de fim de semana tinha esse efeito, ele ficava desequilibrado e suicida. Não sei se isso responde sua pergunta.

Esta paciente tem obviamente um modo psicótico de viver, e sua forma de participação na análise parece, na melhor das hipóteses, psicótica **borderline.** Mas é difícil identificar a natureza do sistema delirante no qual está vivendo. Acho que ela é uma espécie de freira. Tenho vontade de perguntar, por exemplo, se quando toma banho, ela se despe ou toma banho vestida com uma camisola ou algo parecido.

Apresentador: Provavelmente, toma banho nua.

Dr. Meltzer: Não sei porque você diz "provavelmente". Quando ela dorme com o marido, provavelmente reza para a Virgem Maria para protegê-la dessa figura satânica. As dores de cabeça certamente são do domínio de delírios somáticos. Lembra Hieronymus Bosch e as figuras atormentadas pelos vários tipos de diabos. O que ela chama de dor de cabeça provavelmente é a imagem de uma figura que a tortura.

A questão é: "Por que continuar um procedimento analítico com uma paciente tão comprometida?" Provavelmente a resposta é que não podemos pensar em um bom motivo para não continuar. Não acho que seja razoável manter alguma esperança de melhorar a saúde mental dela. E isso levanta todo tipo de questão ética quanto a continuar com ela. Mas acho que é um caso muito interessante de pesquisa. É rara a oportunidade de passar doze anos com um paciente esquizofrênico e de vivenciar o que é o mundo que ele habita, tão diferente de tudo. O sistema delirante que eles habitam é tão diferente, que você vai sendo gradualmente tomado por ele, enquanto está vivenciando uma análise com um paciente esquizofrênico. Mesmo com pacientes esquizofrênicos que são muito verbais em descrever seu sistema delirante (Schereber é um exemplo maravilhoso), é difícil imaginar a experiência emocional de viver nesse tipo de mundo. É possível saber muito sobre esse mundo, no caso de um paciente muito verbal, mas é praticamente impossível uma pessoa sadia saber emocionalmente do que se trata.

Não tenho certeza de que eu saiba. Tratei menos de uma dúzia de pacientes esquizofrênicos durante minha vida profissional, e só consigo me lembrar de um que se tenha beneficiado significativamente; mas já supervisionei casos bem-sucedidos. Então, quando encontro pessoas envolvidas com uma paciente como essa, tendo sempre a estimulá-las a continuar, mas aconselho a não tomar isso muito a peito.

Apresentador: Enquanto o senhor comentava que havia uma santa e um demônio no quarto dela, me voltou à lembrança uma experiência que ela teve há mais de cinco anos. O marido foi trabalhar em outro país, por cerca de um mês, e surpreendentemente ela não teve nenhuma dor de cabeça nesse período. Foi uma coisa chocante, presente, e agora, ouvindo o senhor, fica mais claro que o demônio estava longe do santo, que não se tratava de uma relação de duas pessoas.

Dr. Meltzer: O mais maravilhoso, nas pinturas de Bosch, é que ele é capaz de visualizar o que nós chamaríamos de *identificação projetava com objetos bizarros.* As pinturas dele mostram pessoas dentro de criaturas que têm uma vaga semelhança com patos ou animais de fazenda de vários tipos; as pessoas estão olhando para fora desses animais, e vêem o mundo da maneira como esse tipo de criatura bizarra veria. É um fenômeno central em identificação projetiva, com objetos não bizarros: o mundo é visto através desses objetos, e faz uma enorme diferença se o mundo é visto através do ânus da mãe, ou da ponta do seio da mãe, ou dos olhos da mãe. É possível, então, ao menos dar a isto um nome – como, por exemplo, *visão através do cu do mundo* – que transmite algum significado. Mas tente inventar um nome para se referir à visão do mundo através de um objeto bizarro, confuso. Seria preciso um artista louco ou genial como Bosch. Quero dizer que as pinturas dele contêm tamanha compreensão de estados de mentes psicóticas que temos de presumir que ele era um gênio.

Assim, não é de espantar que as pessoas que se interessaram pelos fenômenos psicóticos e foram capazes de descrevê-los, também fossem muitas vezes consideradas loucas. Certamente, muitos achavam que a senhora Klein era louca; muitos achavam Bion louco; certamente Schereber era louco, embora se possa dizer também que se recuperou da loucura. Ele parecia saber que tinha recuperado o mundo, mas era um mundo menos glorioso do que aquele que tinha perdido – o que Freud chamou de *fase de reconstrução.*

Na minha experiência, não encontro sinais dessa fantasia de destruição do mundo, que parecia central no caso de Schereber. Mas o que eu talvez tenha encontrado é uma sugestão de que, na medida em que o mundo da realidade psíquica se constrói através da símbolos e dos processos que Bion descreveu na grade, pode ser que, em cada um de nós, também se construa gradualmente um mundo delirante, que se torna um sistema delirante através de processos que Bion esboçou, mas não descreveu em detalhes. São processos em geral descritos como reversão de função alfa, aglutinação dos fragmentos e organização pela grade negativa. Esses me parecem problemas a serem trabalhados no futuro, mas o esboço disso tudo está lá, no trabalho de Bion, que é mesmo um toque de genialidade.

Apresentador: Ao terminar eu queria, representando as pessoas que aqui estão, agradecer-lhe pelo que aconteceu. Eu pude sentir, na prática, o que é ser tratado com muito respeito, sem que o senhor abrisse mão das suas idéias. Obrigado!

Grupo de Trabalho B1

Este grupo de trabalho constituiu-se da apresentação de um mesmo caso clínico, em dois dias seguidos.

Apresentador: Trata-se de uma paciente jovem, casada, um filho. Procurou-me porque se sentia angustiada diante de situações de sua vida e com sua função de mãe. Farei um breve relato para apresentar então um roteiro de sonhos.

Segundo suas próprias palavras, a paciente sentia-se "muito frágil e com muita dificuldade diante das separações afetivas", caindo freqüentemente em desespero. Sua comunicação era direta: expressava-se por suspiros de angústia, variações do tom de voz, choros, risadas, olhares assustados, mais do que pela verbalização. No entanto, durante o primeiro ano de análise, parecia ter necessidade de falar; fazia relatos corriqueiros, aparentemente com pouco conteúdo emocional, que iam num crescendo até chegar a explosões de choro convulso e gritos, com mudança completa do discurso. Passava, então, a contar episódios muito dolorosos de sua vida.

No início eu me sentia "entupida", completamente presa pela sua narrativa verbal, enquanto ia percebendo sua ansiedade crescer até a explosão. A partir daí, eu podia lhe falar e compreender algo do que estava se passando. Ela se mostrava ameaçada, no início da sessão, e terminava geralmente aliviada. Sentia ódio quando eu lhe mostrava que ela não vinha simplesmente para "ser cuidada por mim" (ela dizia que vinha à análise "para eu cuidar dela"), mas para procurarmos juntas compreender suas emoções e pensamentos. Algum tempo depois, ela verbalizou que brigava muito comigo ao pensar em como eu "não cuidava dela, não lhe dava colo", e lhe dizia que ela era uma adulta e que resistia a funcionar mentalmente.

D. Meltzer: Ela deitou no divã desde o começo?

Apresentador: Sim. Ela é capaz de resolver coisas na realidade. É pragmática, mas não valoriza esse funcionamento, devido à dor e ao trabalho implicados. **Ela valoriza conseguir ser, mas sem dor e sem angústia.** Se há dor e angústia então ela está falhando, a realidade falha, eu falho etc. O desejo dela é soberano. Sua capacidade de lidar com a realidade, para alcançar os seus objetivos, inclusive tolerando frustração, não é considerado de valor.

Alguns meses após o início da análise, chega a uma sessão de segunda-feira contando que teve desejo de morrer e que lutou todo o fim-de-semana contra isso, pensando no filho. Cai, então, em choro convulso.

A separação do objeto externo, do analista, que representa enfim o continente externo... esse período da análise leva a uma frustração imensa, à hostilidade e, às vezes, à atuação. Nessas situações, há pouco reconhecimento de uma relação psicológica. Há dificuldade de perceber o próprio funcionamento mental e o do analista, cuja maior qualidade, nesse período, seria sua presença sensorial: pôr no colo, cuidar dela etc.

No final do primeiro ano de análise, ela traz dois sonhos que mostram, no meu entender, uma relação transferencial intensa com a analista.

Inicia a sessão suspirando muito e dizendo que foi difícil vir, que está angustiada. Diz ter sonhado com a analista por duas *vezes,* e passa a contar os sonhos.

Primeiro sonho: *"Estava na sala, na sala de análise, e num canto (ela* aponta inclusive) *tem um abajur de coluna parecido com um meu, do qual começam a sair faíscas, como um curto-circuito. Você* (a analista) *desliga o abajur, mas mesmo assim, no escuro, de vez em quando saem faíscas; você o tira da tomada quando eu aviso que, mesmo desligado, passa corrente. A3 parece que estou sentada e você me pergunta se eu quero salada de frutas".*

Ela faz associações com o abajur, que ela realmente tem, e com a salada de frutas que fez no Natal, que sabe fazer de vários jeitos e que diz gostar muito.

D. Meltzer: Podemos analisar um sonho de cada vez?

Apresentador: É claro!

D. Meltzer: É um sonho simples e direto sobre a situação analítica, sobre a explosividade dela, e sobre o desejo de que a relação entre ela e a analista seja agradavelmente confusa. Acho que ela é uma dessas pacientes que considera a confusão um grande conforto, diante de todas as situações que requerem esclarecimento e decisão.

Apresentador: Segundo sonho: "Passa-se nesta sala de análise, mas o divã está na parede da janela e você me conta que um paciente seu tinha negado a presença da janela nesta sala. No sonho penso: mas por que a analista está me falando isso?" Ela faz associação com uma supervisora do passado, que tem um divã embaixo de uma janela.

D. Meltzer: De novo esse é um sonho simples, sobre a questão da continência e o desejo bastante forte da paciente de ter a análise orientada pela sua vida exterior. Mas esse desejo revela um problema de rivalidade com outros pacientes, que são mais contidos na análise e capazes de lidar com a situação de transferência e contratransferência numa situação de continência. Os dois sonhos, colocados juntos, parecem indicar que a paciente prefere que a análise seja orientada para a sua vida externa. Isso revela uma preferência por atuações, em que pode ser criada uma confortável confusão.

Apresentador: Nessa mesma sessão há mais um sonho, o terceiro, que não sei exatamente quando foi, mas que ela contou nesta sessão: *"Era nesta sala* (de análise), *o divã era mais comprido e você estava deitada* (referindo-se à analista) *com as pernas assim* (ela mostra as pernas abertas), *e eu me sento aos pés do divã, apoiando o meu braço ali (ela* mostra como seria: eu deitada no divã e as minhas pernas abertas e ela sentada no chão com o braço apoiado mais ou menos no meio das pernas, não exatamente no meio, mas na parte mais ao pé), *aí eu abraço você e nós rolamos na areia como dois namorados".*

D. Meltzer: Aí se vêem as conseqüências dessa preferência pela atuação, que inclui ***"acting in"*** na transferência e transforma a situação analítica num caso amoroso. A justaposição dos dois corpos no sonho é feita de tal maneira que a paciente pode olhar direto os genitais da analista. E a paciente prefere que a analista a convide para esse gênero de relacionamento, no qual exibe constantemente as suas atividades genitais para a paciente. Isso, no começo, era chamado de **"ser pega no colo pela analista".**

A implicação é que esse tipo de atitude a exime de qualquer competição com outros pacientes. Implica uma forma de relação da mãe com o bebê, em que o bebê é tratado como se fosse um pênis que a mãe está continuamente excitando, num constante desejo de relacionamento e penetração, não necessariamente gratificando esse desejo, apenas mantendo o bebê num estado de excitação. Essa é a preferência da paciente e é a orientação infantil vigente na transferência, isto é, ser esse tipo de bebê com esse tipo de mãe. Superficialmente, parece significar livrar-se do complexo de

Édipo, mas na verdade ela está apenas aparentemente se livrando, através dessa identificação projetiva com um pênis paterno. Pode ser uma referência a um tipo de aleitamento no qual o bebê, sugando o mamilo, provê a mãe com mais excitação sexual do que o pai provê na relação sexual genital. É, então, uma referência a um gênero de relação de aleitamento que se prolonga e substitui a relação sexual da mãe com o pai; é o tipo de relação que se encontra mais com menininhos do que com menininhas, e é a base para o rompimento de muitas relações conjugais, cujo gancho é o nascimento do primeiro bebê.

Apresentador: No segundo ano de análise, acontece o que ela considera uma nova paixão, e a paciente passa a falar desse capítulo complicado da sua vida, que é a sua tendência a apaixonar-se, o que nos pareceu um escape a uma outra pauta de seu funcionamento: "ir fazendo sem querer sentir". O estado de paixão transforma-se numa ameaça de estragar tudo, de romper com tudo o que ela tem (marido, filho, profissão).

A transferência erótica foi sendo interpretada, mas o impulso a atuar era muito forte. Foi um período da análise que deu um trabalho danado!

Algum tempo depois, ela começou a trazer alguns sonhos, às vezes se envergonhando dos conteúdos que mostravam uma atividade de sua sexualidade infantil.

Alguns deles: Ela diz, entrando na sessão: "Você me falou que eu sentia uma ameaça pela mudança de horário, e eu não enxerguei, até porque o horário é conveniente. Mas ontem à tarde comecei a sentir dores pelo corpo e calafrios, deitei cedo e acordei à 1h da madrugada, com sensação de frio e com as juntas quentes. Será artrite?, pensei. Tomei um analgésico e adormeci. Sonhei com você, que eu vinha para a sessão e você me dizia que eram 8h50 e que teríamos três aulas em seguida. E eu ia pagar com um cheque não sei do quê, mas parecia uma situação escolar, mais uma situação escolar do que a nossa análise. Acordei pensando nesse sonho e na ameaça, e depois adormeci de novo."

A associação que ela fez são fragmentos de que ela viria para o novo horário e eu iria esquecer e não iria atendê-la.

Ela tinha me contado várias vezes que os pais eram muito jovens quando ela nasceu, que a mãe casou grávida e cuidou dela nos primeiros tempos, mas depois entrou essa babá que tomou conta dela até os onze anos, quando então morreu. Queixava-se freqüentemente de que era esquecida e que não iam buscá-la na escola, tanto o pai como a mãe. Chora muito quando conta, quando faz essas ligações, essas associações. Na verdade, ela ainda tem uma queixa muito grande de como foi cuidada pelos pais.

D. Meltzer: Esse é um exemplo do que Freud tinha em mente quando dizia que a transferência é a repetição da situação infantil. Mas, na verdade, o que esta representado aqui é a intenção da paciente de que a transferência repita a história que ela criou na sua mente sobre a infância.

A situação que ela relata, na qual a análise parece se assemelhar a uma situação escolar, tem a ver então com situações escolares infantis, nas quais ela se comportava, em relação aos professores, de maneira muito sedutora e procurava se colocar em uma situação preferencial, ser a queridinha. Cabe nisso também uma referência à forma como ela trocou a mãe pela babá, comportando-se de maneira sedutora com a babá, e ela pode ter atuado isso ou não. Mas o importante, no que os sonhos indicam, e a construção de uma relação *voyeurística* com o objeto parcial, na qual a sua preocupação com os genitais encontrou espaço para se realizar. Por exemplo, uma criança que coabita com a babá tem muitas oportunidades de observar seus genitais, vê-la trocando de roupa etc.

Vale a pena mencionar também como uma paciente como esta introduz a história da sua infância de maneira a induzir o analista a interpretar numa determinada direção, neste caso uma interpretação dirigida ao fato de ela ter sido uma criança negligenciada, abandonada. Ela não *deve* ser alimentada com aquela corrente elétrica que produz faíscas e explosões, mas sim com aquela gostosa salada de frutas da confusão.

Apresentador: Temos agora uma sessão (próxima da outra), em que ela conta o seguinte sonho: "Eu sentada no divã e você (analista) com a cabeça deitada no colo, eu de saia, você levanta a saia, afasta a calcinha e diz":... Nesse momento, ela fica confusa; mas diz (não sei se para a babá dela ou para a babá do filho): Não é para pôr vitamina aqui "(e aponta o clitóris), "mas aqui" (apontando a vagina), aí eu fico excitada.

Nesse dia, ela teria duas sessões, mas a primeira tinha sido desmarcada pela analista.

D. Meltzer: Parece que ela não está reagindo ao cancelamento de uma sessão, e sim à associação anterior sobre a analista que esquece a hora. Mas o ponto que quero sublinhar é o fato de que qualquer mudança no *setting é* extremamente bem-vinda, devido à confusão que a situação cria. Qualquer mudança no *setting é* saudada pela *analisanda* como se a analista estivesse exibindo os genitais, e é então vivida pela paciente como se a analista tivesse dito: "Desculpe, não posso te alimentar hoje porque papai insiste em ter relação sexual; ele está me forçando a fazer algo que não quero fazer, pois eu preferiria estar aqui com você, masturbando-nos mutuamente"

Apresentador: Na semana seguinte, ela chegou dizendo que estivera muito angustiada na quarta-feira depois do Carnaval, mas agora está melhor, e acha que foi pela mudança do ritmo das sessões. Então, traz dois sonhos. No primeiro, descreve uma mesa, cheia de objetos que lembram pessoas mortas, e que ela acha que são da babá; são quinquilharias, como a caixinha do aparelho de surdez. Então comenta que a babá só não era surda para ela; e diz: "estou confusa, porque agora não sei se quem estava no sonho era a minha mãe ou a babá".

D. Meltzer: Essas são lembranças preciosas da confusão entre a mãe e a babá. E o que era extremamente atraente para ela era a indicação de que a relação com a babá era exclusiva. E excluía o pai e todos os outros irmãos.

Apresentador: O outro sonho: "Você está vestida de crochê bege e eu apoiada no seu braço, você com a cabeça coberta com uma manta de crochê. Aí eu falo que o amor antigo é melhor e me viro e dou um beijo no seu braço, quase à altura da axila. Daí você sai e eu fico tranqüila". Acordo bem desse sonho, e a minha angústia de quarta-feira passou.

D. Meltzer: É difícil interpretar o significado desse vestido de crochê bege e desse capuz que a analista está vestindo, mas indubitavelmente o beijo perto da axila é na verdade um beijo genital. Esse é o amor antigo, o velho amor. É o tipo de amor genital que vem antes que haja qualquer bebê para sugar no seio materno, é como se estivesse enfatizando "o amor genital vem antes ". É claro que isso seria bom, se significasse o reconhecimento de que o amor genital entre os pais precede a vinda do bebê, mas não é isso que significa. Significa que a relação mais primitiva da criança com a mãe no útero é, na verdade, uma relação erótica.

Apresentador: Este é um fragmento de uma sessão quando ela ainda estava com duas sessões em um dia e duas em outro dia.

Eu a encontro na sala de espera, abrindo a porta do banheiro, e ela faz um sinal de que entraria a seguir. Então, eu entro e a aguardo na sala de análise. Ela entra e faz um longo silêncio. Ai diz: "difícil falar, sinto que estou mudando, e com certas mudanças eu estou satisfeita, mas com outras, não sei".

Aponto para possível mudança de estado de mente, ao termos nos encontrado lá fora. Então, ela faz a seguinte associação: o filho está sentado para fazer cocô e brincando com uma setinha; setinha cai na privada e ela dá uma bronca; o filho então diz que agora perdeu a vontade de fazer cocô.

D. Meltzer: Parece que ela não gostou do fato de a analista vê-la saindo do banheiro, e isso é imediatamente sentido como uma bronca, algum tipo de reprimenda.

Apresentador: Na sessão seguinte do mesmo dia, ela diz, após se deitar: "Não sei se te conheço quando te vejo, depois que deito ouço a tua voz, identifico como a que vem de você, aí eu sossego".

D. Meltzer: Minha impressão é que a paciente se sente envergonhada quando encontra a analista face a face, porque sente que a analista a está criticando porque ela sempre olha por baixo da saia da analista, para os genitais dela. Isto é, estamos nos aproximando do reconhecimento da paciente daquilo que você poderia chamar "sua mente suja". Ela está usando a analista constantemente para excretar seus pensamentos fecais e urinários. Isso é uma das armadilhas inerentes a cuidar dos bebês. Quando a mãe limpa o traseiro do bebê (e, com uma menininha, isso significa limpar os genitais), o bebê pode sentir como se fosse uma sedução. Um dos truques que as mães usam para essa situação é ficar falando sem parar, para distrair a criança da experiência erótica. Mas isso pode ser vivido pelo paciente como um convite a um conluio na negação da relação erótica concomitante. Então é bastante comum, na análise, pacientes usarem constantemente o banheiro disponível, mas nunca o mencionarem.

Apresentador: Poucas sessões depois, ela diz: "Estou melhor, sonhei com você esta noite e acordei assustada, mas logo adormeci. Tinha acordado com um barulho, fui ver se era o meu filho roncando, mas não era; fui até o quintal e não era ninguém".

Aí ela conta o sonho: "Fisicamente não era você, o cabelo era preto, curto, a boca grossa, um batom bem vermelho. Você estava escrevendo em uma lousa, dando aula, e eu estranhei muito. Pensei, vou deitar; e aí escuto a voz e a reconheço; pensei em ir perguntar à sua secretária se era você, aí eu olho e de sua cabeça vai saindo uma mecha de cabelos loiros, parecendo iluminados. Acordei com uma sensação estranha de pesadelo".

D. Meitzer: Por essa descrição, vocês podem ver que se trata realmente de um olhar dirigido aos genitais da mãe: os pêlos pubianos, os lábios vaginais inchados pela excitação. E, no sonho, o reconhecimento claro de que os pêlos pubianos não têm a mesma cor do que os cabelos da cabeça. Mas o cabelo loiro da cabeça é visto como sinal de excitação, que a analista se acende de excitação perante o bebê que pensa em seus genitais.

Apresentador: Passamos agora para o ano seguinte, mais ou menos oito meses depois, quando ela traz o seguinte sonho: "Estava com a minha supervisora em minha casa, em meu consultório; meu irmão em minha poltrona (onde ela costuma se sentar para trabalhar), meu marido na sala de espera, mas o corpo dele era de meu pai. Vamos para o quintal e a supervisora se transforma em uma mulher com pênis, ela encosta na minha coxa e eu fico excitada. Ela diz que vai me ensinar a usar o pênis; no quintal, senta-se em um banco e me pega no colo, beija meus seios e eu procuro os dela, mas penso que ela é velha e queria um seio mais jovem. Agora, estou no Rio de Janeiro, em um prédio à beira-mar. Um homem quer montar uma barraca de alimentos, digo para não montar em Copacabana, mas em Ipanema; as ondas vão entrando no prédio e eu salvo os livros. Na enfermaria de crianças, há um vidro de esmalte com mecônio dentro" (nesse momento, ela se emociona e chora muito), "e eu me pergunto se o meu filho está vivo; vejo o Cazuza, mas antes da AIDS".

D. Meltzer: Está surgindo um quadro geral da realização das suas preocupações eróticas perversas na transferência. Ao mesmo tempo, você tem uma ilustração de como essa sexualidade é pré-genital, toda relacionada a comer e defecar.

Apresentador: Então, ela faz as seguintes associações, depois de dizer que não queria contar o sonho, pois tem vergonha, acha obsceno: "A supervisora é como se fosse você, ela está dando os três ensaios da sexualidade, e ela foi carinhosa ao escrever uma cartinha de avaliação".

Na segunda associação, diz: "O quintal e o banco parecem de uma casa velha em que morei dos quatro aos onze anos; a empregada me masturbou quando eu tinha quatro, ela mexeu em mim. Também eu tinha masturbação de toques com meu irmão, a gente ia para a cama dos meus pais e fazia cabana".

D. Meltzer: Isso tudo é parte da história, pode corresponder ou não a acontecimentos reais. Mas é importante que a analista não acredite nisso, nem use como indicação para interpretar a transferência. A única indicação que essa história traz é de que ela foi uma criança que se masturbou desde muito pequena. Se você usasse isso para interpretar a transferência, interpretaria que ela experimenta tudo na transferência como uma sedução e que ela então não é responsável pelos seus estados mentais, mas que esses estados são sempre conseqüência de ela ser seduzida para dentro dos estados de confusão. Mas os sonhos e o comportamento dela indicam que ela tem uma grande preferência por esta salada de frutas da confusão, e ela começa a explodir e a soltar faíscas toda vez que a analista assinala que ela é responsável pelos seus estados mentais.

Apresentador: A terceira associação é: "Ipanema é onde tive um caso com um rapaz, um médico residente que me curou da mania de pensar em comida (lembra que já te falei), e foi também onde tive um caso com um rapaz que tirou a camisinha e ejaculou em mim, ele queria continuar comigo, mas eu disse que existia J., com quem eu iria me casar, e fiquei brava com ele".

D. Meltzer: Que bronca! "Como você ousa ejacular em mim quando sabe que vou casar com outro, você é um homem sujo ". O homem que a curou dessa obsessão com comida teria sido o primeiro homem que lhe ofereceu o pênis para ser sugado.

Apresentador: Não estou trazendo todo o meu trabalho, mas há um detalhe extremamente interessante, que é a escolha das palavras no sonho. Por exemplo: Copacabana, está fácil; a Copacabana do sonho é também a cabana da associação que ela fez. Já Ipanema tem a ver com a análise dela e com a instituição (I.P.A.). Não vou me alongar nisso, porque estamos trabalhando em outra linha.

D. Meltzer: Suponho que esse copo de fluido mecônico é, na verdade, o fluido amniótico no ventre, sujo por mecônio, pelas fezes do bebê.

Coordenador: Amanhã vamos ter outro seminário, continuando a discussão deste mesmo caso. Talvez seja um bom momento para interrompermos, fazer uma síntese e colocar perguntas e dúvidas.

D. Meltzer: Vou fazer uma síntese. Em primeiro lugar, é uma ilustração importante de uma paciente que vê a confusão como bem-vinda e é, ao mesmo tempo, uma demonstração sobre o que é a confusão. A confusão é a respeito da responsabilidade quanto aos estados mentais. E a preferência pela masturbação e pela atuação tem o objetivo de criar essa confusão, na qual as outras pessoas são as responsáveis, através de suas atividades sedutoras. Outro aspecto interessante dessa confusão é que existe um vínculo importante com os três ensaios de Freud sobre a sexualidade, em que Freud faz uma confusão entre a questão da sexualidade infantil e a da perversão.

Assim, vocês podem ver nesse material como é delicada essa linha divisória entre, de um lado, a atividade polimorfa sexual da criança, que é preponderante no erotismo pré-genital; e, de outro lado, a atividade sadomasoquista do perverso.

O termo de Freud, perverso polimórfico, teve o efeito de cristalizar essa confusão, e o resultado dessa concepção é o de uma confusão constante entre o pré-genital e o pré-edipiano, e a perpetuação dentro de uma parte da teoria psicanalítica do conceito pré-edipiano.

Perguntas

P1: Tenho uma curiosidade muito grande, porque o conteúdo manifesto dos sonhos foi tomado como o todo do sonho, quase não precisando de interpretação. Na minha experiência, é bastante raro uma pessoa ter sonhos "tão infantis", com o conteúdo infantil tão explícito, tão presente. Não costumo ver isso.

Outro aspecto interessante é que um conjunto de sonhos tem sempre a analista identificada, presente. Que papel tem ela em tudo isso?

D. Meltzer: Varia muito. Há pacientes que sonham continuadamente a respeito do analista e há outros no qual é preciso realmente escavar o sonho para encontrar uma menção à transferência. De qualquer maneira, em ambos os casos, o conteúdo manifesto não é manifesto de jeito nenhum; não se descobre o significado de nenhum sonho enquanto não se descobrir a formação simbólica contida nele. A formação simbólica raramente está envolvida diretamente no sonho; é fornecida apenas no nível imagético. É preciso acrescentar, ao aspecto imagético, o conteúdo de linguagem que o acompanha. Assim, a idéia de que estou simplesmente interpretando o conteúdo manifesto não dá conta do fato de que estou constantemente fazendo uma espécie de varredura, para encontrar a formação do símbolo e interpretá-la. Por exemplo, interpretamos que aquele sonho em que a professora tinha cabelos pretos e lábios vermelhos grossos simbolizava o genital feminino como objeto parcial. E verdade que muitos dos símbolos que se encontram no sonho do paciente são perfeitamente óbvios, porque são símbolos recebidos, são formações simbólicas tão encontradas na cultura que podem ser interpretadas quase diretamente. E isso é uma características do material da posição esquizoparanóide. Quando se ultrapassa ou se atinge o limiar da posição depressiva, aí se encontra a formação de símbolos autônomos, símbolos que não podem ser interpretados diretamente, porque são mais condensados, mais complicados e geralmente envolvem o nível de significado estético. São, em resumo, realizações mais poéticas. Os símbolos da posição esquizoparanóide, tal como os símbolos usados pelas crianças nas brincadeiras, são símbolos que considero absolutamente transparentes. E, viajando ao redor do mundo, a gente percebe que esses símbolos são semelhantes nas diferentes culturas.

P2: Na pergunta anterior, havia uma segunda parte que indagava qual o papel da analista nesse tipo de formação de sonho.

D. Meltzer: Esse tipo de pergunta entra na privacidade da contratransferência. E numa situação pública como essa (e também numa situação privada) não é assunto que o supervisor possa abordar. É uma questão entre a psicanalista e o seu próprio analista. Na análise existe sempre o problema de respeitar a privacidade seja do analisando, seja do analista.

P3: O fato, por exemplo, de que ela é professora, de que tem uma instituição de ensino, poderia ter alguma importância, nessa situação?

D. Meltzer: Eu já falei sobre isso.

P4: Eu queria perguntar se essa apresentação tão explicita da sexualidade e da masturbação que a paciente traz não poderia ser vista como uma maneira de disfarçar alguma outra coisa, como se a paciente quisesse entreter a analista, seduzindo-a para um material extremamente erótico. Teria alguma outra coisa escondida aí, a linha depressiva da paciente, por exemplo; ela não estaria tentando criar uma situação ilusória de excitação, quando haveria uma outra coisa por trás? Não seria uma atitude de defesa?

D. Meltzer: Como eu disse ontem à noite, a preocupação com os aspectos dinâmicos da metapsicologia traz sérias limitações como instrumento terapêutico. Se não é um circulo vicioso, é um círculo benigno, em que há uma espécie de redemoinho de explicações, porque..., porque..., porque..., de modo que a boca acaba mordendo a própria cauda.

Ainda a respeito da contratransferência com pacientes que apresentam material erótico tão explícito, existe o problema de provocar um impacto pornográfico no analista. Se você acompanha os sonhos, como acredito que faz a maioria das pessoas, através da imaginação visual, isso se transforma em algo semelhante a assistir a um filme pornográfico. Mas isso, por si só, não é suficiente para explicar o fato de que o sonho pode ter um impacto erótico. Você não pode se proteger de contratransferência olhando para o lado. Você tem de olhar para a imagem pornográfica e procurar o seu significado. E lidar com qualquer estado de excitação que possa ser gerado em você.

Grupo de Trabalho *B2*

Apresentador: Um mês depois do último sonho que relatei ontem sobre Copacabana e Ipanema, a paciente relata outro sonho.

"Há água no alojamento do Rio de Janeiro, muita água. Eu andava no meio dessa água e também havia cocô no chão. Eu devia limpar, ou havia outra pessoa para fazer isso? Eu ia limpar com a vassoura e a pá, ou ia recolher com papel higiênico? Uma calcinha cor de rosa, cheia de rendas, estava iluminada em destaque. Aparece o hospital, eu e minha irmã e o cachorro dela, um poodle; é meu? então não é dela?, eu perco o cachorro e ficamos procurando. Acordo angustiada, mas queria continuar no sonho, queria continuar na água". E começa a chorar.

Dois meses depois, retomo o trabalho uma semana antes do previsto, mas teria que me ausentar novamente em duas semanas. Ela reclama que não me controla, que vou e venho quando quero. "Foi difícil ajeitar horários para vir à análise, foi bom você ter chegado antes, deu movimento e vida, deixei de ter insônia". Aí ela conta dois sonhos.

O primeiro sonho: "Estava cuidando de um bebê, limpando fraldas e daí me vejo com cocô na boca, fico angustiada, não conseguia tirá-lo e tentava com uma espátula".

O segundo sonho: Sonhei, quando você avisou que tinha antecipado a sua volta, que eu abria a boca e tinha um algodão com sangue, parecia "modess" e menstruação.

D. Meltzer: Você pode ver a grande confusão de zonas e certo modo, isso significa uma evolução na genitalização e na transferência. A paciente agora percebe a confusão entre boca e genital, e a confusão entre saliva, fezes e menstruação. E isso é acompanhado do sentido de perda de controle sobre a analista. Infelizmente, a perda de controle sobre a analista provém da realidade externa, em função da mudança dos horários. Ao mesmo tempo, a instabilidade e a insegurança lhe dão uma sensação de vida, isto é, de que a relação está viva, e isso favorece a diferenciação entre o que é interno e externo, resultando na possibilidade de dormir melhor.

Temos aqui uma ilustração da diferença entre estar confuso, que a paciente não percebe nem sente como perturbador, e a evolução para o estado de sentir-se confuso, que é terrível. E importante ter em mente a diferença entre estar confuso e sentir-se confuso. Embora isso represente uma melhora mental psicológica, os pacientes reclamam, porque faz com que se sintam pior. E provavelmente os pacientes reclamam de tudo o que sentem como piora e ficam confusos se o analista considera uma melhora.

É mais ou menos o mesmo tipo de problema de que já falamos, em termos de o paciente ficar preocupado com a dor da dor, e o interesse do analista no significado da dor, que provavelmente o paciente vê como um tipo de crueldade.

Apresentador: Quase três meses após o último sonho, ela diz que se sente melhor de sua angústia, e fala de um sonho, no qual ia treinar vôlei, mas estava no banheiro fumando escondido da treinadora, que era severa. Acordou angustiada.

D. Meltzer: Você pode estar certa de que se esconder no banheiro é um meio de representar a masturbação.

Apresentador: Outro sonho: "Aparecia a lavanderia da minha casa fora do corpo principal, e alguns homens, dois ou três, andavam no telhado e eu estava preocupada que quebrariam as telhas. Havia uma desproporção entre as telhas, que pareciam muito grandes, e os homens, muito pequenos. Aí aparece o telhado como é, com telhas novas em certas partes, e havia um pequeno telhado novo como aquele de caixa de correio. Eu senti alívio com isso".

D. Meltzer: Esse é um sonho em que se reconhece a melhora, que está representada também numa forma grosseiramente simbólica. A caixa do correio representa a mente da paciente e a sua capacidade de receber comunicações; e a imagem dos pequenos homens no telhado é uma representação de ter pênis no cérebro, e esses estão encolhendo, e assim diminui o perigo de que eles possam entrar na mente dela. Esse é o tipo de melhora que aparece em decorrência da mudança de estar confusa para sentir-se confusa. A lavanderia é uma representação do processo de limpeza da mente suja, porque ela é uma moça de mente surpreendentemente suja. E uma sexualidade pré-genital, um complexo de Édipo pré-genital, que sempre acaba misturada com fezes.

Apresentador: Então, no mês seguinte, conta uma cena em que ela e o marido estão dançando e o filho quer entrar no meio e o pai convida o filho para dançar. Aí vêm os sonhos:

O primeiro sonho: Aparece um bebê com os olhos daquele homem, com quem ela teve um caso durante um período da análise.

Segundo sonho: "Na cama com meu tio, irmão do meu pai, nus, pele morena, ele dá um toque de mão na omoplata. Parecia magro como um garoto, ejacula na perna e diz que não é aí o lugar certo, que é um serviço malfeito".

Outro sonho: "Na cama com um homem amigo, e há uma janela com quadrados de ferro suja. Eu precisava limpar os vidros, porque a mulher iria chegar".

D. Meltzer: O processo de sentir-se confusa continua não só no estado de sonho, mas também no estado de vigília. A preocupação com os pênis, no estado de confusão, não se distingue das fezes, que também aparecem no sonho em que ela tinha fezes na boca. Nos pequenos homens no telhado e na caixa de correio se reconhece uma sujeira, que significa uma promiscuidade próxima da prostituição. Há o reconhecimento de que ter um lugar certo e uma pessoa certa vai contra o erotismo promíscuo.

Apresentador: Na sessão seguinte: "Sonhei que estava em X" (é um lugar onde ela trabalha, dando um tipo de assistência voluntária para ajudar pessoas que estão na penitenciária). "É onde a minha avó morava. Havia uma casa grande com muitos empregados, eu ia muito para lá e ficava com a babá quando eu tinha cinco ou seis anos de idade. Tinha de passar num terreno da frente, cheio de gente morta, defuntos, parecia que estavam cobertos, porém havia mau cheiro e moscas, não sabia como ia atravessar aquilo tudo. E no final tinha uma cachorra com cria, a cria parecia morta. Eu tinha que atravessar para pular o muro e chegar ao terreno do fundo. Eu consigo e lá está uma empregada que acabou de se aposentar, ela está com dois bebês no colo, um em cada braço, miúdos, pareciam recém-nascidos, mas gordinhos e clarinhos. Ela tinha de estender roupa no varal, *e eu me* perguntava como é que ela podia fazer isso com os dois bebês no colo.

Associações: com um cachorro da avó dela, que teve cria. Aos cinco anos, ela teve um professor para alfabetizá-la em casa, arranjado pela babá, que também escolheu a escola onde ela iria estudar e fez a matrícula dela; foi também nessa idade que o irmão nasceu. Então, nessa casa, tinha um menino, que era empregado da avó e que a avó criou. Ela vai fazendo essas associações esparsas, e eu indago sobre o cenário do sonho, esse terreno, essa casa antiga, como é que apareceu, o que mais ela associa. Aí ela lembra que uma vez, sentada na varanda dessa casa, ela disse que queria ser o irmão bebezinho que tinha acabado de nascer, porque ele não sabia que os pais tinham ido ao cinema e ela tinha ficado na casa com a babá. Então, ela lembrou dos presentes, das roupas, do batom que o pai dava à mãe e também dos presentes que dava para ela. Lembrou também de uma surra que o pai deu nela porque ela chamou o irmão de criação de filho da puta.

D. Meltzer: A coisa importante sobre esse tipo de material é que você pode ver como a analista é igualada às empregadas da infância, às pessoas que fazem o trabalho sujo, como cuidar dos bebês, trocar as fraldas, lavar a roupa da cama. É o tipo de coisa que chamo de *dependência da mãe penico** que, de acordo com diferenças culturais da infância, se divide entre os pais e os empregados. Em famílias ricas, muitas vezes são os empregados que fazem o trabalho sujo de criar os filhos, no sentido de limpar a sujeira das suas bundas e das suas mentes. Mas você pode ver que, dentro dessa dependência da analista como uma empregada, é difícil para a paciente confiar que ela seja capaz dessa tarefa difícil, porque a sujeira é grande.

É interessante notar que a tarefa de limpeza da sujeira da mente e da bunda da paciente também está ligada às tarefas de desenvolvimento da infância, como aceitar o nascimento de um irmão, aprender a ler..., essas tarefas que têm a ver com limpar a mente, assim ela não precisa chamar o irmão *de filho da puta.*

Apresentador: Penso que esse é de seis meses depois.

"A primeira cena do sonho se passa numa varanda que dá para o quintal de uma casa. Essa varanda é como um cômodo sem uma das paredes, porque o telhado se apóia no muro. Nessa varanda, estamos minha mãe e eu, e havia um tipo de pilastra no meio da varanda, na qual estava apoiado um vaso rústico de cerâmica, de onde saía uma árvore. Esta tem o tronco marrom escuro, cilíndrico, sem galhos, e numa extremidade superior uma copa

* *toilet-mother*, no original.

pequena em relação ao comprimento do tronco. A árvore parecia uma pessoa magra, a copa era do tamanho da cabeça de uma pessoa adulta, as folhas eram verdes, escuras e pequenas, pareciam arruda. Eu estava com muito medo que saísse um monstro de dentro do vaso, no sonho eu imaginava que o monstro seria escuro e mole, escuro da lama preta como se fosse um molusco preto, também parecia coágulo menstrual. Eu não entendia como a minha mãe podia estar tranqüila, não sei se eu me comunicava com ela e ela não entendia, ou se eu me comunicava e ela tratava o meu medo como medo bobo de criança. De repente, de dentro do vaso pulou um animal, que deu um salto gracioso. Era preto e peludo, do tamanho de um gato, e se parecia com um gato, só que o corpo era mais quadrado e a cara cheia; esse animal não chegou a encostar no chão, sumiu no ar, porém antes de sumir sua cara incendiou-se. (Essa casa me lembrava a casa que morei na minha infância, dos quatro aos onze anos.) Assim que o gato sumiu, apareceu outra cena: eu estava dentro da casa, havia uma porta tipo veneziana de mogno, igual às portas do guarda-roupa da minha casa atual, que separava o interior da casa da varanda. Nessa porta havia um vão, como se fosse uma janela, junto comigo estava a minha tia, que mora aqui e de quem eu gosto muito. Eu olhava para a varanda através do vão, com a mão esquerda apoiada na abertura. Na varanda havia um bicho da altura de um cavalo, cujo corpo tinha o formato de uma girafa, o rosto era redondo, mas se parecia com gata ou leoa, com pêlos muito curtos parecidos com os de um cavalo, fundo branco com manchas cinzas, malhado. Esse bicho foi se aproximando de mim e, conforme eu olhava para ele ou ela, a minha mão esquerda e o antebraço iam ficando com a mesma pele; fiquei muito assustada, parecia que iria me transformar no bicho. Afastei-me da porta, angustiada, minha tia aproximou-se do vão da janela, chamou o bicho, passou a mão nele e, tentando me acalmar, dizia que eu não precisava ter medo, que era um animal doméstico e não me faria mal. Não me lembro se acordei angustiada e se o sonho acabou aí. Esse segundo bicho também me lembrou um cachorro que tinha nessa casa da minha infância e que era muito bravo, a pele do bicho era parecida com a do cachorro, que era muito grande, acho que era um dálmata ou um perdigueiro".

D. Meltzer: Escutar esses sonhos da paciente, que ela consegue lembrar com detalhes, é como ver uma criança desenhando. Você vê exatamente a mesma representação da mudança contínua da forma, do significado, de uma pessoa para um bicho, de uma zona corporal para outra. E também a distinção entre dentro e fora, representada pela varanda, a maneira como a entrada da casa pode aparecer a qualquer momento, tudo isso é exatamente como as crianças desenham e expressa o problema da criança de estar dentro de um estado de confusão por depender dos adultos para interpretar o significado do mundo. É uma dependência absoluta, isto é, ela depende de um adulto que diga que ela não precisa ter medo.

Com essa paciente, a grande confusão assustadora é entre fezes e pênis. Isso implica a preocupação com defecação. A diferenciação entre vagina e reto é tão incompleta que está representada apenas por um muro, que ela pode facilmente ultrapassar.

A diferenciação entre animais bons e amáveis e animais maus, bravos, perigosos (como qualidades do pênis), também é uma referência ao pênis flácido e ao pênis erecto. E pular também é representação da ejaculação. Você tem a impressão de uma criança que não é só masturbadora, mas que também deve ter sido muito exposta a cenas primárias.

Mas esse tipo de dependência, em princípio a dependência da *mãe-empregada,* que limpa toda a sujeira, inclusive a sujeira da mente, e faz a diferenciação entre o que é seguro e o que é perigoso, e eventualmente a diferenciação entre o que é bonito e o que é feio, é um processo muito infantil. Ela é uma paciente muito pouco sofisticada. O material é quase igual ao que haveria numa sala, na qual brinca uma criança de cinco ou seis anos, fazendo desenhos grosseiros com formas amorfas, com rabiscos representando ansiedades, onde coisas subitamente estouram em chamas. "Que cor é aquela? É fogo." A excitação sexual representada pelo perigo do fogo.

Perguntas da Platéia

Pergunta: Que fatores contribuem para uma pessoa ficar tão detida na fase pré-edípica, com tantas confusões geográficas?

D. Meltzer: Não concordo que seja pré-edipiano, mas sim pré-genital. O fator que prende uma criança na fase pré-genital geralmente tem origem no controle esfincteriano, e o fator que perpetua essa confusão é a masturbação secreta. A masturbação secreta tem o conluio dos pais, o que está muitas *vezes* representado no fato de eles ficarem satisfeitos quando a criança não está fazendo nem confusão, nem barulho, nem sendo chata. Gosto de representar esse tipo de conluio parental com a piada:

"O que vocês estão fazendo, crianças?" Pergunta a mãe quando as crianças estão quietas lá em cima.

As crianças respondem: "Estamos transando, mãe". E a mãe responde: "Ótimo, crianças. Não briguem".

Essa piada me parece a síntese do conluio dos pais: vale tudo, desde que haja paz e sossego.

Pergunta: O senhor está dando uma importância muito grande, estruturante, ao fator externo. O senhor realmente pensa assim?

D. Meltzer: Enfatizar não significa transformar em fatos (pegar pedaços da história como se eles fossem fatos). Prefiro construções imaginativas, que muitas vezes podem ser contadas como piadas, mas apreendem a verdade da situação familiar numa forma estereotipada. Nesse sentido, podemos reconhecer a importância do reforço do ambiente, sem tomá-lo como causal ou explanatório. O ponto crucial é o segredo da criança.

A vigilância dos pais pode ser benevolente ou persecutória. A percepção da criança é o que determina, em grande parte, se é benevolente, ou persecutória. O que está nos pais, somente eles sabem. E os pais podem exercer uma forma de vigilância que dificilmente as crianças não sentem como persecutória. Atitudes como cheirar as mãos da criança pequena para ver se ela estava se masturbando, ou inspecionar os lençóis do filho adolescente para verificar se ele está ejaculando, serão provavelmente sentidas como persecutórias. Esse tipo de interesse é muito persecutório devido a seu tom malicioso, é uma vigilância que está à procura da sujeira. Não se pode saber, em termos da história: apenas se supõe que tenha sido assim. Mas é bom se precaver contra essa curiosidade maliciosa; ou seja, ao apontar sinais da masturbação, por exemplo, cuide para que seu tom de voz não soe como o da KGB. Nada que pareça: "AHAH! Você estava se masturbando! "O tom deve ser o de quem sabe que as crianças se masturbam e não se preocupa com a masturbação, mas com o significado disso e com a maneira secreta como isso é feito.

Sei que analistas no mundo inteiro têm dificuldades para falar com seus pacientes sobre a masturbação. Esperam que os pacientes falem sobre isso, mas não é necessário. É possível descrever os sinais da sexualidade infantil e a indicação de que é algo pré-genital. Nesse sentido, é raro um paciente tão infantil como esse, com um tipo de inocência infantil. A maioria dos nossos pacientes é mais sofisticada do que essa moça, mas os problemas que ela mostra são freqüentes.

Pergunta: Gostaria que o Dr. Meltzer me auxiliasse a discriminar uma sensação que está me intrigando, que é a quantidade imensa de sonhos que essa paciente traz, o que por vezes me dá uma sensação não só de invasão, mas até de um certo desinteresse, na medida em que a atenção do analista é exigida minuciosamente, de uma forma muito cansativa. Eu queria saber por que esse paciente apresenta tudo de forma tão minuciosa. Isso me dá a sensação de uma relação exibicionista, *voyerista;* e eu pensei se essa menina não estaria pedindo que uma mãe simplesmente aceitasse essa vida pré-genital, entrasse em conluio com essa vida pré-genital, talvez não dando muito espaço para uma compreensão, já que ela anestesia o analista.

D. Meltzer: O que você aponta requer uma discriminação cuidadosa entre a paciente infantil, que ainda sofre de confusão de zona, de geografia, e a inevitável confusão entre bom e mau, e a pessoa que está imersa no sadomasoquismo e tem a intenção de sujar o analista, excitá-lo, corrompê-lo.

Essa é uma das razões por que enfatizo que essa paciente é tão infantil. Nesse sentido, o material dela é bastante inocente. É como se ela tivesse diarréia: é preciso lavar fraldas sujas o tempo todo. E não é só um movimento intestinal por dia, mas vinte. Isso é chato, tedioso, mas não deixa você se sentindo sujo, como faz o sadomasoquista. Assim, acho que essa é uma diferenciação importante em termos da contratransferência, pois é a sua contratransferência que faz a diferença. Embora você talvez ache desagradável ouvir esse material, duvido que, face a face com a paciente, você se sentisse assaltada por ela. Esse material é tedioso porque dá a impressão de que vai continuar para sempre, como as mães sentem que vão passar o resto da vida lavando fraldas.

Apresentador: Gostaria de acrescentar um dado. Essa foi uma montagem do caso. Aqui tem cinco anos de análise, e evidentemente essa quantidade de sonhos eu consegui coletar e anotar, e foram colocados todos juntos para ilustrar a sexualidade infantil dessa paciente. Assim, a apresentação fica um pouco deformada.

D. Meltzer: Fica pior ainda, por levar tanto tempo. Ao pegar esse tipo de material de um paciente, você pensa "Meu Deus, vai continuar assim por cinco anos?" Mas assim é a vida das mães. Quando você tem um paciente, você tem um bebê com diarréia: parece que vai continuar para sempre.

Pergunta: Fiquei impressionado, num dos sonhos anteriores, porque, na distribuição das construções dos prédios, ela colocou a lavanderia separada do corpo principal da casa. Isso me lembrou algumas formulações do Dr. Meltzer, quando ele dizia que o trabalho analítico acaba tendo a finalidade de fornecer novas ferramentas, de modo que o objeto interno, ao cabo de um certo tempo, é enriquecido com novas ferramentas que não tinha antes. O Dr. Meltzer falou que há uma mudança nessa paciente *e que* essa mudança, nessa teorização, teria de ser vista como aquisição de uma ferramenta que ela não tinha, uma ferramenta que discriminasse, por exemplo, que aquilo que ela está pensando e sentindo é sujo e precisa ser limpo. Nesse sentido, a preservação de tal lavanderia poderia representar essa nova ferramenta, que a paciente reconhece como útil e que deve ser preservada fora do corpo da casa, como uma representação do toilet-breast. Então, a minha pergunta é a seguinte: nessa análise, com essa paciente diarréica, como se deu a percepção e a aquisição dessa nova ferramenta, como essa ferramenta não é constantemente evacuada? Como aconteceu de a lavanderia não continuar confundida com o corpo geral da casa?

D. Meltzer: Quando você fala de discriminação e dos instrumentos da discriminação, está usando a linguagem da teoria psicanalítica, porque o que ocorre no paciente é questão de estrutura de personalidade, quê é reforçada pela estrutura da família e pela cultura da qual a criança faz parte. Por exemplo, no caso de pacientes que crescem na África do Sul, as pequenas cabanas onde moram os empregados, no fundo do jardim, não são só uma representação do local onde se faz o trabalho sujo, mas esse é também o local da sexualidade, e isso reforça os processos da cisão. É difícil ultrapassar isso na situação analítica, e juntar essas cisões de objeto é um pré-requisito para reunir os objetos como um objeto combinado. Mas é uma questão de reforço e não uma questão de causa e efeito, porque, em relação à África do Sul, não só a casa dos empregados é o local do trabalho sujo e da sexualidade, mas é também o local de toda a ternura. E uma ligação de ternura com os empregados pode reforçar a tendência de tratar os pais como figuras distantes. Essa ligação pode se dar não só com uma empregada, às vezes também com um empregado. Certamente, você leva em consideração o papel do ambiente no desenvolvimento das crianças, mas, de novo, o significado depende da disposição da criança, e é função do temperamento da criança e também do desenvolvimento do segredo.

Pergunta: O senhor poderia falar mais sobre o desenvolvimento do segredo?

D. Meltzer: Há dois tipos de segredos: o segredo do isolamento e o segredo do conluio. O segredo do isolamento, que você vê em filhos únicos ou em crianças com considerável diferença de idade dos irmãos, é acompanhado de tanta solidão que a investigação analítica é bem-vinda. O segredo do conluio, que ocorre caracteristicamente entre gêmeos idênticos ou, em grau menor, em irmãos com idade próxima, é construído quase sempre de uma maneira sadomasoquista. E como todo sadomasoquismo, é muito resistente a uma investigação analítica. Essa diferenciação de usos é importante, porque alerta para a dificuldade do trabalho analítico, porque há análises que se movimentam devagar e outras que se movimentam rapidamente, *e de* alguma forma isso depende da cooperação do paciente. Mas a maior parte das vezes depende da mobilidade da organização estrutural do paciente. O analista tem pouca influência sobre esse fator da mobilidade. Ele só tem influência na mobilidade da imaginação, e essa mobilidade significa também uma mobilidade de valores, de forma a que o analista possa tolerar que o paciente tenha valores diferentes dos que ele tem no trabalho analítico e dos seus valores pessoais. **O principal desses valores é o amor à verdade**, que não se encontra muito no começo de análises, **e o analista tem de tolerar que o paciente**

não perceba que verdade e beleza são sinônimos. Isso requer certa tolerância.

Pergunta: O senhor pensa que, nos casos de segredo de isolamento, há maior facilidade de trabalho analítico, por não haver um componente sadomasoquista?

D. Meltzer: Isso é menos freqüente no segredo do isolamento. Mas o que eu queria dizer é que o quê torna a análise bem-vinda é o fato de o segredo do isolamento ser extremamente solitário. Com pacientes assim, a ênfase no trabalho analítico está na manutenção do contato íntimo. Um dos fatores que facilitam a manutenção desse contato emocional íntimo é a atitude do analista em relação à culpa. Na minha opinião, a culpa não é uma emoção que facilite o desenvolvimento, a culpa requer e espera uma punição, e é importante que o analista não reforce a culpa, mas ajude para que esta se transforme em arrependimento. O arrependimento reconhece que nada pode ser feito sobre isso; enquanto a culpa requer punição, como se o castigo fosse uma forma de reparação. É interessante que na *Divina Comédia,* Dante sempre mostra as pessoas no inferno correndo ao encontro de sua punição; é verdade. Os pacientes correm atrás da punição e, se você reforça isso, antes que se dê conta, estará numa situação de confessionário, que não leva a nenhum desenvolvimento.

Pergunta: Isso tem a ver com a questão do conceito de perdão a que o senhor se referiu na conferência "Dream Life"?

D. Meltzer: Sim, tem. Perdão é certamente um conceito central em psicanálise, e não deve ser confundido com o perdão cristão, porque este parece depender, não da punição, mas da recompensa. Este é o conceito cristão, não só da igreja mas também o conceito da teologia: a submissão à punição resulta em recompensa. A grande história bíblica sobre isso é a história de Jó, que é uma história da chocante indiferença de Deus ao submeter Jó a tantas privações, para exibir a Satã seu poder sobre Jó. É uma história semelhante àquela que aconteceu com Hitler na guerra, ao demonstrar para jornalistas a dedicação dos seus soldados, ordenando-lhes que pulassem do avião sem pára-quedas. Quando um soldado estava para pular, um jornalista perguntou-lhe: "Por que você se comporta assim? Por que está a ponto de sacrificar sua vida por esse homem?". E o soldado respondeu: "Você chama isso de vida?".

Pergunta: Daria para o senhor adiantar mais alguma coisa sobre as características do perdão do ponto de vista que o senhor mencionou, que envolveria uma questão mais filosófica?

D. Meltzer: Podemos tomar como exemplo um menino judeu perdoando os nazistas. Só requer um pouco de imaginação para o menino dizer para si mesmo e entender que, se ele tivesse sido um menino alemão, teria saudado Hitler. E a base do perdão é perceber que, se não fosse pela benevolência dos meus objetos, eu também seria um vilão.

SEMINÁRIO CLÍNICO

Donald Meltzer e Colaboradores

Esta paciente começou análise com trinta e sete anos, há mais ou menos cinco anos. Ela me procurou dizendo estar grávida de três meses, o que desencadeou uma crise de pânico com a fantasia de vir a perder o bebê.

D. Meltzer: É a primeira gestação?

Apresentador: Sim, é a primeira gestação. E o sofrimento era tão grande que ela mal podia encontrar palavras para me falar, o que a levava a pensar sobre isso. Dizia, de maneira enfática:

"Tenho certeza de que é da minha cabeça que cresce essa convicção, e não acho que seja loucura, embora haja muita gente louca na minha família".

Disse-me isso depois que constatei, conversando com ela, que parecia que tanto ela quanto o bebê estavam bem de saúde.

Iniciamos o trabalho com cinco sessões por semana, em vista da evidência de sofrimento e num empenho da parte dela em tentar análise como último recurso para não perder o seu bebê.

Naquela ocasião, pensei que, mais uma vez, psicanálise e psicanalista estavam diante do dilema *"decifra-me ou devoro-te"*. Ou seja, era quase um pedido de cura, a ser resolvido no processo analítico, para salvar uma gestante de sua loucura, e para manter a vida do seu bebê; ou, ao contrário, deparar-me com um terror sem nome. De qualquer maneira, fiquei muito impressionada com um clima de urgência, "de correr" contra o tempo. Minha dúvida era se poderia ou não investir na construção de um espaço mental e relacional em menos de seis meses. Indagava-me 'sobre a possibilidade de uma gestação mental viável, e tentaria "lutar" contra a morte e a loucura. A disciplina da memória e do desejo faziam-me experimentar compaixão, cultivar humildade e ignorância, para ajudar aquela paciente em grande sofrimento.

D. Meltzer: Foi dessa forma que ela lhe apresentou os ataques de pânico, como se eles fossem causados por esse modelo de escolha, tipo *"campo de concentração'*, entre preservar o bebê à custa de sua loucura ou preservar a sanidade mental dela à custa da vida do bebê.

Um tal dilema pode ser visto em filme, como *"A Escolha de Sofia"*. É o que se vê em pacientes obsessivos, que se obrigam a escolher entre A e B, como se nada existisse no meio, deixando de fora a possibilidade de uma experiência integrada. Nesse caso, o problema obsessivo é o de uma gestante que tem de escolher entre ter o bebê, e então morrer ou ficar louca, ou sobreviver e deixar o bebê morrer. E o problema na hipocondria que pode ser encontrada em certos psicóticos e depressivos ou nas perversões sadomasoquistas, nas quais, como Freud assinalou, a questão é sempre de identidade: de quem seja a pessoa que está em perigo; quem esteja grávida, quem vá ficar louco. É, fundamentalmente, um problema de confusão de identidade, provavelmente devido à identificação projetiva.

Apresentador: O material da sua vida pregressa é extremamente complexo e intrincado. Em sua vida familiar, até onde pude reconstruir, também há muitas mortes, lutos não-resolvidos e situações bizarras. Antes dessa análise, houve dois casamentos anteriores e ela esta no seu terceiro casamento. É herdeira de um grande patrimônio, mas, estranhamente, há a história da adoção de várias outras filhas por parte da mãe. Eram três irmãs, e a mãe adotou mais duas. A mãe, aliás, tomou muito espaço no início de sua relação comigo. Dizia ela que a mãe se jogava escada abaixo para provocar aborto, quando supunha que a gravidez poderia ser de menino, pois odiaria dar um filho a seu marido, que era um empresário conceituado e bem-sucedido.

Na verdade, a rivalidade expressa entre ela – filha caçula – e a mãe já se evidencia no período em que o pai, acometido de grave derrame cerebral, fica impedido de prosseguir nos seus negócios. Permanece, todavia, lúcido por cerca de vários anos, o bastante para fazer da filha sua interlocutora junto aos membros da família, a fim de preservar o patrimônio e encaminhar a partilha dos bens entre as três filhas, a mãe e alguns parentes da família paterna. Assim, caso ele morresse, eles poderiam sair do ramo de negócios.

"Meu pai sempre tinha sido fascinado pela mamãe, mas ele também sabia da incapacidade gerencial dela para prosseguir nos negócios, das suas loucuras".

Outras irmãs já eram casadas e seus maridos não tinham bom caráter; os casamentos se realizaram por interesse econômico. Uma irmã meio maluca era a única sobrevivente de um desastre aéreo, no qual perdera todos os filhos e o marido, que ela insiste em chamar de irresponsável. Finalmente, essa irmã muda-se para os Estados Unidos; casa-se novamente, com um americano, e passa a viver como se sua vida começasse dali para a frente.

A outra irmã tinha um marido tão cruel e maldoso que solicitou o divórcio assim que o pai adoeceu; acabou levando parte dos bens; não deixou pensão para os filhos e sumiu do contato com a família. Não havia herdeiros masculinos adultos pois os sobrinhos, filhos dessa última irmã, ainda eram crianças. Depois disso, essa irmã, a única com quem ela mantinha algum vínculo de afeto, morre de enfarte.

Sua história analítica também é complicada. Fazia terapia desde os oito anos, pois era gordinha e ansiosa. Quando adolescente, procurou, por iniciativa própria, a indicação de um analista, com quem permaneceu por dezessete anos. Diz ter interrompido o vínculo por determinação da analista, pois esta achou que a paciente já não estava mais usando a análise para crescer e mandou-a embora, dizendo-lhe que aprendesse com a vida. A paciente sempre considerou, esse, um período importante da sua vida, embora sofresse muito com fantasias de abandono.

Farei agora um breve relato de alguns períodos significativos do processo analítico desta paciente, embora vistos de maneira mais fenomenológica e calcados em descrições de vivências e de realidade externa. Depois, trarei fragmentos de sessões.

D. Meltzer: Esse é o tipo de história que pode ou não ter uma base fatual. Certamente, é uma história dramática. O provável elemento de verdade nela é que essas meninas adotadas e a paciente foram envolvidas pela história dos pais. Do ponto de vista teórico, em relação à identificação projetiva, isso implica que ela sofreu um tipo de identificação projetiva passiva, que ela foi tragada para dentro da identificação projetiva com a mãe. Na minha experiência, isso torna difícil a tarefa analítica, porque o sentimento da paciente é que esse processo de ser tragada para dentro da identificação projetiva é um procedimento salva-vidas para a mãe, o que a impede de enlouquecer, e produz o fenômeno *"Folie à Deux". A* paciente tem dificuldade de sair desse estado mental por medo de provocar a insanidade ou a morte da mãe. Isso torna o problema terapêutico muito difícil e não podemos acusar a terapeuta anterior de ser impaciente com a paciente, depois de dezessete anos. Suponho que iremos ver, no material clínico, como ela deve estar aferrada a esse estado mental de identificação projetiva.

O seu problema, com o nascimento do bebê, não está só ligado à identificação dela com a mãe. A ansiedade da mãe em poder ter um filho homem é, provavelmente, indício de que lidamos com uma situação como a das *"Babushas Russas"*, aquelas bonecas que ficam uma dentro da outra, formando identificações projetivas em série, como em famílias que dão muita importância à história familiar, geração após geração.

É uma característica de famílias aristocráticas e também de famílias com forte orientação religiosa, porque a idéia da visita do infortúnio, na chegada à sétima geração, é característica da mentalidade do *Savage God* (Deus selvagem), do Velho Testamento. Essas são as origens da mentalidade superegóica. Do ponto de vista religioso, isso foi modificado com Jesus, com a idéia do perdão, e assim por diante. A situação dessas famílias é muitas vezes consolidada pela fortuna familiar. A preservação e a distribuição da fortuna transformam-se no problema humano mais importante, embora este seja um problema mítico, e não fatual. Nesse caso, vemos como a fortuna do pai está em processo não só de ser dividida, mas de ser roubada pelos genros, situação quase assegurada pela mãe, que se recusa a ter um filho homem, mas adota meninas – que podem vir a se casar com maridos inadequados e roubarem a fortuna. Isso parece algo da mitologia grega ou do Velho Testamento, sugerindo que tudo já esteja sob intervenção de poderes sobrenaturais, divinos.

Nesses casos, a transferência para a analista exige dela uma espécie de heróico auto-sacrifício (equivalente a muitas histórias do Velho Testamento ou dos heróis gregos), cujo protótipo é a história de **Prometeu**, que rouba o fogo dos deuses para o homem. É uma grande tarefa. Vamos ver como isso funciona de fato na situação transferencial nesses seis meses de grande urgência que a paciente construiu. Você tem seis meses para uma salvação heróica do bebê e a salvação da mãe, seis meses equivalentes a **Teseu** entrando no labirinto e matando o **Minotauro.** A contratransferência é muito sedutora, porque convida você a executar uma tarefa heróica, e, evidentemente, é preciso resistir a isso, porque analistas não são heróis, nem mesmo as mulheres psicanalistas.

Apresentador: Exatamente, o primeiro período corresponde a esses seis meses mencionados, predominando o clima da onipotente exigência mitológica na dinâmica de trabalho com a paciente.

Do ponto de vista médico e do acompanhamento obstétrico tanto a mãe como seu bebê passavam bem. Durante a análise, a ansiedade diminuiu e as fantasias de morte do bebê quase desapareceram. Como não havia indício de que algo catastrófico pudesse ocorrer, mantive minhas férias.

D. Meltzer: Foi essa a sua primeira tentação heróica, a de adiar as suas férias.

Apresentador: O segundo momento é quando volto ao trabalho e a paciente não se apresenta. Como não era o perfil dela, fiquei um pouco preocupada e, no segundo dia, durante a sua ausência à sessão, ela me telefona do hospital, com fala compungida e grave, falando da impossibilidade de estar presente, pois faria o parto dentro de poucas horas e que este seria normal, vaginal. Mas, que a J. (nome pelo qual ela e o marido já começavam a chamar a filha desde os primeiros exames de ultra-som, quando souberam com segurança o sexo do bebê) estava morta dentro dela havia quase dois dias.

D. Meltzer: Foi isso que ela lhe disse ao telefone?

Apresentador: Sim.

Desnecessário falar do profundo impacto que recebi. Pergunto-lhe o que acontecera, e ela disse: "*Ninguém sabe, os médicos estão sem saber o que houve, ela estava perfeitamente bem até um dia atrás, quando percebi que ela não se mexia dentro de mim. Estava na fazenda, contatei o médico, viemos imediatamente para São Paulo, eu esperando algum sinal de movimento dentro de mim. Vim direto para o hospital, onde fizeram vários exames. Chamaram outros obstetras, fizeram eletrocardiograma dela – que não me deixaram ver – e só agora os médicos falaram comigo e meu marido. Os médicos também estão chocados, pois tudo estava absolutamente normal até o último exame. Eles, até agora, não puderam detectar absolutamente nada que justificasse o que aconteceu, mas o fato é que ela está morta. Não há necessidade de fazer cesariana a não ser que eu quisesse, mas preferi parto normal, para o qual eu tanto tinha me preparado. Estou lhe dando esta notícia antes de entrar na sala de parto, mas acho que amanhã já posso ir ao consultório. Talvez eu peça ao meu marido para lhe avisar caso eu não possa ir. Mas preciso ir, assim que tiver condições".*

O marido me telefona no outro dia, solicita um horário na parte da tarde, pois pela manhã ela ainda não poderia vir à sessão. Ofereço o último horário e ela se apresenta.

D. Meltzer: Que drama!

Apresentador: Trabalhamos intensamente por mais de um ano e meio. Seu luto foi pungente. Há muitas informações a serem dadas nesse período. Destaco a presença de choros em quase todas as **sessões.** A mãe tinha ido à Europa para ficar seis meses, longe da filha, mas, ao saber da notícia da morte da neta, decidiu voltar mais cedo, ao fim de um mês. Só foi visitar a filha dez dias depois, e assim mesmo acompanhada de uma parente. Uma relação polida mas sem emoções aparentes. Permanecem na sala de visita, sempre em presença de outras pessoas, sem nada de pessoal entre ela e a mãe, pois estavam, até então, brigadas e rompidas. Outro fato importante é a maior intimidade que ela desenvolve com o marido, o modo afetuoso com que passaram a se tratar e como se faziam solidários na mesma dor. E o único período em que o marido aparece como homem e companheiro, comum e participativo.

Vou resumir: depois de um ano e meio, ela começa a falar em engravidar. Embora existissem muitas queixas em relação ao marido, ela diminui o ressentimento e faz várias viagens ao exterior para consultar especialistas, sem que nada apareça, nem no exame genético, nem nas biópsias e mesmo em materiais de necropsia do bebê.

Ela engravida, e há um período muito profícuo de trabalho analítico. Estabelece um trabalho no escritório, mais racional. Dispensa um funcionário, até então de total confiança, após admitir a necessidade de uma auditoria, que descobre que a empresa estava podre, corrompida por dentro. Então, contrata um outro administrador.

D. Meltzer: É o empreendimento que ela herdou do pai?

Apresentador: Sim, é o empreendimento que ela herdou do pai. Organiza os negócios e pretende ficar mais tempo em casa. Faz ginástica, natação, aulas de dança com o marido, cursos de amamentação, cursos de pais, e retoma os bordados. Essa moça tem um lado interessante, precioso, que são os bordados. E bordando ela faz um outro enxoval para sua nova filha. Para sua grande alegria, o ultra-som registra uma menina, e ela passa de um ciclo mórbido, melancólico, para outro de euforia e grandes alegrias. Seu aspecto feminino se revela no carinho e no cuidado que ela dispensa às questões materiais, pelo menos para esperar sua tão desejada filha. Estreita um pouco mais o relacionamento com a mãe, embora com alguma reserva. Cuida mais de perto dos sobrinhos, consegue maior intimidade com eles, enquanto, antes, ela era mediadora apenas das questões práticas e concretas dos negócios. Seu marido continua pintando e ganha, às vezes, algum dinheiro, mas toda a administração dos negócios, da fazenda e da casa ficam por conta dela. O contato comigo e seu vínculo analítico alcançam, para além de sua sobrevivência básica, um sentido mais sólido, mais autêntico e consistente.

Gostaria de salientar, na sua relação comigo, os momentos em que ela apresentava certa angústia significativa: angústia de se sentir esvaziada, explorada com os pedidos de aumento de honorários – que naquela ocasião eram semestrais. Embora não houvesse nenhum problema objetivo de pagamento, ela tinha a impressão de empobrecimento e de esvaziamento. Nesse período, saio de férias novamente – ela daria à luz exatamente na época em que eu estaria saindo. Ela sabia que eu viajaria sábado de noite. Na hora do almoço desse mesmo sábado ela me telefona, dizendo que a filha nascera muitíssimo bem, que o parto fora normal e que as duas passavam muito bem, e comenta: "Só não me contaram que a dor do parto era tão intensa".

D. Meltzer: Ela não lembrou das dores do primeiro parto da criança morta?

Apresentador: (Pausa)... Segundo ela, nesse parto não teve dor.

D. Meltzer: Ela ficou tão preocupada com o drama da criança morta que nem percebeu a dor. A sua ambivalência em relação a você e em relação aos médicos, de maneira geral, está expressa, primeiramente, nas reservas dela em relação ao aumento de seus honorários e, em segundo lugar, no fato de que ninguém lhe falou que o parto dói. Nada realmente dói enquanto for um delírio devido à identificação projetiva. As coisas só doem quando você sai da identificação projetiva, e aí dói em você mesma, e não na mãe. U como se a confusão de identidades tivesse cessado e então ela descobre que está com dor. Tem dor em relação à questão do dinheiro, e não se trata aqui da questão de administrar o dinheiro do pai, e tem dor em relação ao bebê, e não é a mãe que tem a dor. Isso indica que, nesse primeiro ano e meio de terapia, ela emergiu da identificação projetiva, introduzida por essa entrada maníaca no mundo da preparação para a maternidade através de uma idealização realizada com o marido, através de ginástica, natação, preparação para o parto e para a amamentação, enfim, de tudo o que estava destinado a transformar uma menina em uma mulher adulta, de um momento para outro.

Apresentador: Hoje, sua filha tem quase três anos. Esta paciente fez intervenções características no *setting*, por exemplo: ela trouxe o bebê.

D. Meltzer: Isso foi feito com sua permissão?

Apresentador: Não explicitamente. Não falamos sobre isso, mas como levou a criança mais de uma vez, talvez tenha percebido aceitação.

D. Meltzer: Sim, mas ela levou o bebê para que você o abençoe. Uma espécie de batismo psicanalítico reiterado.

Apresentador: Outra intervenção importante, que ela fez no *setting*, antes do nascimento do bebê e da minha viagem, foi me pedir concretamente, com advogado e com documentação, que eu fosse tutora de sua filha.

D. Meltzer: Uma espécie de madrinha? Você seria a responsável pelo bebê, no caso da morte da paciente?

Apresentador: Sim. Eu conversei com ela sobre isso. Não aceitei e disse-lhe que isso representaria a morte dela como mãe.

D. Meltzer: De fato, não é aceitável. Talvez, no fim de uma análise bem-sucedida, mas não como precondição; porque, na verdade, é uma atuação da fantasia de devolver o bebê para a mãe.

Apresentador: As questões transferenciais que se fizeram mais presentes foram trabalhadas. Ou seja, a ameaça de amamentar a filha e ficar dependente; a fantasia de que se viesse a ser uma mãe dedicada à criança, não teria vida própria, pois o bebê acabaria por sugar sua vida e sua liberdade.

D. Meltzer: A mitologia não acabou. Nesse sentido, ela saiu da identificação projetiva com a mãe, mas continua a elaborar isso na forma de uma identificação projetiva com você, na transferência, tornando você responsável pela sua vida, pela vida do bebê. Porque, claramente, ela não é uma mulher adulta que possa assumir responsabilidade pelo próprio bebê. Aliás, não ficou claro para mim se ela podia amamentar o bebê.

Apresentador: Sim, parecia-me que tinha condições de amamentar sua filha. Mas ela abreviou a amamentação. Dizia até sentir um prazer muito grande em amamentar, embora, a partir do segundo mês, ela "previu" que seu leite iria acabar..., o que de fato ocorreu. E, assim, achou que ficaria mais livre administrando a mamadeira para a filha e controlando a babá. Fiquei mobilizada por esta questão e, ao trabalhar com ela, tentando conversar sobre isso mais uma vez (a única, além do tema de reajuste de honorários), ela se irritou comigo, como se eu estivesse lhe impondo o aleitamento.

D. Meltzer: A liberdade, a liberdade dela, essa é a questão. Falo da liberdade dessa identificação projetiva, que a suga para essa mitologia de repetição, repetição, repetição. E sempre um quebra-cabeças o modo como a onipotência e a onipotência resultante da identificação projetiva se realizam no mundo externo; é o que se costuma chamar de *"neurose de destino histérico"*. *É* assombroso: as crianças morrem, o leite seca, a família da irmã morre em um acidente aéreo.

Apresentador: Seria pretensioso relatar um processo de mais de cinco anos de trabalho. Levantei apenas alguns fragmentos que me pareceram significativos, olhando hoje para o que está remoto. Após apresentar esse material fragmentado, moldado pelas minhas impressões pessoais, interessa-me sobretudo a observação do Dr. Meltzer sobre questões que possam suscitar interesse entre os colegas. Isso desde que haja consenso quanto:

a) às questões ligadas à transferência, da qual ele já está falando;
b) à experiência emocional como um todo; c) às transformações em psicanálise;
d) à passagem das experiências sensoriais às experiências psíquicas;

e particularmente, sobre minha atual angústia de buscar evoluir de uma dimensão kleiniana clássica, segundo o meu modo de realização pessoal, até assimilar mudanças para mim inevitáveis, alcançadas em um espaço analítico a partir das contribuições de Bion. Sempre encontrei nos textos do Dr. Meltzer, em particular em uma conferência dele, que assisti aqui em São Paulo, um interlocutor criativo para mim, num espaço transacional para as minhas realizações das idéias de Bion.

D. Meltzer: Agora eu tenho que ser herói. A tentação é grande!

Sessão Clínica

Apresentador: Eu entrei em férias na primeira quinzena de janeiro. Ela comunica que suas férias serão em março. E a primeira sessão após o retorno de suas férias. Ficara cerca de trinta dias no exterior, parte na casa da irmã e outro período em uma estação de esqui. Era a primeira vez que ela viajava com o marido e a filha de dois anos e meio, sem babá. Chega ao consultório com ar displicente, trajada desportivamente, de tênis, com uma bolsa pequena, tipo mochila de criança. Cumprimenta-me de modo afetuoso e sorri, deixa a mochila na poltrona, vai até um aparador, pega uma almofada mais dura, põe na altura das pernas e deita-se, como se estivesse colocando as pernas em repouso, em um nível mais alto do que o corpo deitado – atualmente, ela está fazendo isso e eu observo, não sei do que se trata.

Depois de uma pequena pausa, ela diz:

"As férias até que foram divertidas; procurei tirar o melhor de tudo o que estávamos vivendo. Ficamos alguns dias com minha irmã. A M. adora a casa da titia, e depois fomos esquiar".

D. Meltzer: Onde foi isso, em que lugar?

Apresentador: Na Suíça.

"Você precisava ver a cara da M., toda vestidinha de roupa apropriada, toda equipada para esquiar, descendo os morros de neve da escolinha para crianças. A professora dela parecia muito simpática; M. logo se entregou ao esporte e à turminha. No início, diverti-me vendo minha filha se expandir, feliz e compenetrada".

Percebi um clima de satisfação por parte da paciente. Parecia que para ela era premente dizer alguma coisa mais. Prosseguiu: "Bom, este é o lado agradável, eu procurei usufruir o máximo, mas não é fácil arrumar escola de esqui, roupa adequada... Esquema para M. até que é agradável *e leve,* mas, quando chega meu marido, tudo é muito difícil".

Continua, com certa ironia:

"Ele com aquela cara blasê, como se estivesse ali para fazer um favor para mim. Foi preciso arrastá-lo e até arrumar suas roupas, medidas, tamanhos, botas, iniciar o passeio. Olha, é insuportável!"

Nesse momento, a paciente já oscila emocionalmente. De um movimento de satisfação, passa para outro com ar de choro, de sofrimento, como se gemesse:

"Será que eu mereço isso? É o fim.!!! Eu pago as passagens, providencio o hotel, tomo as iniciativas de estabelecer programas, e – quando tento ao menos dividir – saber o que ele achava, o que ele propunha, enfim, o que ele realmente queria, ele me diz, com ar de vítima: – `O que você quiser'. Não agüento mais! Percebi que poderia me deprimir e tratei de me arranjar sozinha; quando ele solicitava eu até correspondia, mas tratei de esquiar bastante e matar as saudades".

Depois de uma breve pausa, eu lhe digo mais ou menos o seguinte:

"Vejo que você me fala de algo que nós podemos perceber: momentos em que você se sente feliz com sua filha, seu marido, procurando também usufruir você mesma da situação férias; em seguida acontece alguma coisa, e você tem urgência de me comunicar seu sofrimento. Seu marido, parece-me, presta-se, facilmente, a essa função; mas o que é mesmo que você está querendo me dizer com isso?"

Percebo por um momento que ela interrompe o que parecia ser um choro e diz:

"Não sei, mas não agüento mais essa situação, não sei por que isso acontece comigo. Lembro-me do fulano – o segundo marido... Eu fazia essas viagens com ele e tudo era diferente. Ele providenciava tudo, tomava iniciativas, fazia programas interessantes e eu me divertia muito... Estou pensando no que você já me disse várias vezes, com um companheiro que parecia bom e adequado, eu não pude manter o casamento e não quis ter filhos, agora estou aqui encalacrada. Fiquei feliz com M., mas com o mando, Deus me perdoe!... Nunca mais viajo sem babá; para mim foi a primeira e a última vez tivesse ido com a babá, teria sido muito melhor: os horários não teriam sido modificados, não teria bagunçado sua rotina, a que ela já estava tão bem-acomodada".

D. Meltzer: De uma forma, verdadeiramente, obsessiva, as notícias boas são contrabalançadas pelas ruins, e quando você pergunta do que ela de fato está se queixando, sua resposta imediata é que ela não sabe, mas há algo que ela não pode suportar, que ela atribui às diferenças entre esse marido e o anterior. Esses dois maridos tiveram significados diferentes para ela, em relação aos estados de identificação projetiva. O primeiro comportava-se como se ela fosse o centro das atenções dele, e o atual marido comporta-se como se ela fosse acidental nos prazeres *dele*. Isso pode se referir à fenomenologia da identificação projetiva com a vagina da mãe. Nessa situação, o pênis do pai entra, primordialmente, na vagina da mãe para ter relações sexuais com a mãe, e a criança é secundária. Numa situação grandiosa, o pênis do pai entra na vagina da mãe, mas o interesse primeiro é ter relação com a criança dentro da vagina. Isso é típico da relação da menininha com o pai, à luz da identificação projetiva com a sexualidade da mãe. Para a menininha, não é satisfatório ser tratada assim, com o pai querendo ter relações com a mãe e não com ela. Quando o pai entra dentro da mãe para ter relação com a menina, ela se transforma em sua herdeira, naquela que vai administrar os negócios do pai. A questão crucial entre essas duas fantasias é: quem vai ter o bebê, a mãe ou a menininha? Se for a menininha, ela precisa ter alguém que se responsabilize pelo bebê, porque ela é só uma menininha.

No caso dessa paciente, a questão crucial é quem tem o dinheiro. Se ela tem dinheiro é porque herdou tudo do pai, a fortuna, os negócios e o bebê. Assim, nesse processo, o marido é secundário. Isso é uma indicação de que ela ainda está, profundamente, envolvida em uma identificação projetiva, mas numa nova edição dessa fantasia, e agora é com a analista na transferência, mais do que com a mãe. Isso envolve uma outra pessoa, que não é mencionada de maneira alguma, mas que é importante: o marido da analista.

Também poderíamos dizer que, nessa situação, a analista é tanto a mãe quanto o pai; mas no caráter obsessivo dela, os dois têm de ficar separados. Ela é incapaz de experimentar a analista como uma figura combinada e, portanto, a pessoa com quem a analista vai embora é importante para ela, pois isso representa um ato de infidelidade da parte da analista.

Apresentador: Continuando a sessão, digo:

"Pelo menos agora fica um pouco mais claro o que você me disse sobre suas dificuldades de se haver com sua família básica - pai, mãe e filha. Parece-me uma estrutura familiar ainda imatura, fragilizada, que, ao ser submetida à realidade, numa viagem de férias, perde a sua ordem, que é dada pela rotina, e se fragmenta, aparecendo a desordem. O pai sai de cena e a relação da mãe com a filha precisa ser sustentada por uma figura de reforço da função de mãe, como a imprescindível babá. Parece que você põe nela toda a sustentação de tanta angústia e sofrimento".

D. Meltzer: Acho perfeitamente correto, mas não toca no ponto da qualidade delirante. Parece-me especialmente correto porque toca na questão da imaturidade de uma estrutura familiar frágil, e descreve a falta de maturidade, a dependência dessa figura para cuidar do bebê. Mas, não chega na essência da situação sexual: a de que a raiva pelo marido vem do fato de que ele não manifesta nenhum desejo sexual por ela. Então, ela suspeita de que ele está interessado em outra pessoa, e isso por sua vez toca a questão da sua relação com seu marido, que está interessado em você e não nela. Ela vai ficar furiosa com a interpretação de que ela ainda é uma menininha.

Apresentador: *"Você ainda não ouviu nada ". Foi a resposta que ela me deu. "Na escolinha de esqui para crianças havia uma rotina que acabou com a pouca ordem que tínhamos. Aí, sim, apareceu uma enorme desordem. As equipes de treinamento se revezavam nos dias da semana, e, no segundo dia, já não era mais aquela professora suave e doce, mas uma senhora muito desagradável Logo percebi que M iria se complicar; resolvi esperar para ver se ela iria se adaptar, mas ela logo pediu para não ficar, e acabou recusando-se a permanecer na escolinha. Mesmo com os amiguinhos feitos no dia anterior, não quis freqüentar a escola. Daí você já viu, ficamos o pai e eu, o dia todo com a M – o que não seria desagradável caso o jeito como ele se relaciona com ela não fosse um caos. Ela, que não é de bina, começa a controlar o pai, ele fica perdido e ela o domina. Comigo, não! Ela sabe que eu não entro no jogo, mas ele acaba mexendo comigo quando não há limites para nada. Não tive dúvidas, falei para ele: vocês se entendam, resolvam-se durante o dia, pois eu vou esquiar. Quando voltei, à tardinha, eles estavam uns doces".*

D. Meltzer: Ela falou mais ou menos o seguinte: "*Vão para a cama juntos, e tenham seu prazer, e você pare de ser tão teimosa e de controlar seu pai*". Ela está atualizando tudo através da filha, que ela é a filhinha dentro da mãe, afirmando que o pênis do pai é dela. A filha perde a boa mãe e muda a atenção, no sentido de controlar o pai. A solução que ela encontra para o problema é deixar os dois na cama, isto é, ser a mãe que vai embora e deixa a menininha com o pai, para que a menininha viva o prazer dela. É a mesma instrução que ela dá para a analista. Ou seja: "*Quando* *você sair, deixe o seu mando comigo"* –, para que ela possa usufruir dele.

Apresentador: Senti a paciente mais aliviada em suas angústias, a situação triangular que emergira em determinado momento parecia ter gerado grande turbulência. Depois de um silêncio, ela acrescenta:

"Mas teve também outras coisas interessantes, como o livro que eu descobri em uma livraria especializada para crianças, de que estou gostando muito".

Ela deu muita ênfase a esse livro, que vai ter continuidade no mês seguinte de trabalho. O nome do livro é *Como Educar Crianças Financeiramente Responsáveis.*

"Há alguma coisa de extrema importância nesse livro, o qual não terminei de ler ainda. E curioso: agora estou me lembrando de um sonho, na verdade, eu five uma enorme vontade de me dar um presente".

Habitualmente, a paciente tem dificuldade de cuidar de sua aparência, mas investe muito em roupas e brinquedos para sua filha. Antes da filha, ela gastava muito com o marido, que é artista e não tem renda constante nem consistente.

"Depois de muito relutar, quando voltei da estação de esqui troquei idéias com minha irmã e ela achou que seria uma boa. Fiquei muito indecisa e, finalmente, ousei: comprei um casaco de visom para mim". Ela dizia que sempre tinha herdado das irmãs e da mãe, mas agora comprara um. *"Você imagina que loucura, mas acabei comprando e o G. – nome do mando – achou ótimo! Mas agora aparece aquele lado meu que você conhece e eu também: é só me dar algo caro que depois me culpo. Na mesma noite, sonhei que a mamãe cortara os cabelos da minha filha e entregara os cachos loiros e longos da minha filha, e depois a tesoura; disse-me que já fazia tempo que queria cortar os cabelos da M pois estavam grandes demais. Fiquei indignada, furiosa, e pensava em protestar*

com minha mãe. Como ela teria ousado cortar os cabelos de minha filha! Senti-me roubada, traída. Era irreparável o que ela fizera."

D. Meltzer: Aí está a sua transferência. Se você cortar a sexualidade onipotente dela, ela vai te odiar.

Apresentador: Disse-lhe algo, mais ou menos assim:

"Ainda não sei bem do que você está falando, mas percebo vários assuntos e ligações que você faz em tomo desse livro que ainda precisamos ler, de seus sonhos e angústias. As idéias, aos poucos, vão tomando formas novas e pelo visto ainda temos muito o que conversar."

Era o final da sessão.

D. Meltzer: Você vê como é difícil tirá-la da identificação projetiva quando, de acordo com a tradição familiar, tudo é imposto sobre a próxima criança: ela impõe sobre a filha e é assim que esse tipo de sistema funciona de geração em geração. As mães sugam as filhas para dentro da identificação projetiva e impõem essa forma impossível de conflito edípico, no qual você tem o pai e não pode ter um bebê vivo, ou tem de deixar o pai para a mãe e achar seu próprio marido. Em sua forma obsessiva, ela está tentando fazer as duas coisas, isto é, ter o dinheiro do pai para usar da forma que quiser – no caso, comprando o casaco de visom – ou ter sua própria família, com marido e uma filha que ela cria de modo adequado, sem dar a filha para o pai.

Depois de cinco anos de análise, a situação se esclarece – a atuação sempre esclarece a situação, mas não produz nada de terapêutico. Esse é o aspecto charmoso da atuação, que ajuda o analista a compreender, mas não ajuda o paciente a compreender nada, porque imprime o selo da realidade usando a patologia de outras pessoas. Nesse caso, utiliza a filha e os conflitos edípicos da filha para pôr um selo de realidade sobre a atuação.

Apresentador: Este fragmento só traz a fala dela porque retrata momentos específicos da paciente.

"A sessão de ontem me tocou bastante, fiquei pensativa e até muito emocionada. Percebo como tenho medo de notar o que de fato sinto; na conversa de ontem, por exemplo, tocou-me fundo esta idéia de eu me aproximar novamente do G. e enxergá-lo com outros olhos –, por mim mesma e por ele sem me importar se ele quer ou não outro filho. Curioso... tudo parecia sem saída, até o fato de minha filha, que ainda não tem sequer três anos de idade, não passar nos testes da escola sem que eu fique arrasada. É uma conclusão estapafúrdia a escola afirmar que a M. é adiantada demais para a idade das crianças que ela iria ter como companheiras".

D. Meltzer: Isso significa que a filha dela é sofisticada demais, é pseudomadura.

Apresentador: *"Antes, eu me desmoronava e até ficava com a impressão de ser uma criatura diferente de todos os demais. Agora já não me importa que a M vá para qualquer colégio, desde que seja um bom colégio, mas não tenho essa idéia ambiciosa de que ela seja mais do que as outras. Quero que ela seja como ela é, feliz e cheia de vida."*

Prossegue:

Tem algo mais que eu queria lhe falar Lembra-se de como terminamos a conversa ontem? Eu comecei a achar que você estava voando alto, aí o assunto foi engatado, foi-se abrindo, expandindo-se, não sei se você se lembra, mas saí daqui com suas últimas palavras: 'se assim for que assim seja, e se é isso o que você deseja, então vamos tomar as palavras sagradas: crescei e multiplicai-vos'. O que me sensibilizou é que eu estava em plena reunião de diretoria e estava decidida a conseguir os direitos autorais para traduzir este livro – ***Como Educar Crianças Financeiramente Responsáveis.*** (Aliás, durante o mês anterior, havia sido muito trabalhada uma problemática sexual anal ligada ao texto). *E, quando eu revisei* *a última página, vi que a última frase do texto era: '**e assim sendo, crescei e multiplicai-vos**'. Foi muito intenso para mim. E vivi uma solidão muito rica, fui para a janela do escritório e pensei... até que posso editar no Brasil o texto que tanto me ajudou, mas o mais importante eu já alcancei poder aceitara ajuda que me oferecem e às vezes fazer uso dela".*

D. Meltzer: Esse é um exemplo concreto de como funciona a identificação projetiva, pois a analista e as funções da analista são, primeiramente, atribuídas a esse livro, e então ela toma posse do livro e torna-o dela, traduzindo e publicando em português. Isso indica que a analista está começando a mexer com a paciente em relação à grandiosidade.

Ao lidar com a identificação projetiva, é essencial lidar com a grandiosidade do paciente, através de interpretações que a enfraqueçam. A conseqüência disso é tornar o paciente mais consciente da claustrofobia conseqüente à identificação projetiva. Dá para ver que ela começa a sentir o aspecto claustrofóbico que projetou na filha, a solidão por ser diferente das outras crianças, a dor de ser rejeitada por uma escola, e a situação de ter uma babá em vez de uma mãe. Então, ela está ficando mais perseguida, mais claustrofóbica e se aproximando, gradualmente, da idéia de que suas palavras podem ser importantes para ela, não só se apossando de você, mas de suas funções de analista. Porque até aqui ela foi tremendamente possessiva com você, o que começou a interferir com seu conflito edípico, quando você a deixou. Isso tudo foi projetado sobre a filha e atuado através da maneira como ela abençoou essa pseudomaturidade e a sedução e controle que a filha exercia sobre o pai. Porque é muito difícil analisar a perturbação *borderline* psicótica da pseudomaturidade, que em geral é acompanhada de um sucesso no mundo externo, principalmente quando se agrega a isso o fato de identificações passivas terem sido absorvidas por um sistema familiar existente há muitas gerações.

Tudo isso torna tudo muito difícil.

Se eu puder oferecer algum tipo de conselho para a analista seria o de não se afastar da situação sexual.

SEMINÁRIO CLÍNICO
B

Apresentador: Trata-se de um paciente de onze anos, que tem uma irmã de sete anos e outra de seis meses. Os pais se casaram aos sete meses da gravidez. A família é uma dolorosa e frágil conquista, sempre sujeita a tempestades. Os pais se culpam e se acusam, especialmente sobre a forma de educar o filho. A mãe, deprimida, insegura e frágil, apresenta o pai como perturbado diante das tentativas impulsivas de colocar limites e exerce sua função paterna, à procura da própria auto-afirmação. Esse homem sente-se sempre culpado, desautorizado, desvalorizado e responsável pela tragédia familiar. No desespero, apela para o grito e para a violência física. Talentoso na profissão, foi alcoólatra, hoje recuperado graças ao próprio tratamento psicanalítico. A filha do meio é o oposto do paciente: muito mimada, encarna a reparação paterna, com ela tudo flui em harmonia, e a convivência é uma festa. É um modelo, ensina os pais a serem pais, lidera tudo na escola. Essa situação coloca o meu paciente como um desastrado: a ovelha negra.

Foi um bebê difícil, a mãe ficava duas horas com ele no colo; ele não dormia, desmaiava. Foi amamentado até um ano e um mês, apesar da terrível depressão pós-parto da mãe.

Em 1991, o casamento atravessava uma severa crise, beirando a separação. A mãe queixava-se das permanentes brigas do casal, e as orientações contraditórias deixavam este filho confuso e sem limite algum. A casa era um caos, os pais se desautorizavam mutuamente. F. queria salvar o casamento, e nesse momento foi avaliado por mim.

Aos quatro anos e meio alfabetizou-se sozinho e escrevia o nome da mãe na agenda do pai e ao lado: "socorro".

O pai identifica-se com o filho na sensibilidade aguda, no ressentimento pela falta de contato afetivo e na desgraça.

Por apresentar sintomas de astigmatismo e hipermetropia, além de rinites alérgicas, F. foi encaminhado a um neuropediatra. O informe neurológico revela instabilidade neuropsicomotora, associada à dispersão, à discrasia e a crises de ansiedade (o exame neurológico evolutivo está defasado em cinco anos, principalmente nos setores dependentes da atenção e concentração). Está medicado com neuleptil.

Aos sete anos foi transferido para uma escola que valorizava muito o desempenho intelectual. Na escola anterior, F. sentava-se no fundo da classe, isolado, e, nas tentativas de se relacionar, brigava fisicamente. Nessa segunda escola, tinha dificuldades para acompanhar a turma, o período de provas era um tormento, e os pais o transferiram ainda para uma terceira escola, menos exigente, em 1996.

A sessão é contemporânea a essa nova mudança de escola. F. não se adaptou socialmente a essa escola menos exigente, sentia-se rebaixado por freqüentar uma instituição de nível inferior. Os pais então o colocaram novamente na segunda escola, onde ao menos tinha amigos. F. acusa os pais de terem estragado sua infância batendo nele, diz que a irmã é melhor por ter tido pais melhores, ambos os progenitores estão em tratamento psicanalítico. O avô paterno é uma ameaçadora sombra por trás de F.:

está internado em uma instituição para idosos e é definido como deficiente emocional.

Em maio de 1995, as queixas dos pais são...

D. Meltzer: Não é incomum encontrarmos crianças com diferentes tipos de retardos, quando existem desacordos sérios entre os pais quanto à forma de criar os filhos, aos limites etc. A confusão que se cria em uma criança, por esse tipo de conflito precoce entre os pais, parece, nesse caso, chegar ao ponto de *ele ser* concebido antes do casamento. É fonte de conflito e de culpa, que remonta à época em que ele foi concebido.

É interessante ouvi-lo dizer que a irmã é uma personalidade mais desenvolvida por ter tido pais diferentes. Isso é mais do que uma idéia casual: é o relato da sua observação de que seus pais tratam a irmã de uma forma bastante diferente. Significa não apenas que eles tratam a irmã de um outro jeito, mas também que a atmosfera que essa irmã cria faz com que o comportamento entre eles seja diferente. Então, lidamos com um menino que tem a forte convicção de ser um criador de problemas, uma criança-problema.

Apresentador: Eu tinha feito o diagnóstico em 1991 e o tinha encaminhado porque estava ciente do envolvimento emocional que esse atendimento exigiria e *eu* não tinha hora naquele momento. Então, em 1995, as questões que se configuram como motivo da consulta são as seguintes: desconexão da realidade, acompanhada de idéias megalomaníacas (como a de ter que ser muito rico); idéias obsessivas repetitivas (ele guarda, conta, controla o dinheiro da poupança, faz cálculos para construir uma cidade, ter casa grande e fazer viagens à China, Roma, Japão, Oceania e Oriente). Se a família decide ir comer fora num domingo, ele não quer ir junto, mas exige sua parte em dinheiro. Há dificuldade na convivência familiar, porque ele desafia, controla tudo ao redor e quer sempre ganhar. E sofre uma enorme ansiedade, exemplificada pelos pais pela necessidade de F. de urinar durante a noite, de quinze em quinze minutos, até trinta vezes, e também o hábito de roer a pele dos dedos. F. é incapaz do menor esforço ante qualquer frustração (os pais citam, como exemplo, que ainda escreve em letra de fôrma porque não consegue fazer letra de mão legível), não tem coordenação fina e não consegue amarrar os sapatos. Os pais interpretam tais dificuldades como falta de perseverança ou birra.

F. explode diante do risco de perder, não pratica esportes, a socialização está prejudicada; os jogos intelectuais do computador são seu refúgio. Inveja a irmã de sete anos e briga muito com ela, mas ama a irmãzinha menor, de quem cuida com ternura.

História transferencial. Eu tinha avaliado e encaminhado esse paciente em 1991. Os pais iniciaram um tratamento, interrompendo-o após quatro anos. Todos ficaram decepcionados com essa tentativa. Esses pais têm comigo uma relação positiva de confiança e respeito. Iniciamos a psicanálise três vezes por semana em 1996, e tanto os pais quanto Felipe assumem o tratamento com seriedade. Felipe expressa-se verbalmente de forma comovente. É um menino triste e atormentado, que me inspira enorme pena e interesse; está sempre à espreita para me auscultar as entranhas.

D. Meltzer: Ele está adequado para a sua idade, na escola, ou está atrasado?

Apresentador: Está adequado para a idade, mas com o esforço de uma equipe de professores particulares, pedagogos etc.

Vou trazer a primeira sessão da semana, de uma semana especial porque ele tinha mudado de escola, e eu estava aguardando uma comunicação da família para definir os novos horários.

D. Meltzer: Quantas vezes por semana ele tem análise?

Apresentador: Três vezes por semana, terça, quinta e sexta-feira. É a sessão de terça-feira, e estou aguardando a comunicação dos pais para oferecer novos horários.

Pela primeira vez, ele chega com uma camiseta colorida com personagens infantis. Entra se arrastando, deita no divã e quer, imperativamente, que eu pergunte alguma coisa. *Se eu* perguntasse, ele poderia responder. Afinal de contas, por *que ele* sempre tem de falar, o que ele quer afinal é que eu o atenda. Interpreto: "Para você poder se sentir atendido por mim, eu tenho que ficar aí nesse lugar de tanto desespero."

D. Meltzer: O que isso significa?

Apresentador: Quero dizer que achava que ele queria que eu me colocasse no lugar de quem tem de falar, como se fosse um lugar de desespero, para ele poder ser entendido e atendido.

D. Meltzer: Isso é o que você pensou; você achou que ele queria que você ficasse no mesmo estado de mente em que ele estava, e que isso tornaria possível que você o entendesse, de acordo com as suas idéias.

Ele geralmente se deita no divã?

Apresentador: Sim, freqüentemente; e em geral não usa a sua caixa de brinquedos.

D. Meltzer: Provavelmente isso tem a ver com o que ele imagina que acontece na análise dos pais. E também com questões que eles não respondem, submetendo-o ao desamparo. Talvez signifique apenas que ele está querendo dizer: "Eu gostaria de ser tratado como um adulto". Quando se pergunta alguma coisa, eles não respondem e ficam muito ansiosos em compartilhar seus sentimentos de desamparo. De fato, a idéia que ele tem das relações adultas é que eles estão constantemente empurrando o desamparo um para o outro. Como isso se relaciona com o fato de *ele ter* vindo com uma camiseta colorida, que também parece inusitado? É um começo de sessão bastante impressionante. Ele vem com a camiseta colorida, se arrasta para entrar na sala, deita no divã, e diz que quer que você faça perguntas, para ele ter a oportunidade de responder, e faz você se sentir desamparada.

Para mim, tudo isso se relaciona com a idéia de ser adulto, e suas idéias sobre o que é um adulto (afinal, *ele é* muito ambicioso, alfabetizou-se por conta própria etc), parece que ser adulto inclui todas essas preocupações obsessivas com dinheiro, o desejo de viajar. Eu imaginaria que isso inclui também o fato de ir ao banheiro trinta vezes por noite. Essa é a imagem que ele faz da intimidade.

Apresentador: Ele responde: "Eu quero que você me diga como é que eu faço para meu pai parar de brigar comigo. Ele só briga, não tem paciência, ainda por cima *ele* me diz que eu sou fingido, muito fingido".

Insiste com essa exigência, que se transforma em súplica. "Que brigas são essas?", indago. Ele me diz que são as que me contou na sessão anterior: ele tem dificuldades na nova escola, demora para fazer os deveres e não os termina, briga com a irmã etc. O pai fica furioso, o ameaça, berra com ele e o coloca de castigo.

D. Meltzer: A implicação disso é que, além de querer uma espécie de intimidade especial com você, também sente que se você o ensinasse a se comportar, ele poderia superar todas essas dificuldades simplesmente obedecendo a você. Então, ele não seria lento, não teria dificuldades na nova escola, não brigaria com a irmã, não deixaria o pai furioso. Seria um bom menino. De algum modo, ele está dizendo: "O que eu preciso é de ordens claras, assim eu poderia segui-las". Em outras palavras, ele se apresenta como uma vítima da má organização nesse negócio de família. É uma queixa em relação à burocracia.

Apresentador: Interpreto: "Você se sente a última criatura deste mundo e quer ser ajudado numa mudança". Ele diz: "me sinto sim, eu sou o primeiro, eu tinha o meu lugar. A minha irmã menor veio ocupar esse lugar, e agora? Como é que eu posso recuperá-lo? Fala, fala já, diz algo, fala!!

D. Meltzer: Você diz que *ele* é a última criatura e ele concorda com você. Ele era a primeira criatura, até que veio a irmã.

Apresentador: Tento criar um espaço através do silêncio, penso que também ele não foi o primeiro a ser atendido por mim na nossa história. A mudança de horários está em cena, eu já tinha garantido a minha disponibilidade para atendê-lo no período da tarde, embora não estivesse ainda com seus novos horários.

Ele insiste, apela, suplica por uma resposta. Eu digo: "A questão é o lugar que você ocupa aqui comigo; será possível encontrar outros horários ou você ficará de fora?"

"É, sim. Claro que eu queria que você me atendesse logo da outra vez. Falando assim eu estou sendo bom? Como é que eu faço certo? Estou colaborando com a análise? E assim que se faz?"

D. Meltzer: Ele está insistindo no esclarecimento da administração da análise, o que significa que você deveria assumir uma relação ditatorial com seus pais e a família, arrumar tudo e colocá-lo novamente em primeiro lugar. É o que se poderia chamar de atitude política. Isto é, nós precisamos é de uma liderança forte, um governo militar.

Apresentador: Eu lhe digo: "Você quer saber se eu enxergo que você é capaz de colaborar, trabalhar, se relacionar, já que *parece* que você se sente muito mau e por isso é deixado de fora". Ele me responde: "Eu temo estar sempre errado, será que vou ficar como o meu avô? Será que eu tenho jeito?"

Ele senta e segura a cabeça com ambas as mãos, curvado, sentado no divã de uma forma que me parte o coração, me inspira profunda pena.

"Às vezes, eu quero me suicidar. Ah! mudei de colégio, é bom ter mudado de colégio? Que é que você acha disso? Será que resolve? Lá, na quinta série são três classes, eu fui para a minha classe, onde tenho amigos; foi pra lá que eu fui."

Digo: "Você quer saber se é possível aqui na análise uma mudança muito além da mudança de horário. Será que sou capaz de enxergar que você é capaz de ter amigos, será que então vou me esforçar para que você tenha um espaço aqui?"

Ele diz: "Eu sou um adolescente; não sou um adolescente de *treze* anos, mas sou um adolescente de onze anos, e quero ir para a outra sala" (ele se refere à sala de adultos), "aquela sala... aquela sala é bem mais confortável que esta aqui!" Ele insiste.

Digo: "Acho que você quer correr no tempo para escapar, fugir desta vida tão penosa, mas você quer ser reconhecido nos onze anos: quem são esses personagens?" Tento resgatar o menino, ele me diz: "O Pernalonga e o Demônio da Transilvânia, mas eu não sou criança, criança é com oito anos, eu já sou grande, por que não posso ir para a outra sala?"

Ele insiste uma e outra vez, e eu digo: "Percebo um mocinho de onze anos, mas precisamos também dar espaço para esse menino que se sente como um demônio. Para sair deste lugar, a gente precisa trabalhar para conseguir essa mudança dentro de você". Pela primeira vez, ele joga em mim uma almofada de veludo que tenho no consultório de crianças, e eu a recebo como que iniciando um jogo de bola. Isso dura pouco tempo, logo ele sacode a almofada na minha frente, bem pertinho do meu rosto, e penso: Para me testar? Para me acordar? Para brincar de ficar imóveis? Pisco os olhos e interpreto: "Você quer me testar, saber como sou por dentro? Será que eu agüento sacudidas?" Ele diz: "Você liga para mim? Ou você se liga no dinheiro que o meu pai te paga? Me responde, é essa a minha questão, você me ama, ou *este é* só um trabalho profissional com hora marcada? Me diz, me responde por favor!"

Digo: "Você quer saber se estou ligada a você por aquilo que você é de verdade."

Ele deita e rapidamente se vira e me olha, para me surpreender, e me surpreende mesmo, porque diz: "Você não está olhando para mim". E nesse momento eu estava pensando no diagnóstico de osteoporose da minha mãe. Penso em algo estrutural, deteriorado. Por que essa associação me veio nesse momento? Interpreto: "Você quer saber se eu sou confiável, se estou aqui para valer, se você é capaz de inspirar uma boa relação".

Ele diz: "Você sabe que eu mudei de escola, não posso faltar, não vou faltar. Então, como é que a gente faz aqui?" Ele olha o relógio; está na hora. Pergunta: "Está na hora de ir embora? Me deixa mais, eu não quero ir embora, me deixa mais, só mais um minuto."

Digo: "Você quer poder estar mais um pouquinho para se sentir aceito, acabar a hora é como ficar de fora. Vou mudar os horários para garantir o nosso trabalho, e te telefono". Acompanho-o até a sala de espera e acendo a luz, pois está escurecendo. Ele insiste nos horários que precisa mudar, quer ter os novos horários em mãos.

Depois dessa sessão, à noite, a mãe me telefona e diz que o filho esquecera de me entregar na sessão a carta em que ela explicava a mudança de escola, e também a necessidade de mudar os horários da análise. Na carta, a mãe me informava sobre os horários disponíveis.

Na sessão seguinte, em novo horário, ele relata detalhadamente o filme **O Último Imperador.**

D. Meltzer: Vamos parar um pouco antes de ir para a próxima sessão. Estou tentando entender que tipo de mundo esse menino habita e o seu conceito de mundo, porque claramente ele está muito perturbado, mas deseja com urgência ficar em harmonia com você. Parece-me que a idéia que ele faz de estar em harmonia com você é muito burocrática, muito militar, baseada em hierarquias de prestígio e outros valores sociais.

Ele faz a imagem de ser um adolescente de onze anos como se fosse um posto no exército. Como se, ao se tornar adolescente, ao chegar a esse posto, houvesse certos privilégios e certas responsabilidades. Tudo muito claro. Essa tendência de interpretar o mundo em termos hierárquicos é característica da criança no período de latência. Ele tenta chegar ao significado desses diferentes níveis hierárquicos que quer esclarecer, mas o significado é: "Você se importa comigo, me ama, ou só está interessada no dinheiro que o meu pai te dá?" A urgência emocional e a necessidade que ele tem de **ser** cuidado e amado estão firmemente estabelecidas, mas o que absolutamente não está estabelecido é como isso acontece.

Ele não tem nenhum conceito de desenvolvimento. Só tem um conceito de postos, de status, de escalar postos, um conceito social de progresso. Mas não tem conceitos íntimos que permitiriam um conceito de desenvolvimento.

Parece que estamos em um momento em que a sua confusão social está maximizada, devido à mudança de escola, de horários. Está especialmente sensível à questão de saber se está sendo promovido ou rebaixado. Ele tem um conceito catastrófico de rebaixamento; isto é, se você desce a escada da hierarquia social, é jogado no lixo.

Está estabelecida, na mente dele, uma outra representação, que é uma promessa de desenvolvimento: a sua atenção e interesse por ele, o que é diferente de você se importar com ele, ou amá-lo; é "Você está olhando para mim?", na forma como ele se expressa. Ele gostaria de ter olhos na parte de trás da cabeça para observar se você está olhando para ele, quando ele está de costas. Mas, na falta de olhos na parte de trás da cabeça, ele faz um truque, virando de costas e de repente virando de frente. Não podemos saber por que você tinha a osteoporose da sua mãe em mente naquele momento, mas acho que significa que você sentiu os olhos dele como raios X, olhando para dentro de você, procurando defeitos estruturais no seu interesse por ele. Você sentiu, naquele momento, que ele estava tentando avaliar se o seu interesse por ele era como um osso bom e firme, ou era algo que parece bom por fora, mas que dentro é fraco e frágil, fácil de ser quebrado ou destruído.

Tento entender por que você tinha esse pensamento sobre a osteoporose da sua mãe naquele momento em que *ele se* virou para ver se você estava olhando para ele. Acho que essa resposta na sua mente representa a compreensão de que ele precisa de um interesse firme e forte. Esse tipo de interesse seria uma qualidade sua, que você pode utilizar com ele ou com outras crianças. Mas é uma qualidade do **seu** caráter, que ele está precisando entender. Isto é, você é capaz de prestar atenção nele porque você é uma pessoa que presta atenção. Isso é diferente de se importar com ele ou amá-lo, é algo relacionado com o significado da psicanálise. Se você pode se interessar por ele, significa que você pode ver as potencialidades dele.

Na verdade, a posição dos pais é que, apesar dos irmãozinhos que parecem perfeitos, as crianças não têm temperamentos e comportamentos admiráveis e amáveis, mas são amadas pelo tipo de adulto que a sua imaginação pode ver que elas vão se tornar. E por essa razão que os filhos dos outros não parecem dignos de serem amados por você. Seus próprios filhos parecem dignos de serem amados porque você os conhece íntima e cotidianamente, e pode imaginar o processo de desenvolvimento e crescimento deles.

Ele volta ao problema de testar a sua firmeza, quando pede para ficar mais um minuto. Não acho que, nesse momento, estivesse certo o que você disse: "Você quer ficar um pouco mais para se sentir aceito" Acho que ele pede para ficar mais para testar a sua firmeza, a falta de osteoporose do seu caráter. Quando você fala que "está na hora" significa "estar fora" também não me parece correto, porque "está na hora" não significa "estar fora da sua mente". Quando ele sai da sala, no fim da sessão, ele não sai da sua mente; ele tem um lugar na sua mente que não corre nenhum perigo de ser roubado por uma irmãzinha.

Mudar o horário para garantir o trabalho juntos é tranqüilizador para ele. Também, num certo sentido, é tranqüilizadora sua promessa de ligar para ele. Mas você descobre depois que ele esqueceu de te dar a carta da mãe com as questões sobre a mudança de horário. Você não acha que ele se recusou a entregar a carta?

Apresentador: Acho que ele esqueceu, foi um lapso, porque a carta estava com ele o tempo todo na sessão. Eu não tinha como lhe dar os horários enquanto não conhecesse os horários da escola. A carta não chegou às minhas mãos durante a sessão.

D. Meltzer: Estou mais inclinado a acreditar que ele se ressente do fato de você ter qualquer tipo de contato com os pais dele, porque isso provoca a ansiedade de você ser uma empregada contratada, preocupada com a questão de dinheiro. O que estou dizendo é que não acho que a questão, nesse momento, seja dos horários. Acho que o problema é se ele está na sua mente entre as sessões. Vamos ver a questão do ***Último Imperador.***

Apresentador: Eu tenho outra sessão, mas gostaria talvez de refletir com o senhor sobre algumas questões.

Quando há um déficit primário, como me parece ser o caso de F., quais as mudanças na técnica trazida por uma outra abordagem teórica? Penso, por exemplo, nos trabalhos de Anne Álvares e de Jean Bégoin.

D. Meltzer: Não sou grande adepto de recortar uma teoria e adaptá-la a você. É importante ter a sua técnica e ficar com ela. Não concordo com algumas idéias de Anne e de Bégoin, mas isso não significa uma critica a seus métodos de trabalho, que está próximo do trabalho de Tustin com crianças perturbadas. Esses trabalhos baseiam-se numa adaptação muito sensível às necessidades do paciente. Foi uma questão importante entre Melanie Klein e Ana Freud, no começo da psicanálise de crianças. O debate na época era: "Seria necessário adaptar as técnicas da análise dos adultos às necessidades específicas das crianças?". A idéia de Melanie Klein era que Ana Freud e a sua escola estavam utilizando uma técnica sedutora, e que isso tinha pouco efeito no sentido de penetrar o inconsciente da criança.

Tendo a concordar com a postura de que a função da técnica analítica não é curar a criança, mas penetrar com algum entendimento o inconsciente da criança. Questões sobre transferência positiva e negativa têm pouca importância terapêutica. Agir com a intenção de fortalecer a transferência positiva não ajuda crianças que têm necessidade de se expressar em termos da transferência negativa. Ou seja, é melhor aceitar o que vier na transferência, e seguir sua resposta contratransferencial, confiando na sua relação imaginativa para com o paciente como um organismo em desenvolvimento. Isso implica uma diferença fundamental de interesse em termos de desenvolvimento, e não de cura. Em minha experiência, se você presta atenção à evolução da transferência, a psicopatologia se resolve ao longo do desenvolvimento do trabalho. Talvez eu esteja sendo injusto com Anne e Jean, mas tive suficiente experiência pessoal, trabalhando com eles em seminários e outros eventos, para ter clareza de que não estamos de acordo a respeito dessas questões.

Qual é a segunda reflexão?

Apresentador: Também é uma questão que deriva do trabalho de Jean Bégoin, que me parece enfatizar a dor mental, o direito à existência digna na construção da subjetividade e num outro enfoque do que seria a destrutividade. Eu gostaria de conversar, dentro da metapsicologia kleiniana, e ver esses novos avanços em pacientes muito perturbados. Como abordar a destrutividade?

D. Meltzer: Há certamente pessoas que enfatizam o problema da dor psíquica. Essa dor é uma função importante da mente e do desenvolvimento, porém o problema não é da intensidade da dor, mas da atitude em relação a essa dor. Acredito que você ajuda pouco o paciente quando se junta a ele no interesse pela dor em si, em vez de ajudá-lo a se interessar pelo significado da dor. Isso me parece uma questão fundamental.

Parece também que você está sendo dura se não se preocupa com a dor da dor, mas é um fato clínico bastante claro que, quanto mais você se interessa pelo significado da dor, mais tolerância à dor você desenvolve.

Creio que a psicanálise de fato diminui pouco a dor dos processos da vida. Podemos diminuir a confusão, mas temos pouca ou nenhuma capacidade de diminuir as dores fundamentais do viver. Esse é um fracasso conceitual desde o começo da psicanálise, com a preocupação de Freud com prazer e dor. Só com o trabalho de Bion ficamos em condições de pensar e falar sobre o significado da dor, e não sobre a dor da dor. Isso, em essência, é o que se chama *de posição pós-kleiniana.* Como analistas, estamos sempre em busca do sentido das coisas, não somos médicos em busca de prolongar a vida, diminuir a dor etc.

Apresentador: A terceira questão diz respeito aos pais na psicanálise de crianças, nos momentos de impasse. Eu tinha me encontrado com esses pais na semana anterior, a pedido do pai e para entender o que estava acontecendo. Por que uma mudança após dois meses de aula? A minha questão não era a escola, A questão era a tentativa de investigação do impasse. A mudança de escola não era um problema só de F.

D. Meltzer: Estou convencido de que você não vai muito longe tentando gerenciar as questões familiares. Quando esse menino diz que ele e a irmã têm pais diferentes, está fazendo uma observação arguta. Ele quer dizer que não só os pais têm com eles comportamentos diferentes, mas também que eles vêem os pais de uma maneira diferente, na base da transferência. Isto é, que eles têm uma transferência diferente com os pais. Minha opinião é que a relação de transferência das crianças com os pais é tão ou mais intensa quanto a transferência com a analista. E os pais respondem com contratransferência, da mesma forma que os analistas. O problema é que é mais provável os pais agirem na contratransferência do que pensarem na contratransferência. Portanto, o que acontece com freqüência em análise de crianças é que, à medida que se desenvolve a transferência com o analista, diminui a pressão sobre os pais como objetos da transferência e, com isso, diminui a pressão para eles agirem na contratransferência. Portanto, depois de aproximadamente seis meses de análise, o comportamento da criança na situação analítica e o seu comportamento em casa são tão diferentes, que é difícil de acreditar. O problema é que, com isso, os pais tendem a achar que a criança está curada, e que agora podem tirá-la da análise e livrar-se desse tratamento tão caro.

Pergunta da platéia: É uma pergunta que tem a ver com a capacidade imaginativa do analista. Sabe-se que Melanie Klein tinha uma imaginação clínica extraordinária. Eu gostaria de ouvi-lo falar sobre isso.

D. Meltzer: Tanto os pacientes quanto os analistas têm capacidades imaginativas variáveis. A diferença não é quantitativa, porque muitos pacientes, como muitos analistas, têm uma imaginação flexível, que pode se mover e mudar com rapidez. Isso aparece de forma exacerbada em algumas crianças, que podem preencher rapidamente uma página com desenhos pequenos, cheios de objetos imaginativos; mas todos esses objetos são simplesmente variações, permutações e combinações de temas simplistas e sádicos. Assim, a diferença não está no que você poderia chamar de imaginação rica ou imaginação pobre, porque isso pode ser simulado por essa produção fácil e rápida de variações e permutações de temas simples. A questão importante é a riqueza da imaginação, que depende da diferença entre símbolos recebidos e formação autônoma de símbolos. Nossas crianças, hoje em dia, são bombardeadas com símbolos recebidos, e certamente muitas delas podem produzir essa troca flexível e rápida de símbolos autônomos para recebidos, na fala, no desenho, nas brincadeiras etc.

O difícil de ver na teoria do pensamento de Bion é essa diferença entre a função Alfa que produz símbolos autônomos e a função Alfa que produz símbolos recebidos. Mas a diferença é entre função Alfa produzida pelos objetos internos e função Alfa produzida pelo self. Por exemplo, o mundo da arte, hoje em dia, está atormentado por essa busca de originalidade. E a originalidade, na verdade, não é nada original. Como os desenhos da criança, a arte acaba tendo esse tipo de permutações e combinações. Isso pode ser visto com mais clareza nos trabalhos dos surrealistas. O famoso ***Relógio Pingando,*** de Dali, não é um símbolo autônomo; é um tipo de variação paradoxal do relógio como símbolo do tempo.

Uma criança como essa exige da terapeuta uma grande capacidade de formação autônoma de símbolos, porque interpretações rotineiras não a atingem. Com uma criança assim, você tem de ser capaz de pensar "Que tipo de mundo ela habita?" E isso sobrecarrega sua capacidade de imaginação criativa.

Não me parece que seja uma criança autista, ou psicótica. Eu o descreveria como uma criança que vive em um mundo burocrático, com um governo bastante militar dentro da mente. O que é emocional e apaixonante em sua natureza é que ele busca ser obediente a diretrizes originais e claras. A exigência de que a terapeuta seja uma líder forte não é compatível com a investigação psicanalítica. Nessa sessão em

particular, o que se apresenta com mais clareza é o momento em que ele vira de costas, se volta para a analista e questiona: "Você não está olhando para mim?"

Isso inspirou na analista, que nos confidenciou, essa extraordinária fração de contratransferência. O desafio à sua capacidade imaginativa exige que ela use a contratransferência para entender o significado da transferência. E o trabalho criativo psicanalítico e imaginativo depende muito de observar esses momentos contratransferências.

Seminário Clínico C

Apresentador: Maria tem trinta anos, é solteira, mora com os pais e trabalha na fábrica fundada por seu pai, agora aposentado. A fábrica pertence a dois dos seus irmãos. Tem uma irmã mais velha e quatro irmãos. Ela é a mais nova. A primeira coisa que disse na entrevista é que sua família vem de um país do Oriente Médio, em cuja cultura a mulher não vale nada até que se case, quando passa a ter alguns direitos e a merecer alguma consideração. Se a seqüestrassem, certamente não pagariam resgate por ela.

Está em análise há quase dois anos. O que se evidenciou é que Maria está enredada numa relação passional com um objeto que cuida dela machucando-a. Essa ambigüidade aprisionante marca todas as suas relações significativas. Por outro lado, só consegue ligar-se a objetos que a tratem com essa mesma ambigüidade.

A história de sua análise, bem como de sua vida, consiste na luta, até o momento infrutífera, para desenredar-se desse objeto que cuida machucando. Luta infrutífera, mas também ambígua. Que objeto lhe restaria, quem cuidaria dela, como ela poderia sobreviver sem esse objeto?

Na fábrica, por exemplo, é tratada pelos funcionários como dona, mas pelos irmãos como funcionária. Tem, é verdade, algumas liberdades que os funcionários não têm. Mas, quando tenta usufruir dessas liberdades, os irmãos deixam claro que ela esta abusando: ela é irmã, é da família, mas é mulher e solteira, portanto ainda não pertence à família. Esta numa espécie de limbo, mas na fabrica sente que está protegida do mundo, adora trabalhar lá. Daria o sangue. Mas a dor cotidiana é constatar que os irmãos pouco valorizam seu sangue. Ha anos pensa em sair da fabrica, faz um infinidade de planos, mas é sempre muito barulho por nada. O mar fica agitado, cheio de marolas, mas a onda nunca arrebenta. Ela nunca permite que as marolas de ressentimentos arrebentem em ondas de ódio, que certamente a engoliriam. Seria expulsa da família, e ela ainda prefere o limbo e a ambigüidade da situação presente ao inferno do abandono.

D. Meltzer: O aspecto cultural, provavelmente verdadeiro no Oriente Médio, não muda o fato de ser também uma história de masoquismo. O imaginário através do qual ela se expressa confirma isso: daria o sangue pela empresa, os mares turbulentos que nunca arrebentam, o sentido dessas grandes ondas de ódio que a engoliriam. E uma história de sadomasoquismo é sempre reversível, no sentido de que ela se tornaria sádica, se a situação permitisse. O que geralmente acontece na estrutura da família é que, por ser a caçula, ela fica privada da oportunidade de ser sádica com irmãos mais novos, que tocou aos irmãos mais velhos. Ela tem de descobrir algum modo de ser tirânica com a analista.

Apresentador: A relação em que isso aparece com mais clareza é com José, o ex-namorado. Quando começou a análise, ainda o namorava. O início do namoro teve uma qualidade fusional, uma intensidade, que ela nunca havia experimentado em outros relacionamentos. Era o homem de sua vida. De repente, a qualidade mudou, ela sofria muito, sentia-se malcuidada, desvalorizada. Separou-se pouco tempo após iniciada a análise. Depois, arrependeu-se amargamente. Três vinhetas descrevem bem a qualidade dessa relação.

D. Meltzer: A história desse relacionamento é típica de um período de lua-de-mel antes que o sadomasoquismo se estabeleça. E, embora ela tenha podido interromper externamente o relacionamento com José, o vínculo se mantém internamente. É de se esperar que o sadomasoquismo logo encontre seu caminho dentro da transferência. Três vinhetas.

Apresentador: Primeira: Um dia, ela estava com muita dor de cabeça e José prometeu cuidar dela. Começou a fazer-lhe massagem na testa, mas a massagem doía mais do que a dor de cabeça. Ela implorava para que ele parasse, que a deixasse quieta, mas ele a acusava agressivamente de rejeitar seus cuidados.

Segunda vinheta: José gostava de plantas e passarinhos. Ela lhe ofereceu duas plantas, que ele juntou à sua coleção no terraço do apartamento. Um dia, ela notou que essas duas plantas haviam morrido, enquanto as outras floresciam. Assustou-se muito com isso, pois era exatamente como se sentia do lado dele: feia, indesejada, magra, doente e depositária de todos os aspectos denegridos de José. O relacionamento sexual também mostrava esse impasse. Segundo Maria, seu corpo rejeitou José através de reiteradas infecções urinarias. O médico recomendou que evitasse o coito por atrás, que lhe parecia ser a causa das infecções. Quando ela se recuperava, *e eles* podiam voltar a transar, a única posição que interessava a José era justamente a que provocaria nova infecção.

D. Meltzer: Isso é um pouco misterioso. Para fazer esse tipo de diagnóstico, o médico deve ter dependido inteiramente das informações que Maria lhe forneceu. Provavelmente era uma combinação de coito anal e vaginal.

Apresentador: Separou-se dele e arrependeu-se. Durante mais de um ano, depois de terminado o namoro, preenchia as sessões com relatos de como ele era bom e sensível. "Tinha alguns defeitos, mas quem não os têm?". Ela é que tinha sido intolerante e agora se mortificava por ter estragado tudo, ter perdido a grande chance de sua vida. Culpava-se de tudo e desculpava-o de tudo. Novamente as marolas de ressentimento, que ela cuidava de abafar para não ser engolida pelas ondas de um ódio furioso. Ser engolida implicaria ficar solteira, no limbo para sempre.

D. Meltzer: É a verdadeira história do masoquista. Tudo o que não é sádico, no sádico, é tratado como se fosse absolutamente angelical, e ela se acusa por todos os fracassos em manter essa lua-de-mel do relacionamento. Isso significa que está sempre pronta a recebê-lo de volta. E, muitas vezes, o sádico acha o caminho de volta para o masoquista porque não consegue achar outro masoquista para substituí-lo, pois não é fácil encontrar uma masoquista talentosa. O curso normal do sadomasoquismo é cansativamente repetitivo. O que quero enfatizar é que o sádico volta para a masoquista porque ela é uma masoquista talentosa, e masoquistas talentosos não são fáceis de encontrar. Porque é fácil encontrar e explorar por algum tempo tendências masoquistas em mulheres jovens, mas, para ser um masoquista talentoso, é preciso ser um sádico incipiente, e é isso que os junta: o sadismo. É interessante que, para essas mulheres jovens com tendência masoquista, ser solteira é um inferno, porque sentem tanta inveja de mulheres casadas, felizes e com filhos, que isso contribui para a violência do sadismo. É provavelmente verdade que ter irmãos mais velhos é um bom treino em masoquismo, porque raramente vemos irmãos mais velhos serem gentis com irmãs menores. Eles tendem a ignorá-las quando elas são pequenas e a deixá-las enciumadas com as namoradas quando mais velhas. Então, para uma menina, é muito importante ter irmãs. Maria tem uma irmã mais velha. É a fraternidade com outras mulheres que parece salvá-las do sadomasoquismo, da vulnerabilidade. No caso de Maria, tudo isso fica agravado pelos aspectos culturais do mundo árabe. Na Índia, isso é um pouco diferente. Para começar, os casamentos são arranjados, quando são ainda pré-púberes ou púberes. E, embora seja verdade que as meninas são pouco valorizadas na família, elas passam de meninas desvalorizadas a escravas das sogras, e não podem ser nada até que se tornem sogras, quando adquirem a própria senzala de escravas. Há certa semelhança na cultura judaica; embora as meninas sejam mais valorizadas, a tirania das sogras pode ser muito forte.

Apresentador: Então, ela se separou. Mas, conforme o Doutor Meltzer já havia previsto, enquanto isso mantinha com José uma relação, em sua opinião (eu também pensava assim) quase delirante. Eles nunca mais se encontraram. Ele já namorava outra, mas ela pensava nele todos os dias, sonhava com ele todas as noites e conduzia sua vida com o intuito de recuperá-lo. Se praticava algum esporte, é porque ele valorizava que ela se cuidasse. Se intensificava sua vida social, era porque o namoro não dera certo porque ela abdicou de sua vida pessoal, diminuindo-se aos olhos de José. A ambigüidade continua presente nas sessões. Ela diz que precisa se livrar dessa louca obsessão, ao mesmo tempo em que faz planos para recuperar a relação. A questão que me coloco é: "O que é que ela precisa recuperar, através dessa relação?"

Duas hipóteses me ocorrem e têm orientado a minha escuta. Por um lado, a análise evidencia que, para ela, a forma de amor possível é o amor masoquista, e ser mulher é aceitar essa ambigüidade, como fez a mãe. Ela precisaria recuperar, com essa relação, a chance de ser mulher, de um dia valer alguma coisa aos olhos desse objeto. Por outro lado, quando vejo em curso um luto patológico e salta à vista a dinâmica da melancolia, penso que ela precisaria admitir o ódio e o ressentimento que a mantêm enredada. Parece que também há possibilidade de exercer o seu sadismo. Sua chance de ser mulher parece-me diretamente ligada à possibilidade de odiar e sobreviver ao ódio.

A análise é vivida como um grande cuidar, como se ela fosse aquela planta que não deve morrer. Vir às preciosas sessões e falar muito já equivale a ser cuidada. Com freqüência, inicia as sessões contando que não está muito bem de saúde, mas está se cuidando, hoje conseguiu dormir bem depois de uma semana de insônia, ontem seu astral estava melhor do que hoje. Percebo que sou investida como esse objeto que cuida, provavelmente machucando também. A ambigüidade está presente no material, mas o lado que machuca é sempre recusado.

D. Meltzer: Sim, na superfície é certamente uma transferência materna e identifica-se com essas duas plantas que deixaram morrer, dá uma pista sobre a natureza desse masoquismo: deixa-se morrer a planta quando chega uma nova planta-bebê, a menina masoquista vive sob a ameaça de ser expulsa pela vinda de uma nova criança. Na relação com o homem, a ameaça toma a forma de ser substituída por uma nova namorada, que ela não pode suportar, só pode odiar mortalmente.

O que você escolheu como hipótese – a ênfase no ódio – está correto, mas toma o ódio de maneira muito literal e concreta, não levando em conta o papel da confusão nesse tipo de distúrbio, porque os problemas decorrentes da identificação projetiva são centrais a esses distúrbios sadomasoquistas. Isto é, *eles* se baseiam em confusões geográficas, devidas à identificação projetiva, são a expressão do universo da identificação projetiva, com suas qualidades específicas. É interessante como essas qualidades do universo da identificação projetiva são encontradas na cultura da paciente. Essa semelhança pode ser encontrada em todos os lugares e em qualquer cultura, porque o fundamental *é que* se trata de um mundo de estruturas hierárquicas; depois, é um mundo cujo único sistema de valores é a sobrevivência; em terceiro lugar, é um mundo dentro do qual a sexualidade é toda pré-genital.

Apresentador: Admitindo que o campo transferencial geral se configure como essa marola de ressentimento, que nunca chega a eclodir em ondas de ódio, minha função seria, então, a de tencionar essa ambigüidade, intensificar a marola, até que o ódio possa explodir.

Sessão: José terminou o namoro com a outra, e Maria está tentando uma reaproximação, quer ir até o fim para ver no que vai dar.

Na sessão anterior à que vou relatar, ela conseguiu finalmente convencer José a ir com ela ao cinema. Contou como não consegue se sentir inteira perto dele, fica imaginando que ele a está achando feia, velha, magra. Não é assim com os amigos; ao contrário, acha-se divertida e bonita. José esteve afetuoso, mas também indiferente e grosseiro: cuspiu, foi desinteressante. Ela diz que o que atrapalha o relacionamento é que ela coloca José no pedestal e então se sente um cocô; claro que ele não pode se interessar por um cocô. Já no fim da sessão, digo que ela passou por cima de todos os cocôs dele, o cuspe, a grosseria, o assunto desinteressante. Responde, de maneira enfática demais, que ele não é assim. "Fica assim perto de mim, porque me diminuo."

D. Meltzer: Você pode observar como não obtém muito progresso tentando investigar o ódio. O que acontece na contratransferência é que, cada vez que Maria volta para o namorado, você se sente traída. Se escutar cuidadosamente, verá como ela se sente quando volta para o namorado: sente-se uma mulher velha. Esta é a confusão: o processo de identificação com os aspectos depressivos, da doença, da hipocondria, da doença de sentir-se uma mulher velha.

O fato de José parecer tão repulsivo é calculado para você se sentir traída. Isso é típico da relação da mãe com a filha masoquista: a filha jovem se liga a homens desse tipo, repulsivos.

Este é o ponto do sadismo na transferência: ela não só traz o namorado de volta para a terapia, mas descreve claramente tudo que é repulsivo nele. E quando você diz: "Mas por que você sai com ele, se é tão repulsivo?" ela diz: "Ele não é bem assim."

Assim, o ponto de impacto para a interpretação é a confusão: ela se sente como uma mulher velha; e a mãe é a mulher velha, que não é repulsiva só a José, mas é repulsiva ao pai também.

A razão disso é que, para a menina masoquista, cuja sexualidade está envolvida com a identificação projetiva, da posição dela dentro da mãe, o interesse sexual do pai não e a mãe, ele está na verdade interessado na menina. Ele penetra a mãe para chegar à menina, e a menina dentro da mãe recebe bem o pênis do pai, porque ela é de fato quem o atrai.

Como essa sexualidade em identificação projetiva é fundamentalmente pré-genital, e a porta de entrada para essa identificação projetiva é, muitas vezes, a masturbação anal, a relação sexual com o pênis do pai que entra dentro da mãe tem fortes tendências anais. Em geral, a relação por trás é a posição preferida e é fundamentalmente uma posição pré-genital. Na relação por trás, nenhum dos parceiros conhece o outro. É pré-genital e de objeto parcial; portanto, tende facilmente à promiscuidade.

Apresentador: A sessão. Começa comentando que o trânsito de São Paulo está impossível, até mesmo os motoqueiros ficam parados. Fala um pouco sobre uma conversa com um motoqueiro no farol.

D. Meltzer: Ela anda de moto?

Apresentador: Não.

D. Meltzer: José anda?

Apresentador: Não. Escuto sua queixa de estar paralisada. Procuro empatizar com essa queixa e, ao mesmo tempo, me incluir na paralisia. Digo que estamos todos no mesmo barco.

Ela muda de tom, fica animada. Conta que ontem, depois de muito tempo, teve vontade de comprar uma roupa nova. Foi a uma liquidação, numa loja onde os preços costumam ser proibitivos, e achou um vestido lindo, vermelho, muito barato.

Mas vermelho é uma cor tão ousada, serviria para um mulherão, não para ela. Acabou comprando um marrom.

D. Meltzer: Agora, o que escuto é que houve uma mudança na vida masturbatória dela, que o ânus se fechou e que a excitação de uma masturbação genital apresentou-se com muita força. Ouvimos o mesmo tema representado na escolha do vestido: o vestido vermelho ou o marrom.

Apresentador: Diz que o vestido marrom também ficou muito bonito e combina mais com ela. Seu irmão disse que ela devia ter comprado o vermelho, ele detesta marrom. Ela repetiu tantas vezes como o vestido tinha custado barato, que ele disse que ela parecia a mãe, que se vangloriava de economizar dez centavos nos tomates.

D. Meltzer: Aí está a confusão. Quando ela escolhe o marrom, escolhe o reto e escolhe a identificação com a mãe. Na contratransferência, o coração da analista afunda, porque ela está de volta para a masturbação anal.

Apresentador: Deve ser mesmo, porque eu associo com a última sessão, a que relatei, em que ela dizia se sentir feia, um cocô perto de José. E como ela havia reagido à minha fala: "Ele não é assim." Comprar um vestido seria ter saído da posição de cocô em função da sessão anterior? Costumo desconfiar de milagres. Mas ela está tão animada, é verdade que acabou comprando um vestido marrom, quando gostou do vermelho. "Vermelho é para um mulherão". Mas acabo me centrando na insistência na economia, que a aproxima da mãe, maltrapilha e mendiga, que ela descreve com freqüência.

D. Meltzer: Esse é o ponto. Você não precisa acreditar em milagres, para entender que sua atitude anterior provocou um impacto sobre ela. Foi o que lhe permitiu olhar para você sem os olhos da identificação projetiva, *e ver* que você não é feia, velha e magrinha.

Apresentador: De todos esses assuntos, escolhi a insistência na economia que a aproxima da mãe. Então, repito a frase do irmão, de que ela era parecida com sua mãe, e acrescento que a mãe não é um mulherão. Ela diz que teria levado os dois vestidos, se tivesse coragem de gastar tanto em roupas. Associo com um dos seus irmãos, Salim, que é avaro demais para gratificar-se. Digo: "Parecida com Salim também."

Ela ri, talvez por se ver tão presa aos modelos familiares que tanto deprecia. Em seguida, muda novamente de tom. Fica séria e conta, emocionada, que a sobrinha de uma moça que trabalha na fábrica, e de quem ela gosta muito, havia recuperado a visão, contra todas as expectativas, inclusive da médica. Ficou com o astral tão bom que iria ligar para José, pois queria que ele a visse com o astral bom. Nesse momento, recebe um telefonema dizendo que um amigo, artista talentoso, contraíra malária na índia e morrera em cinco dias, pela precariedade do atendimento médico.

D. Meltzer: Ela obviamente quer acreditar em milagres e gostaria de pensar que foi através do milagre da sua interpretação que ela recuperou a visão própria. Mas quando você acrescentou "que não é um mulherão", à fala do irmão ("você parece com a mãe"), consolidou a fantasia projetiva de que ela é a mulher por quem o pai se sente atraído. Agora, independente da informação que você recebe da paciente, que sugere que não há sexualidade entre os pais, acreditar nisso é uma paralisia analítica. Pode ser verdade, e muitos pais acham necessário se comportar diante dos filhos como se fossem assexuados, de modo a manter a sexualidade privada, secreta. Mas esse pequeno movimento em que, depois de interpretar a identificação com a mãe, você acrescenta: "que não é um mulherão", desfaz tudo. Corresponde a essa mudança súbita da menina que recuperou a visão para o artista talentoso que contraiu malária e morreu.

Ou seja: uma interpretação pode, num momento, propiciar uma mudança, para a paciente, que uma outra interpretação desfaz.

Essa outra interpretação baseia-se num tipo de onisciência, no sentido de acreditar naquilo que a paciente diz, perdendo sua orientação de que a comunicação da paciente expressa opiniões, e não fatos. Isto é, o que a paciente diz sobre os pais não são fatos sobre seus pais, mas fatos sobre suas opiniões sobre os pais. Assim, não se deve acreditar nessas opiniões, mas observá-las como fenômenos mentais. Essa diferença entre o fato e o "ouvir dizer" é uma das mais importantes conseqüências da teoria de Bion sobre o pensar. Os únicos fatos a que você tem acesso são os fatos da sua observação direta, e mesmo estes estão sujeitos a distorções pelas projeções, alucinoses etc. Mas esse é um exemplo precioso de como é delicado o equilíbrio da situação analítica e como, em alguns momentos, os pacientes são sensíveis às interpretações. E como um pintor que pode dar uma pincelada que consolida o sentido do quadro e, em um outro momento, dá uma pincelada que arruína a obra. Constable foi um maravilhoso pintor inglês de paisagens, mas seus melhores quadros eram os que ele fazia em preparação para a obra final. Porque quando ele chegava ao quadro pronto, que iria vender, não podia resistir e colocava pequenos traços, marcando a presença da luz nas folhas etc. Esse tipo de iluminação era uma concessão à vulgaridade do gosto do comprador e, se não chegava a arruinar os quadros, certamente diminuía sua beleza.

Apresentador: A partir do que foi comentado, a minha preocupação centra-se em descobrir onde está o sadomasoquismo na transferência. Dr. Meltzer deu uma indicação do sadismo da paciente, quando ela me conta como é tratada *e eu me* sinto traída e irritada com esse comportamento, mas ainda assim é difícil apreender esse sadomasoquismo na transferência. Minha pergunta é: "Uma interpretação que se faz, e logo depois se desfaz, poderia ser entendida como uma atuação do sadismo, através desse tipo de interpretação ambígua?"

D. Meltzer: Não disse que a interpretação é ambígua mas que, em certo sentido, é bifásica: por um lado, você está interpretando a identificação com a mãe e, por outro lado, está dizendo que a mãe dela é um cocô. Então, falar para um mulher: "Mas a sua mãe não é uma mulherão", é como dizer que essa mãe é velha e enrugada.

A mãe pode parecer assim para uma menina adolescente, mas isso não significa que o pai dela tenha essa mesma imagem da sua mulher. Um homem que ama sua esposa não a vê como velha, feia, magra. Estou enfatizando que, na contratransferência, você está em condições de sentir que essa paciente a pega pelas tripas e a deixa irritada; e ao mesmo tempo em que ela está dentro de você, ela a trai, e esta é a própria essência do masoquismo: a identificação intrusiva junto com uma traição. Essas coisas são atuadas na vida familiar o tempo todo, uma vez que essas menininhas se comportam como elas fossem amantes do pai, e os pais se comportam como se isso fosse verdade.

Apresentador: Então, com referência à recuperação da visão e à morte por precariedade do atendimento médico, digo-lhe que ora eu sou a milagreira que abre o trânsito para a feminilidade, ora não tenho recursos para ajudá-la a sair dessa paralisia. Ela protesta: "Não são os médicos os responsáveis, meu amigo se recusou a fazer prevenção contra a malária; acho que depende muito das pessoas. Acredito em forças; nem a médica acreditava que a menina recuperasse a visão, ou seja, a sobrinha recuperou a visão independente do médico, por forças próprias, vamos dizer assim". Aqui, na verdade, fico confusa porque está aí uma coisa que eu não esperava, que os pacientes morram ou fiquem bons por conta própria.

D. Meltzer: Parte do problema é que você afirma que de fato fez milagre nos dois sentidos: abrindo o tráfego e depois superando a paralisia dela. Você não interpretou que você abre e fecha. Dizer que você falha em superar a paralisia não é a mesma coisa que reconhecer que a paralisia aumenta. Não é simplesmente que o analista às vezes deixa de entender: é que, às vezes, o analista erra e torna as coisas piores.

O que estou enfatizando não é um erro na compreensão do material da paciente, mas um erro em sua orientação em relação à paciente, que é o de aceitar o que ela diz como se fossem fatos. Por exemplo, que a mãe não é uma mulher "sexy", que é velha, feia e enrugada. São erros de orientação. Não se trata de distinguir entre uma interpretação certa e uma interpretação errada. Não é disso que estou falando. Estou falando da orientação no contato com a paciente. É fácil cair na armadilha de receber as comunicações do paciente como fatuais, porque o paciente é muito convincente. Mas quando se reconhece que ela conta uma coisa em um momento e retrocede no momento seguinte, é possível ver que está fazendo um jogo sadomasoquista. É o que Maria faz quando fala da besta que é José e, no momento seguinte, diz que ele é um anjo. Essa é uma técnica de projetar confusão, e você deve se pôr em guarda contra isso. A melhor estratégia é não tomar como fato as comunicações do paciente.

Apresentador: Ela passa a falar do irmão avaro, confia que ele será justo, que ela vai receber o que lhe cabe, e José será **seu, se este** for o destino.

D. Meltzer: Estou lendo novamente o que você falou sobre o irmão dela, ele é muito voraz, exatamente como Salim. Vá em frente. Agora ela vai esfregar o teu nariz nesse cocô de José de novo.

Apresentador: Ela ligou para José e "desta vez a conversa fluiu melhor; falamos sobre o trânsito, fiz a conta de que passamos 45 dias por ano no trânsito, e ele disse que a ex-namorada estava fazendo a volta ao mundo em 45 dias".

D. Meltzer: É como se ela dissesse simbolicamente para José: "O meu ânus não está mais disponível para penetração"; e ele responde: "Mas o da minha nova namorada está". Isso não é só falta de sensibilidade, é sadismo. Mas o que José faz com ela é exatamente o que ela faz com você, na conversa sobre José. Não é só falta de sensibilidade, é sadismo.

Apresentador: Pontuo nessa altura os extremos que aparecem na sessão: a paralisia total ou a volta ao mundo; a cura milagrosa ou a morte.

D. Meltzer: Na transferência, ela a acusa ou de fazer milagres ou matá-la.

Apresentador: Em seguida, ela se lembra de me ter pedido uma indicação de análise para a irmã, apesar de achar que ela é cerebral demais e que, no caso dela, seria mais indicado uma atividade corporal.

D. Meltzer: Aqui surge a resistência a você ter um novo bebê.

Apresentador: Quando ela diz que a irmã não deveria fazer análise?

D. Meltzer: Sim, é melhor que a irmã faça uma atividade física, isto é, sexual. Masturbação é melhor do que análise.

Apresentador: A irmã de qualquer forma insiste em querer análise, dizendo que é disso que gosta. E aí repito a última frase dela, de que a análise é cerebral demais e pode fazer mal. Quando digo isso, estou supondo que ela agora é capaz de reconhecer que meu cuidar e machucar podem ocorrer ao mesmo tempo.

D. Meltzer: Sim, ela fala "não se preocupe, ela não lhe dará muita liberdade, ela a mantém equilibrada com atividades físicas, isto é, com masturbação anal. "É de fato um tapa na cara. Ela está sendo muito cruel com você. Sugiro que, ao chamar a atenção para o fato de que a análise pode machucá-la (supondo que ela possa agora reconhecer cuidado e estrago simultâneos), o que aconteceu não foi uma função da análise, mas função de um erro analítico. Embora a análise possa produzir muita dor mental e possa até ser perigosa, devido ao delicado equilíbrio entre colapso e elaboração, ela não produz dano, quando é adequadamente conduzida. O que você fez, ao tomar como fato a afirmação sobre a mãe, foi uma falha de orientação, um erro. A maneira como fala confunde dor e estrago. E ela está se aproveitando do seu erro, ao dizer: sim, a análise é um processo sadomasoquista. Primeiro você me cura, e depois você me mata. Mas ela tem uma maneira de lidar com isso, equilibrando análise com atividades físicas, tênis, masturbação e assim por adiante.

Apresentador: Na sessão seguinte, ela repassa todos as detalhes do novo encontro com José, com as mesmas características. A novidade é que há outro amigo que fica irritado com ela ("você é legal demais para José"). A irritação enfim aparece, e ela diz: "É verdade, que prato miserável José tem a me oferecer." Pontuo que a irritação aparece pela boca do amigo.

D. Meltzer: Isso é verdade: aparece pela sua boca quando ela sente que você é a amiga dela, mas não quando sente que é inimiga da mãe dela. Como quando você fala que a mãe é velha, feia e enrugada, e não é atraente.

Apresentador: Na sessão seguinte, seu tom de voz é firme, o que é novidade, pois ela sempre expressa fragilidade no tom de voz. Diz que o irmão recuou com relação ao dinheiro que prometeu, e agora ataca o irmão, antes inatacável ("ele é um bundão, um covarde"), diz. Então, comenta a conversa que teve com o irmão, dizendo: "Consegui conter a minha raiva, e dizer com calma tudo que penso dele." No entanto, isso me preocupa; nessa sessão, ela traz duas figuras femininas fragilíssimas, que precisam quase morrer para que alguém se decida a cuidar delas. Isto é, me deu a sensação de que sua firmeza se fazia à custa de colocar todos os aspectos frágeis nessas duas pessoas.

D. Meltzer: Pode ser verdade, mas também é verdade que ela está reconhecendo que é muito frágil e precisa do apoio de figuras femininas ante esses homens, os irmãos e José, que são tão sádicos. E eu entendo que a expressão que ela *usou – bundão –* significa: "Fique longe da minha bunda". E você pode lhe dizer: "E você, fique longe da sua bunda também, longe da sua masturbação anal."

Apresentador: O senhor apontou uma crueldade da paciente para comigo, uma vez que ela se aproveita de um erro meu. Gostaria de saber se o senhor interpretaria literalmente esse movimento, ou haveria alguma outra forma de evitar esse jogo sadomasoquista, sem ser explicitando-o.

D. Meltzer: Você pode fazer as duas coisas. Primeiro, quando reconhece que errou, pode tentar consertar, reconhecendo o erro; e depois, você pode evitar isso no futuro, se reconhecer que entrou no jogo sadomasoquista dela sempre que isso acontecer. Quer dizer, em análise a gente comete erros o tempo todo, e cada paciente é um especialista na sua maneira de lidar com as relações, pois é o que tem feito durante a vida toda. Sempre que você reconhece algum tipo de artimanha específica que o paciente usa, pode perceber que ele já esteve lá muitas vezes, antes de você tê-lo reconhecido. E todas as vezes que você não reconhece, está cometendo erros. Não há como evitar erros, e a única maneira de melhorar sua função com o paciente é reconhecer os erros. Mas esses erros não são erros da interpretação correta ou incorreta, são na verdade erros em orientação, erros no método analítico. Na minha experiência, um dos erros mais freqüentes é o de acreditar no que o paciente conta, tomando como fatos, e não como produtos mentais. Quando você tem uma masoquista dedicada como essa moça, o método não é só a interpretação, provavelmente a interpretação é um fator secundário. O principal fator terapêutico, aqui, é não atuar no jogo da contratransferência, ao ser provocada. Ela está constantemente provocando e insultando a analista, e não é fácil resistir a atuar na contratransferência. Por exemplo, o que o amigo dela diz, que ela é boa demais para José. A analista pode facilmente ser provocada a dizer algo desse tipo: "Você está se desperdiçando, se jogando fora, no esgoto. Não reconhece que é minha filha preciosa e é boa demais para o José?" Esse é um modo, pelo avesso, de acusá-la de estar traindo você. Seria um exemplo de atuação na contratransferência. Embora não pareça uma fala raivosa e punitiva, é bastante punitivo você reconhecer que há uma acusação de traição. Comecei dizendo que é como a agressão sutil dos professores que escrevem no boletim do aluno: "Você pode fazer melhor". Na verdade, isso significa: "Você é um preguiçoso", só que dito de forma simpática. Então, quando uma mulher masoquista a provoca, como Maria está fazendo agora, é difícil encontrar uma linguagem que não contenha agressão, na contratransferência. Não é que eu seja contra a analista ser agressiva, acho que a analista é muitas vezes levada a ser agressiva, mas a questão é ser franco e honesto em relação a isso. No momento em que sua fala fica ambígua, você participa do processo sadomasoquista, no qual as pessoas se insultam mutuamente, fingindo-se educadas e gentis uma com a outra. Essa é uma especialidade britânica.

Seminário Clínico *D*

Apresentador: Vou tentar dar algumas idéias, a partir da minha memória, a respeito de uma pessoa que vou chamar de Antonio, que tem cerca de quarenta anos, é caçula de uma prole de seis, e pai de quatro crianças. Teve todas as oportunidades possíveis de educação, inclusive graduação e pós-graduação no exterior. Procurou análise há cerca de dez meses.

Durante muitos anos, trabalhou numa grande empresa de engenharia no estrangeiro, chegando a ocupar o mais alto posto possível. Há poucos anos, trabalha em outra instituição de ramo similar, agora no Brasil.

Na primeira entrevista, relata espontaneamente algo a respeito da família de origem. O pai havia sido um profissional formado na Suécia, em administração, que realmente gozou de respeito no Brasil. Já é falecido, e é descrito como uma pessoa fria e autoritária, cujas comunicações com a família e amigos pareciam, na versão do paciente, se resumir a jactâncias, "típico machão sul-americano", diz o paciente.

Sentiu o pai como excessivamente exigente, sempre querelando, alguém que gostava de relatar feitos corajosos. Esse pai romperia o casamento quando os filhos eram adultos, e viveu com sua secretária até o fim de sua vida, já idoso.

Uma de suas exigências foi que os filhos fossem excepcionais esportistas – nenhum filho conseguiu realizar o desejo do pai.

A mãe de Antonio é viva. É cidadã sueca, descrita por Antonio como alguém que enfrentou o pai para poder obter uma boa educação sueca para os seus filhos. "Foi estranho. Meu pai já havia ido para a Suécia para estudar, mas não queria de jeito nenhum pagar os meus estudos lá. E o meu avô era muito mais pobre do que ele. Minha mãe acabou conseguindo fazer como queria, mas que preço pagou? Ela também arrumou casamento para minha irmã. Deu uma festa com um monte de industriais, conhecidos do pai dela, e arranjou um marido para minha irmã.

Pareceu, pelos seus relatos, que a mãe era capaz de prover cuidado e atenção material, e o paciente relata que é quase impossível falar com ela. Diz que é incapaz de ser sincera e está sempre disfarçando suas reais intenções.

Antonio não expressa abertamente nenhuma amargura, nem ressentimento em relação aos pais. A rigor, esse homem não exibia, no início do tratamento, nada além de sorrisos e risos, quando contava qualquer coisa. De algum modo, ele me relembrou um ator, Robert Young, em um seriado da televisão na década de 50, chamado *"Papai Sabe Tudo"*, no qual até o cachorro da família dava risadas na hora que terminava o episódio semanal.

Ele diz: "Sou um homem de dupla nacionalidade. Não sei se deveria manter a minha cidadania sueca. O que você acha? A única coisa que isso significa hoje em dia é impostos. Minha esposa é sueca, e então decidimos dar nomes internacionais aos nossos filhos. Nada de Björn ou João, mas Nelson e Miriam". Ele pronuncia os nomes estrangeiros com forte sotaque londrino e perfeita pronúncia. A fonética dele, quando pronuncia esses nomes, não é portuguesa.

Na entrevista inicial, disse ter abandonado seu cargo na empresa "em busca de novas experiências". Minha experiência emocional, ao ouvi-lo expressar essa justificativa, sem que eu tivesse lhe perguntado nada, foi de estar testemunhando uma verbalização de cunho tipicamente social e reasseguador.

Depois de mais ou menos um ano nesse novo trabalho, disse sentir sérias dificuldades de adaptação ao que denomina de "meio judaico", que contrastava fortemente com seus hábitos empresariais anteriores, "City of London" segundo ele. "Conheço bem essa gente. Acostumei-me com eles, pois tive um amigo de família judia, emotiva e sensível. A família dele era completamente diferente da minha; eles conversavam entre si de todos os assuntos, a casa tinha um ambiente quente, por causa das discussões, inclusive dos sentimentos que tinham um pelo outro, mas não pudemos continuar a amizade, pois seus pais eram completamente contrários a um goy, como eles chamavam".

Com o tempo, acabei percebendo o que ele queria dizer por "emotivo" e "sensível". Parecia-me uma descrição do que eu chamaria de pessoa sem capacidade de autocontenção. Parecia-me também, nas sessões, que ele ficava clivado de seus sentimentos de raiva, de modo geral, e anti-semitismo, de um modo particular, pois apareciam numerosas indicações de que, se houvera resistência contra sua condição religiosa católica, ele também nutria desconfiança e desprezo em relação ao que ele via como "judaico". Sentia esse amigo como "brilhante, inteligente, mas "muito complicado". "Um amigo assim complica a vida de qualquer um".

Descrevia seu novo ambiente de trabalho, em Estocolmo: "Agora sou obrigado a trabalhar com **esses** *Yuppies*, pessoas jovens que querem subir a todo custo, são muito agressivos no modo de fazer negócios. E o meu chefe tem aquele jeito típico dos judeus, é o modo como eles lidam com as pessoas: berrando o tempo todo, sem respeitar as mínimas regras de convívio social".

Nesse momento, em Estocolmo, ele sofreu algo que me pareceu ser uma crise de ansiedade aguda. Procurou um psiquiatra que, de acordo com a moda vigente, diagnosticou síndrome do pânico. Como também faz parte dessa moda, Antonio rapidamente passou a utilizar o diagnóstico como uma justificativa bem à mão para não pensar, pois afirmou: "Pelo menos louco, 'eu não sou".

Seu psiquiatra em Estocolmo pareceu-lhe uma pessoa confiável, e esse profissional também parece ter lançado mão de reasseguramento, inclusive com a esposa do paciente, que se entrevistou com ele. Ministrou a Antonio uma dessas drogas modernas, similar ao *Prozac*, que ele toma com uma adoração quase religiosa.

Forneceu outras queixas, já na primeira entrevista. Mencionou jamais ter sonhado em toda a sua vida. Nutria sérias dúvidas a respeito da vida que levara até então, mas parecia não ouvir as suas próprias palavras. As suas dúvidas eram devido ao fato de não ter conseguido seguir uma carreira artística, por não ter algum posto elevado no governo. "Indústrias e negócios não passam de números. Meu gosto por artes e literatura foram para o espaço. Sabe, fiz um curso de música, quando estava na universidade, e uma professora me disse, assim que terminei o curso: "Sua técnica é perfeita, mas falta você nos seus desempenhos." Tomei esse comentário, já na primeira entrevista, como um comentário dele a respeito dele mesmo, apesar de ter sido atribuído a outrem.

Durante os primeiros meses de análise, Antonio relatava detalhadamente suas dificuldades para tomar determinadas decisões profissionais. Não era apenas o caso de ter de tomar medidas mais duras, era algo que surgia sempre que tinha de tomar alguma decisão. Ele, então, forneceu um diagnóstico a respeito de si mesmo: "Sou uma pessoa muito indecisa." E, a tal diagnóstico, seguiu-se imediatamente um auto-reasseguramento. (Costuma sempre atrelar comentários reasseguradores, muitas vezes pensamentos positivos, *"wishful thinking".)* "Mas é normal ser ambivalente em minha profissão. Qualquer pessoa na minha posição ficaria desse jeito, pois as minhas decisões envolvem obras que custam milhões de dólares, envolvem também o meu emprego".

Freqüentemente, contava-me fatos de sua infância. Povoava as sessões com isso, pois se convencera de que um analista ficaria feliz em ouvir lembranças de infância. Paradoxalmente, nutria suspeitas sobre "esse negócio de análise, que lida com traumas infantis. A psicanálise era muito respeitada em Estocolmo, Londres e Nova York, mas hoje em dia os cientistas sabem que não passa de conversa fiada". Passa boa parte das sessões tentando conversar sobre avanços na pesquisa de etiologia orgânica, drogas, a natureza orgânica de sua doença, genética, em quase todas as sessões acrescenta algum comentário de como seu pai se automedicava e era contra a psicanálise. Aparentemente, o pai sofrera um episódio depressivo. Mas, apesar desse tipo de comentário, continuava a tentar me agradar naquilo que pensava que eu iria ficar agradado. Demonstrava o que me pareceu uma genuína surpresa quando finalmente notou (demorou alguns meses) que eu não fazia perguntas sobre nada, e muito menos sobre sua infância. A princípio, disse que temia muito cair nas mãos de um mau profissional, "profissional de terceiro mundo, mal preparado".

Um modo reassegurador (como é seu costume) de me dizer que era exatamente assim que se sentia comigo. "Nem uma pergunta? Você não vai perguntar nada sobre a minha infância? E por que você não escreve durante as sessões?"

Ficou ainda mais surpreso quando não fiz comentários específicos sobre a sua infância. Pareceu-me que sua surpresa, na realidade, era a respeito do modo como eu trabalhava, tentando focalizar o aqui-agora da sessão, apontar o que ele estava fazendo ali e as experiências emocionais que poderíamos experimentar e observar juntos. Sua chocante surpresa inicial, de que as coisas não eram como ele queria que fossem, transformou-se no que me pareceu um genuíno interesse. Parou de reclamar de coisas do tipo "Mas quatro vezes por semana? Preciso mesmo vir tantas vezes assim?" Passou a vir, sessão após sessão, de um modo colaborador, ainda que resistente; é uma pessoa genuinamente interessada e amorosa.

Pensei estar lidando com uma pessoa que hesitava em desistir de seus preconceitos, e encarei toda aquela conversa de psicanálise *versus* organicismo como mera forma aparente de seus preconceitos; não relevante em si.

Ele ficava tentando me agradar em tudo que pensava que eu ficaria agradado. Seja lá como for, ele tinha certeza de que seus eventos da infância tinham sido causa de seus problemas atuais. Durante a adolescência, tentou emular um irmão no desempenho escolar e se sobressair nos esportes. Descreve os irmãos como "bem-sucedidos". Insistia sempre em como era boa sua família de origem. Esse homem exibia, ao meu ver, uma impressionante capacidade para clivar suas experiências dolorosas.

Tive a oportunidade, em parte proporcionada pelo tempo, de observar que aquilo que se apresentava como indecisão, em seu autodiagnóstico, não era propriamente indecisão, apesar da aparência. Parecia realmente um *expert em* sua área profissional, uma pessoa amplamente informada e totalmente séria, pois ele era totalmente sério pelo modo como imergiu no processo analítico, em nossas conversas, inclusive pelo crivo critico a que me submetia. Era possível inferir que ele tinha uma sólida formação técnica e que conhecia tudo que era preciso fazer no sentido técnico da engenharia. Aquilo que se apresentava como indecisão pareceu-me epifenômeno, algo que era sensorialmente apreensível, tanto ao paciente como a qualquer observador, que não tentasse ir além das aparências.

Mas logo fui forçado pelos fatos a fazer a hipótese de que essa indecisão era um fato psicanaliticamente irrelevante, um autodiagnóstico consciente, que tanto apontava como escondia algo a respeito dessa pessoa. Pareceu-me que existia uma configuração subjacente a essa indecisão, que o tempo e a observação indicavam como talvez psicanaliticamente relevantes.

Eu tinha a impressão de que essa pessoa estava tendo um estranho. sonho diurno, indistinguível de alucinação, a "indecisão" poderia ser aparentada com aquilo que Freud denominou de *conteúdo manifesto.* Lentamente, apareceu uma configuração, sob forma de breves comentários que o paciente fornecia sem prestar muita atenção.

Freqüentemente, procurava por ajuda externa, solicitando consultorias tanto de empresas como de pessoas geralmente mais velhas do que ele, e para tanto obtinha irrestrito patrocínio da firma em que trabalhava. Tudo se passava como se fosse normal procurar essas consultorias. Com igual freqüência, tornava-se presa do ponto de vista de pessoas que depois lhe pareciam arrogantes. Devido à sua impressionante clivagem, não vinculava seus relatos sobre o que lhe parecia ser arrogância dos consultores, que ficavam em permanente conflito com suas próprias opines ou intuição do que era cabível de ser executado tecnicamente.

Invariavelmente, saía dessas experiências profundamente insatisfeito. Vinha à sessão ressaltando que o caminho tomado não havia surtido efeito, que provavelmente teria sido melhor ter seguido sua própria cabeça. Nas ocasiões em que dava certo, a idéia do consultor havia, afinal de contas, sido quase idêntica à sua. Então, por que diabos ele havia procurado outra idéia? Para piorar a sua dúvida, pois nesses casos ele ficava desconfiado da capacidade do consultor, observou que era justamente por ai que dava certo. Essa observação, diz ele, havia sido feita por um de seus chefes no escritório central de onde trabalhava; um dos consultores em quem ele mais confiava, de quem ele realmente parecia gostar, disse-lhe então: "Vá procurar um analista, vou lhe dizer onde tem um bom." E foi por essa "consultoria" que ele me procurou.

No decorrer do tempo, o pai "bem-sucedido" foi apresentado como um homem deprimido, infeliz e tolo; a mãe, como uma pessoa emocionalmente distante, com clara preferência pelos irmãos, que, apresentados no início como bem-sucedidos, passaram a ser descritos como extremamente perturbados, infelizes, malcasados, sofrendo de crises psicossomáticas.

Antonio passou, após alguns meses, a dizer que outro irmão era mais perturbado ainda, tendo tentado mais de uma dúzia de análises e mais de uma dúzia de casamentos, recusando-se a reconhecer o único filho que tivera. Sua própria carreira bem-sucedida começou a ter os relatos gradualmente roídos por erupções de sinceridade, até confessar que tivera uma série de episódios malsucedidos. Nutria a idéia de levar a cabo alguma causa humanitária, e sentia necessidade de fazer algo que lhe desse fama e grandeza. Também queria ser muito rico, servir à sua pátria e colaborar com o desenvolvimento econômico dessa terra subdesenvolvida. Parece-me um adolescente ingênuo em suas opiniões políticas, e, embora lide freqüentemente com políticos profissionais, mantém uma pletora de esperanças e desesperanças juvenis.

Quando nos conhecemos, sua esposa estava no final de mais uma gravidez. Pareceu-me notória a falta de menções verbais a respeito desse fato. Fiquei com a idéia, quando ele falava da família, que eu estava lidando com o irmão mais velho de uma família, talvez bem humorado e divertido, mas eu não percebia nele um pai; levava os filhos para brincar e andar de bicicleta nos poucos finais de semana que ficava em casa, mas fazia isso mais por um senso de dever, depois de a esposa insistir muito. Um episódio ilustrativo é que ele não pensou duas vezes antes de comer os dois últimos pãezinhos que havia na casa, deixando os filhos sem nada durante o café da manhã; quando a esposa reclamou, ficou muito revoltado, sentiu-se desrespeitado e reclamou que a esposa é que era faltosa, "por que não havia providenciado uma quantidade suficiente de pães?" Durante a sessão, ficou persecutoriamente ansioso quando o convidei a pensar a respeito desses fatos, que assinalavam um aspecto de omissão.

Fomos capazes de formular sua aparente ambivalência em tomar decisões como algo que expressava uma fantasia, de que ele tinha relações passivas com outros homens. Parecia procurar por situações onde sentia uma espécie de penetração. Parecia-me que esse homem tinha alguma dificuldade real em exercer sua potência masculina, em se fazer um homem potente. Jamais procurava mulheres para as consultorias, e tinha sérias dificuldades de demonstrar abertamente, de modo sincero, suas opiniões reais, qualquer que fosse o assunto. Observei isso em seu relacionamento comigo: se tivesse de faltar a uma sessão, ele tergiversaria, adiaria o mais possível para revelar sua intenção, ou deixaria a coisa insinuada. Fiz uma hipótese de que seus ataques de pânico poderiam estar vinculados a essas fantasias homossexuais prestes a emergir; as próprias crises seriam uma tentativa pessoal de lidar com essas fantasias, mesclando contato com não-contato.

Ficou evidente que sua saída do antigo emprego tinha motivos outros que não aqueles que ele havia propagandeado inicialmente. Para se manter no posto e expandir ainda mais os serviços, ele teria de mudar radicalmente a equipe que até então o acompanhara, o que implicava despedir pessoas. Não havia sido capaz de fazê-lo, e saiu. Isso ocorreu justamente quando o seu melhor amigo, com quem convivera sem rusgas por mais de vinte anos, faleceu em um acidente automobilístico misterioso, tão absurdo quanto inexplicável, cujos detalhes sugeriam suicídio. Esse amigo era homossexual confesso, seu conselheiro e confidente. Sentia-se culpado e envergonhado, procurando, mas não encontrando, explicações para o fato de não ter sido capaz sequer de fazer uma visita para a mãe do amigo.

Meu método de lidar e confirmar (ou não) o que os pacientes falam durante as sessões é tentar observar se existem fatos manifestos observáveis durante o aqui e agora da sessão. Em outras palavras: tento alicerçar-me em fatos observáveis, e não apenas em fatos relatados. Nesse caso, aconteceu algo na sessão. Antonio invariavelmente me pedia opiniões, desde o início da análise.

Mesmo sem possuir nenhum sinal que pudesse fundamentá-lo, criava situações para me transformar numa espécie de professor, transformando qualquer comentário em um tipo de conselho, e, se eu não fizesse comentário nenhum, ele se sentia censurado.

Depois de uma sessão, em que tentei ajudá-lo a enfrentar o que me pareceu serem fantasias de ser penetrado, colocando à sua disposição reflexões a respeito das experiências durante a sessão, ele vem na sessão seguinte um tanto perplexo e diz:

"Eu tive um sonho". Quando fui buscá-lo na sala de espera, parecia ansioso para entrar na sala de análise: deitou-se quase instantaneamente (em geral, hesita muito em se deitar e, quando o faz, deita-se desajeitadamente, com uma série de movimentos com as mãos, penteando o cabelo, fala uma porção de coisas gerais ainda sentado; mas nesse dia ele vai direto para o divã) e começou a relatar o sonho: "Eu estava no pronto-socorro de um hospital, deitado numa espécie de maca, as pessoas passavam pelo corredor e me diziam, gritavam para me avisar: `você corre grande perigo, você levou um tiro na nuca e vai ficar paraplégico'. Fiquei imóvel durante algum tempo, mas de repente fiquei achando que tudo aquilo era muito esquisito. Tentei tocar a minha nuca com a mão". Factualmente coloca a mão na nuca durante o relato do sonho, com uma emoção que geralmente não demonstra durante a sessão, chegando a se levantar um pouco do divã para repetir o movimento, como se estivesse mostrando para mim: "Não há sangue nenhum, não há sangue nem na maca". Nesse momento, fica mais agitado fisicamente e passa a mão na cabeça, na nuca, no travesseiro do divã, como se procurando, para ver se tinha sangue lá. "Decidi levantar da maca dizendo: 'não levei tiro nenhum', e fui saindo do hospital razoavelmente aliviado, mas também um tanto preocupado com o tal acontecimento. Que diabo eu fui fazer lá?"

Tentei falar com ele, até onde posso me lembrar, algo que penso que esse sonho iluminou para nós dois. O sonho estava me ajudando a modificar algumas das hipóteses a respeito do paciente, pois até esse momento eu via suas fantasias como sexuais, mas o sonho pareceu-me assinalar algumas fantasias pré-genitais, amalgamadas numa espécie de mosaico com fantasias de penetração ainda nebulosas, não-estruturadas, que não seriam exatamente homossexuais. Por exemplo, o elemento paraplégico do sonho sugeriria um homem que não tem potência, mas quando me contou o sonho, encarei esse tipo de interpretação (a primeira que me veio à cabeça), como muito concreta, alicerçada na imagética visual do sonho. Não seria melhor chamar de *confusão o* fato psíquico que estava emergindo? Pessoas assegurando que ele tinha sido atingido, e **ele** convicto de que não, tudo isso sinalizava alguma coisa típica da posição esquizoparanóide, ou seja, uma pessoa que raciocina em termos de certo e errado, tentando alcançar a verdade absoluta. Pessoas confusas geralmente procuram certezas. Esse homem agora me parecia basicamente confuso, sem orientação: tinha ficado paraplégico, tinha sido atingido, não tinha?...

Durante o relato, a confusão me pareceu real: talvez ele estivesse alucinando durante a sessão, pois até tentou sentir se havia sangue no divã, colocando repetidamente a mão ali e em sua nuca. Rejeitei para mim mesmo outra hipótese, de que ele estivesse fazendo alguma referência ao divã, ao analista, ou estivesse sendo penetrado por detrás, como se o divã fosse a maca do sonho.

Nunca me sinto confortável quando penso em transposições diretas. Elas só me parecem úteis para ser rejeitadas. A meu ver, dar-me conta do caráter alucinatório de suas vivências ou transformações em alucinose de ambos os integrantes do par difere de conluio. Assim, o sonho talvez tenha iluminado muitos atos desse homem, que "avisavam" durante esses meses de análise: ele não tinha mesmo quase nenhuma idéia do que é um homem e, portanto, não era capaz de ser potente, cuidadoso e pródigo com a sua família; nem de ser firme em sua profissão, quando tem de lidar com pessoas. Praticamente, não formou idéia do que é uma mulher. Minha própria associação livre ao relato do sonho foi sua incapacidade de assistir sua esposa. Conversei com ele, tentando iluminar mais sua *pesquisa* sexual do que fantasias homossexuais, parecia mais um garotinho que inspeciona seu próprio corpo e possivelmente exerce sua atividade epistemofílica, embrião de uma futura potência masculina.

Pareceu-me que o próprio sonho era uma associação com nossa sessão anterior. Ele talvez estivesse tentando discriminar o que vem a ser uma vagina (o sangue); o que vem a ser um ânus. Sua pesquisa era nas costas, como se ele estivesse num estado meio oniróide, no qual nuca é igual a ânus, mas talvez também estivesse dizendo que esse homem tinha uma mente potente ou uma mente capaz de exercer a masculinidade. Pois ele sonhou, lembrou do sonho e podia exercer sua intuição feminina, sem que isso fosse visto por ele como fantasia homossexual. Mas talvez mostre também sua disposição de não entrar em contato com sua mente, pois no final ele sai andando. Não fiquei convencido de que esse sonho não tivesse também incluído seus traços reasseguradores.

Na vida externa à sessão, ele reporta agora fatos indicativos de ser capaz de tomar decisões sem muito sofrimento.

Depois dessa sessão, ele comparece mais alguns dias. De repente, começa a faltar de novo. Inicialmente, diz que tem de viajar, mas diz com todas as letras que não seria necessário ficar tantos dias fora. Decide também submeter-se a uma cirurgia plástica. Essa atuação o imobiliza ao leito durante três semanas. Fica incapacitado de se locomover: a esposa tinha de levar comida para ele (note que o casal tem filhos pequenos, um deles com poucos meses de idade). Quando volta às sessões, num dia ensolarado, veste calção, camiseta, tênis, de um modo que lembra um adolescente.

Diz estar zangado com o médico, que teria assegurado que a cirurgia teria cem por cento de êxito antes de fazê-la e, assim que acabou o serviço, teria dito à esposa do paciente que os efeitos da cirurgia poderiam se anular a médio prazo.

Em uma das sessões quando voltou, depois de ter praticamente interrompido a análise, diz: "Fiquei pensando, por que será que não fazem um ar-condicionado realmente bom, com uma tecnologia moderna, que possa direcionar melhor o fluxo de ar. Existem tantos avanços em tantas áreas, mas continuam fazendo ar-condicionado exatamente como faziam há quarenta anos. Com uma nova técnica revolucionária seria fácil fazer um ar de fluxo direto para um ponto específico, e isso economizaria energia, ou outro tipo que pudesse espalhar o ar de modo mais eficiente".

Comento que ele pode perceber algumas possíveis vantagens em crescer, isto é, o "ar-condicionado moderno com uma técnica revolucionária". Mas ainda vê o "crescer" a partir de um ponto de vista dominado pelo princípio do prazer: para ele, adultos são pessoas que finalmente conseguiram evitar a dor e satisfazer vontades. Concorda e acrescenta: "Curioso, eu me lembrei agora de um sonho que tive ontem. Sonhei que estava em Nova York, era um sonho bem confuso. Existe uma loja muito bonita lá, na Rua 65, que eu sempre vejo; é muito elegante, não luxuosa, mas elegante. Algumas vezes quero entrar, mas o que as pessoas vão pensar de mim, um homem entrando em loja de mulher? (Talvez eu pudesse comprar uma roupa para a minha esposa, afinal). O nome era engraçado, *The Forgotten Woman.* No sonho, entro na loja e compro umas roupas, mas acho que não sei para quem. Aí acordei e dei muita risada, e lembrei de outra loja em Nova York (nessa eu não entro, essa eu só vi porque vende roupas baratas e malfeitas), na Rua 45, *The Big Tall Man (ele* é um homem de 1,95 m de altura).

(Há um longo silêncio. Dr. Meltzer vira as páginas do relato e parece pensativo, murmurando: "Sujeito interessante, este..." Conjectura mais algum tempo, após reler algumas passagens do relato escrito.)

D. Meltzer: Há alguns pacientes em cuja palavra você não pode acreditar nunca. Não porque sejam mentirosos, mas porque são auto-enganadores. Muitos são claramente malsucedidos, porque não inspiram confiança em ninguém, e são vistos como pessoas mentirosas, gabolas, exibidas. Esse homem atribui tais qualidades ao pai, mas fica intrigado com o sucesso do pai. A impressão *que ele* dá, e o analista vai me confirmar se isso é verdadeiro, é que o sucesso do pai era um puro fenômeno brasileiro, e que ele não corre o risco de ter esse mesmo tipo de sucesso, porque adotou uma persona sueca.

Ele não parece perceber que, se o sucesso do pai foi um fenômeno brasileiro, foi talvez baseado no fato de ter, profissionalmente, uma persona sueca. De certa forma, apesar de estar determinado a não repetir a configuração da personalidade do pai, ele, de fato, a repete, e ainda intensificada, pois tem uma persona sueca mais completa do que a do pai. Em conseqüência, não só se sente sempre um fracasso, como também padece da permanente expectativa de **ser** humilhado, de ser descoberto.

Esse homem, que nunca sonhou na vida, finalmente traz alguns sonhos e começa a sonhar em análise. E me parece que ele superou esse anti-semitismo profundamente negado, mas intenso, em relação ao analista. De fato, entrou numa intensa relação com o analista, baseado, acho eu, na recusa do analista em sair da situação da transferência para examinar o passado e especular sobre ele, ou sobre as relações do paciente no mundo lá fora.

Seguindo essa postura, que considero analítica, o analista colocou-se em posição de desafiar todos os aspectos da personalidade e caráter desse homem, e não de examinar esses aspectos do ponto de vista do desenvolvimento, mas sim do ponto de vista operacional da transferência. Isso envolve, no meu entender, a investigação da confiabilidade de todas as funções mentais dele, começando por sua capacidade de observação, de atenção, de pensamento, de comunicação, de emoção, e sua capacidade para o amor e para o amor sexual. Nesse processo, o analista descobriu, para grande surpresa do paciente, os sinais da sua intensa feminilidade, a homossexualidade latente, o travestismo e a sua incapacidade de amar uma mulher.

Mas acho que ele não deve se contentar com o reconhecimento desses defeitos. Melhor seria tratá-los como fatos da situação de desenvolvimento do paciente, e tentar localizá-los na escala de desenvolvimento. Suponho que devam estar localizados bem no início da puberdade, quando o paciente percebe que seu crescimento em altura é impressionante e seu porte atlético leva as pessoas a lidarem com ele como inequivocamente masculino, o que faz com que sua feminilidade se torne *"The Forgotten Woman"*.

Acho que é importante quando os atributos físicos evocam, nas outras pessoas, reações emocionais fortes, que conferem rótulos, como uma espécie de estereótipo, que funcionam praticamente como uma fantasia. Assim, impõe-se uma espécie de armadura de caráter, da qual não só não podem como não querem fugir, pois essa armadura carrega também uma parte do sucesso social.

Ele escapou de ser um astro estereotipado do esporte, por não ter conseguido o sucesso necessário. Suponho que escapou de se tornar um artista rico e famoso, provavelmente porque tinha pouco ou nenhum talento. Mas o que o engoliu socialmente, e o que fez dele um perfeito estereótipo social, foi o rico administrador manipulador, esse aspecto do pai como figura pública. Ele não só foi ajudado, diante desse estereótipo, pelo fato de ser alto e (presumo) bonito, como também por fatores como ser poliglota durante o pós-guerra, quando ser poliglota era uma característica socialmente muito valorizada, quase uma garantia de sucesso social no mundo dos negócios, principalmente dos grandes negócios.

Assim, fico impressionado com a perseverança do analista em levar esse homem a sério, pois ele é tão falso e enganador, e tão horrivelmente bem-sucedido, que imagino que deve ter havido uma grande dificuldade, um problema contratransferencial, de mandá-lo embora como refugo social. Deve ter sido muito duro enfrentar constantemente a atitude antianalítica, pseudocientífica, do paciente, e a sombra do desprezo, nunca abertamente expresso. Tudo isso deve ter gerado uma tentação de mandá-lo embora.

Pacientes desse tipo, com esse grau de insinceridade, são facilmente confundidos com psicopatas. É fácil sentir que eles vieram não só para você perder seu tempo, mas especialmente para lhe fazer algum mal. E se são tão inteligentes quanto parecem, devido ao dom para línguas, podem ser perigosos sedutores, que simulam cooperar com a situação analítica e com você, enquanto lá fora ridicularizam e desprezam a análise. O psicopata, por exemplo, tem um talento especial para entrar em contato com seus outros pacientes, machucando-os, seduzindo-os, corrompendo-os. Um psicopata que entra num grupo de treinamento pode criar um verdadeiro inferno.

Imagino que você poderia desenvolver a impressão de que esse homem é um psicopata, que está na análise com o objetivo de fazer mal. Mas duvido que seja o caso.

Posso ver que essa erupção de sonhos fez com que o analista desse atenção à questão da sexualidade desse homem, e ao equilíbrio entre sua feminilidade e masculinidade. E posso ver também que o sonho de ser baleado na nuca, e depois descobrir que não havia sangue, podia induzir a hipótese de que o sonho tem a ver com o ânus e a vagina, e assim por diante. Mas acho mais importante concentrar na capacidade do paciente de pensar baseado nas próprias observações, em oposição ao impacto da opinião de outras pessoas, como você está mostrando consistentemente pelo seu modo de analisar.

Essas maneiras de pensar emergem naquele sonho de ser baleado na nuca e, novamente, na questão da bonita loja da Rua *65, The Forgotten Women,* e de como esta se compara com uma loja bastante feia, na Rua *45, The Big Tall Man*. Fica claro que tem também a ver com moda e com o impacto da moda nesse homem e na sua capacidade de pensar. Para *ele*, é emocionalmente decisivo se alguma coisa é cara e fica numa parte elegante da cidade, como a Rua *65* leste, ou numa parte feia, como a Rua *45* oeste.

Ele oferece uma oportunidade perfeita para examinar a sua dificuldade de pensar com base em suas próprias observações, nesse pequeno episódio sobre o ar-condicionado. "Por que continuam fabricando os aparelhos de ar-condicionado como fabricavam há trinta ou quarenta anos?" (Quer dizer, na época do pai dele). "Com alguma nova tecnologia revolucionária" (ele não sabe qual) "seria fácil fazer aparelhos de ar-condicionado com fluxo direto de ar para um ponto específico, ou talvez fazer algo que economizasse mais energia, ou um outro tipo que espalhasse o ar com mais eficiência" – tudo clichês, sem nenhum conhecimento nem compreensão, só um amontoado de clichês: *tecnologia revolucionária, fluxo direto, economia de energia, blá blá blá.*

Eu trataria esse tipo de material como se fosse um sonho, um sonho sobre o relacionamento emocional entre pessoas, no qual as técnicas novas e revolucionárias são fundamentalmente as técnicas da psicanálise. E o sucesso revolucionário é o modo como isso favorece a comunicação, em vez das ações, e as emoções podem ser dirigidas a um ponto específico na outra pessoa, para se comunicar com ela. Nessa situação, também o clima emocional entre duas pessoas pode estar contido dentro de limites toleráveis, para que seja possível um contato contínuo. Isso é o que a metodologia da psicanálise capacita o analista a fazer com o seu paciente.

O paciente não pode fazer isso num jantar com amigos, nem na cama com a esposa. Ele não pode fazer isso nas suas atividades profissionais, porque não tem a metodologia psicanalítica para examinar a contratransferência de modo a capacitá-lo a manter esse tipo de clima: esse clima tolerável, agradável, que facilita a comunicação, porque o método psicanalítico lhe diz que você tem de observar o estado emocional da outra pessoa. E o que você tem de observar em você mesmo também é seu estado emocional. Esse tipo de observação, como Bion ensinou, é o que torna o pensamento possível, porque, de algum modo misterioso, é isso que permite o processo de formação de símbolos e de sonhos.

Assim, por um lado, admiro o uso do método analítico do apresentador mas, por outro lado, percebo também que ele está tentado a usar isso para lidar com sintomas, como a sexualidade do homem.

É uma grande tentação fazer dele um homem, e fazer isso pondo abaixo esse homem alto, grande, que envolveu o analista com a armadura estereotipada do homem de negócios bem-sucedido, e torná-lo capaz de entrar em contato com essa mulher esquecida *(the forgotten woman)*, e de chegar a algum estado de bissexualidade integrada dentro dele. E uma grande tentação à luz da história psicanalítica, isto é, a tentação de analisar a psicopatologia. Mas o que se exige do analista, no método analítico, é que ele analise os processos mentais. Esta é a revolução de Bion: analisar a capacidade do paciente para pensar. O caminho para isso é exatamente o que o apresentador segue, mostrando a sua capacidade de pensar baseada em sua própria capacidade de observar a transferência e a contratransferência.

Agora que ele recompensou você, começando a sonhar, é uma grande tentação confinar-se exaustivamente ao exame dos sonhos. Mas não é preciso esperar pelos sonhos, para empregar as técnicas de análise dos sonhos. Tudo o que o paciente disser, que contenha sinais de emoção, pode ser tratado como um sonho, pode ser ouvido como se estivéssemos ouvindo um sonho.

O pequeno trecho sobre o ar-condicionado é um exemplo perfeito de como se pode ouvir como um sonho, e tratar como um episódio da formação simbólica. Acredito, embora não esteja absolutamente seguro, que a melhor maneira de fazer isso é utilizar sua imaginação visual, pois não é por acaso que os sonhos são, em geral, apresentados primariamente como fenômenos visuais. Mas, a partir do momento que você começa a ver a formação visual dos símbolos, começa a perceber a maneira como a linguagem é empregada para ampliar a formação simbólica do visual. Isto é, percebemos o uso dos chistes, dos jogos de palavras, da ambigüidade e equívocos no campo verbal para ampliar a formação dos símbolos no campo visual.

Apresentador: Agradeço mais uma vez a generosidade do Dr. Meltzer de se estender nos comentários. Quando se faz uma supervisão desse tipo, com uma pessoa que pode ouvir dessa forma, temos a impressão de que talvez o supervisor tenha mais condições do que a gente de atender o paciente.

Alguns aspectos que o Dr. Meltzer ressaltou a respeito desse paciente não estão no meu relato, mas correspondem à minha vivência com ele. Um exemplo importante é o fato de ele ser o que o senhor chamou de fraude, farsa: é uma pessoa extremamente sedutora, que cria realmente uma atmosfera pseudo-analítica ou pseudocolaboradora. Também agradeço a sinalização a respeito do resquício psiquiátrico, de ainda lidar com sintomas.

Existem algumas questões que eu gostaria de dirigir ao Dr. Meltzer. Perguntaria qual a relação entre talento e capacidade de sonhar, e como distinguir sonho de alucinação. A questão seria se o talento de um artista estaria relacionado com a capacidade de sonhar da pessoa, e de o analista ser capaz de distinguir sonho de alucinação, no sentido de que talvez existam pessoas que imitem artistas, são *fakes de* artistas e dão formas concretas para as alucinações, e talvez os artistas consigam dar forma também àquilo que se aproximaria do sonho. Eu perguntaria, especificamente em relação a esse caso, se seria possível afirmar que ele não tinha talento. Um último comentário a respeito da discriminação que o Dr. Meltzer faz a respeito de pacientes que não podem ser sinceros, porque não o são consigo mesmos, mas não é um julgamento moral.

D. Meltzer: Suponho que a idéia de se tornar artista deu-se na esfera da fantasia social, de modo não muito diferente de mudar de uma indústria que fabrica X por outra que fabrica Y. Isto é, ele não podia se tornar artista porque não estava apaixonado pela arte. Para um artista apaixonado pela arte, deve ser absolutamente frustrante ver o grande sucesso dos falsos artistas. Deve ser um suplício estar apaixonado por um campo que está nas mãos dos donos de galerias e críticos de arte.

Para as pessoas apaixonadas pela psicanálise, há um problema semelhante, do qual provavelmente ainda vamos falar em algum momento, porque a moda que esse homem representa tem um impacto praticamente irresistível. Quero dizer, a descrição que esse homem faz do pai ("um típico machão sul-americano") poderia ser usada para se referir a qualquer pessoa que sabe funcionar no sistema regido pela moda, em qualquer campo. Parece-me que **esse** homem é um exemplo perfeito de uma importante desordem de pensamento, típica de pessoas cuja incapacidade de pensar fica camuflada pelo fato de serem boas de conversa.

Essas técnicas de confabulação, que acho que ele ilustra, envolvem a linguagem da moda, e também os clichês que os políticos são tão hábeis em usar. Mas quando confrontados com a investigação analítica dos processos do pensamento, e com a necessidade de produzir material analítico e analisável, produzem métodos maravilhosos de confabulação, que têm a aparência de lembranças da infância, como a ilusão de imortalidade da primeira infância. E eles fazem isso de maneira muito especial, de tal forma que nunca se consegue pegá-los com a "boca na botija".

Podem-se estudar os métodos que eles usam assistindo a qualquer debate político na televisão. A maneira pela qual respondem a qualquer pergunta é criando um fundo retórico para respondê-la. Do tipo: "Isso me lembra uma coisa engraçada que me aconteceu outro dia" – e então simplesmente criam uma história que se encaixe nesse contexto, ou apresentam um quadro estatístico, ou criam suas próprias estatísticas para encaixar dentro do contexto. Um bom truque é fazer isso usando trejeitos de sinceridade. Felizmente, é difícil simular sinceridade. Percebe-se isso quando se ouve um programa de televisão ou rádio de uma outra sala: ninguém jamais confundiria o que se ouve com uma conversa entre pessoas normais. *E* inconfundível a maneira como as pessoas impostam a voz, como se estivessem no palco, sendo filmadas e se vendo, ao mesmo tempo. Acho que é uma sorte a sinceridade ser tão difícil de se simular. Nesse aspecto, é bastante claro, por exemplo, o que esse homem diz sobre a mãe: que percebeu que ela nunca foi capaz de ser sincera.

Uma das coisas que intrigou esse paciente, no início da análise, é não ter conseguido compreender que método o analista estava usando, porque não coincidia com nenhuma das preconcepções que ele tinha do método psicanalítico. A sinceridade do método teve um grande poder sobre o paciente. Ele não conseguiu desvendar o que se passava. Teve de depender de circunstâncias, como: "Graças a Deus, seu nome foi indicado por uma pessoa em quem confio tanto." Estava muito confuso pelo fato de que suas preconcepções não se concretizaram.

Desse ponto de vista, toda a análise ilustra uma questão importante sobre como começar a análise e estabilizar a situação analítica. Qualquer pessoa com inteligência e cultura razoáveis vem à análise com preconcepções sobre o método analítico, e essas pessoas produzem, nos primeiros dias, semanas, meses e até mesmo anos de análise, uma transferência falsa, baseada nessas preconcepções. Esse sistema de preconcepções tem de ser desmontado, e geralmente isso se faz explicando o método para o paciente. Chamo isso de "transferência pré-moldada", e exige bastante trabalho desmontá-la para que surja a transferência infantil. Essa parte do trabalho já foi completada com esse paciente, que já se encontra na transferência capaz de ser trabalhada. Quero enfatizar que essa transferência pré-moldada não é a mesma dos pacientes psicóticos *borderline*, que estão vivendo em identificação projetiva. Eles trazem um estado mental que beira a psicose. Talvez você tenha considerado esse paciente como um exemplo de pseudomaturidade, mas de fato *ele é* um exemplo de absoluta falta de maturidade, por estar aprisionado dentro dessa armadura social, que foi construída em torno dele por seus atributos físicos, pela atitude dos pais, e pela cultura na qual esteve imerso.

Em pacientes como esse não vejo utilidade para o termo "imaturidade". Ele não é imaturo, é apenas uma criança. O tipo de fenômeno da personalidade que ele ilustra pode ser visto em quase todos os meninos de seis anos de idade que sejam significativamente mais altos do que os colegas. Está bem descrito como uma armadura social é imposta a pessoas por fatores alheios a elas.

Pergunta da platéia: Quando o analista está desmontando essa transferência pré-moldada, ele já sabe qual é a transferência infantil?

D. Meltzer: Quando você se confronta com a transferência pré-moldada, é necessário usar sua imaginação sobre crianças. Nessa situação, seria indispensável uma experiência de trabalho com crianças, ou com seus próprios filhos, porque você não considerará esses pacientes imaturos, mas como crianças que se comportam como um tipo específico de criança.

SEMINÁRIO CLÍNICO *E*

Apresentador: Quando aceitei a proposta de contribuir com material clínico, propus-me a transcrever de imediato uma sessão. Percebi que meu critério foi escolher uma sessão da qual eu pudesse resgatar parte do que se tinha passado comigo em seu decorrer e também uma sessão cujo clima eu conseguisse transmitir. Creio que o relato, tal como vou apresentar em seguida, presta-se menos a uma discussão profunda do caso do que a funcionar como situação-estímulo para discussão de questões psicanalíticas. Gostaria de oferecer um material clínico de maneira viva, e que o Dr. Meltzer pudesse desenvolver algumas questões de que tratou nos seus estudos do significado clínico da obra de Bion.

Pessoalmente, as questões que me interessam são: primeiro, a questão da visão binocular; segundo, a função alfa operando ao revés e a reversão de perspectiva; terceiro, aquilo que o Dr. Meltzer denomina, no *Desenvolvimento Kleiniano,* volume três, de um duelo de anjos; o duelo entre pensamentos derivados da experiência emocional e antipensamentos, como uma organização inimiga para a criação de mentiras, ou crescimento mental *versus* envenenamento mental, ou, como ele mencionou na conferência *Dream Life,* o duelo entre pensamento *versus* processos adaptativos e contratuais. E, por último, uma das definições que surge num de seus livros: "psicanálise como método de estudo da interação entre essas duas organizações, envolvidas no duelo de anjos, através de transferência e contratransferência, e que revela os métodos mediante os quais se modifica e se evita a dor mental".

A analisanda é arquiteta, solteira, e mora em São Paulo com outra irmã também solteira; o restante da família mora no interior do Estado. Ao chamá-la na sala de espera, minha atenção se volta para o seu traje, pois ela está usando saia, o que é bastante raro nesses seis anos que a atendo. Todo o conjunto da roupa é discreto, apagado, um pouco clássico demais para os seus vinte e oito anos de idade. Nesse momento, já na sala de espera, lembro que ela está para ter uma entrevista profissional por esses dias e imediatamente atribuo o inusitado do traje a esse acontecimento, supondo que deva ser hoje.

Enquanto percorremos os seis a oito metros que separam a sala de espera daquela onde a atendo, minha atenção se volta para suas pernas; as batatas são volumosas e os tornozelos desproporcionalmente finos. Lembro-me dos seus constantes exercícios de corrida e de como ela me parece exagerada e regrada nessa sua prática. Agora, enquanto escrevo estas anotações, percebo que não havia um componente erótico no meu olhar; reconheço também que nada disso é excepcional; mas, ao mesmo tempo, o comum nos nossos encontros é que eles aconteçam de uma forma bastante automatizada e mecânica, aparentemente sem nenhuma emoção.

D. Meltzer: Eu não estou seguro sobre a parte erótica negativa. Para fazer um julgamento erótico negativo, você tem de ter em mente o positivo. O que você diria, depois de olhar os tornozelos, seria: "Que pena essas batatas volumosas!" Se você anda atrás de uma paciente mulher, é difícil evitar o componente erótico no seu olhar; se você anda na frente de uma paciente mulher, você tem problemas na transferência; na escolha entre os dois, é melhor ficar com a contratransferência.

Apresentador: Ao deitar-se no divã, diz que, ao sair ontem da sessão, foi fazer algumas coisas de que precisava e depois, ao chegar em casa, deparou-se com a irmã e os marceneiros que estão instalando o escritório dela. A irmã a aguardava para tomar uma decisão que permitiria dar continuidade à montagem. Segundo ela, ambas teriam começado a brigar com uma violência inusitada, a irmã acusando-a de ser cheia de regras, e regras que só ela tinha na cabeça. Marceneiros e empregada presenciaram a briga, tendo elas, a sós, chegado à agressão física. A mãe foi envolvida por telefone e disse que, se elas fossem casadas, essa era a hora de começar a pensar em divórcio.

"Não poderemos mais morar juntas (diz ela), se essa ruptura acontecer mesmo será a primeira na família. Não quero morar só, fui atrás dela e pedi para não nos separarmos por enquanto". Todo o relato é feito de forma emocionada, chorando e parecendo-me assustada com o que me conta. De certo modo, distoa de outros relatos de desavenças que já ouvi dela, nos quais predominava um tom de acusação e desprezo, agora não tão evidentes. Lembro também que o projeto desse escritório de trabalho foi um presente da paciente à irmã, que ficou muito satisfeita, enquanto ela própria estava apreensiva com os resultados da execução.

D. Meltzer: Escritório do quê? Ela também é arquiteta?

Apresentador: Ela é professora de literatura; tem uma vida universitária.

Lembro, então, que essas brigas eram freqüentes há alguns anos e foram o motivo para a procura de análise. Estará presente nesse momento uma queixa da análise, de que nada mudou? Ainda não sei o que dizer, e penso na acentuada ambivalência dessa relação. Também eu me acostumei a ver que ela vem regularmente, não falta e não se atrasa, mas com freqüência acaba por me mostrar que não a ajudo ou, às vezes, até atrapalho. Percebo a ambivalência presente em seu relato, mas ainda não sei como me aproximar de uma situação que desperta emoções tão intensas, arraigadas e da intimidade delas duas, *e que* continuam a ser experimentadas ainda agora, quando está comigo e relata o episódio.

Após alguns minutos, acrescenta, ainda chorando, que nem sabe o motivo da briga, mas certamente não foi devido aos móveis; e também menciona, como a mim ocorrera, que uma briga assim fora motivo da procura de análise. E continua dizendo: "Mas a nossa relação hoje não se resume ao que aconteceu agora. Na semana passada, fomos fazer compras para casa e ela me comprou dois pequenos vasos de flores, dizendo que era um para cada ponto que eu tive que dar na perna quando tirei a verruga".

Esse episódio é narrado com muita emoção, apresentando-me uma irmã capaz de expressar-se amorosamente através de um gesto singelo. Lembro-me, com simpatia pelo gesto, que essa irmã é professora de literatura e poesia, e agora me vejo emocionalmente mais participante da situação e percebo que gostaria de dizer algo que pudesse servir à analisanda, e digo: "Parece que esse amor que você me faz perceber que existe entre vocês não consegue neutralizar ou impedir o ódio, que quando surge assusta e faz você preferir que não fosse tão intenso; talvez todo esse amor até o incremente".

Em seguida a analisanda volta a falar da briga: "O que mais me magoou foi quando ela disse que ela é que ficaria no apartamento, pois eu tinha para onde ir. Ela estava se referindo ao apartamento do meu namorado, e por isso fiquei com muita raiva, ela percebeu e ficou repetindo isso várias vezes. Ora, não tem nada a ver, eu às vezes passo o fim-de-semana lá mas não é simples, não é a minha casa, não tem nada a ver mesmo".

Tudo isso me causa uma certa estranheza, pois o relato da briga retorna mais ou menos igual, como se ela não tivesse sido afetada pelo meu comentário que assinalava ambivalência. Também não percebo imediatamente por que é tão ofensivo que ela tenha um namorado enquanto a irmã não tem. Começo a pensar que voltamos para onde estávamos, que a própria análise, e não só a sessão, não progride, sempre com as mesmas queixas, com o mesmo ritmo regrado das sessões. Penso em sua vida pessoal, profissional e nas relações amorosas, que também parecem ficar sempre no mesmo lugar, seguindo a pauta de repetir o mesmo. Procuro expressar isso, dizendo algo assim: 'Percebo que você veio aqui e falou comigo durante toda a sessão sobre essa briga, e o fez com muita emoção, mas vejo que está difícil você se dar conta de que está aqui, próxima de mim e também de você mesma. Parece que lhe é penoso perceber-se tendo uma análise que lhe traga um desenvolvimento e uma diferenciação em relação aos outros, e que, por conta desse desenvolvimento, você tenha uma vida afetiva com um namorado, talvez uma outra casa e uma profissão na qual pode criar e até presentear os outros".

Essa foi a segunda e última intervenção que fiz na sessão, e a sessão acabou.

D. Meltzer: Como tantas relações conjugais que são relatadas no consultório, parece uma tempestade em copo d'água, cujas origens estão na transferência. O problema provavelmente não é que ela tem um namorado, o problema entre essas duas irmãs provavelmente é um problema edípico. A mãe parece lidar com elas de uma maneira meio irônica, como se elas fossem casadas uma com a outra; e diz que, se elas fossem casadas, seria o momento de pensar em divórcio. Leio isso como uma mãe falando para suas filhas "Quando é que vocês vão parar de brigar sobre quem é a amante do papai?".

Eu imaginaria que o problema é que a paciente tem pouca compreensão da situação da transferência dela para você, que é uma dessas pacientes cuja vida é tão exteriorizada que ela o mantém numa posição de conselheiro psicológico, sem qualquer noção de que entre vocês dois está se dando uma relação de intimidade.

Temos quatro pessoas envolvidas aqui, ela, a irmã, a mãe, e o namorado; e tudo isso é, de alguma forma, *atuado*. A irmã acusa-a de ser cheia de regras. E você com certeza concorda que ela age na transferência como uma boa moça que segue as regras. A questão é: "Quem fez essas regras que ela segue com tanta devoção?" Eu gostaria de investigar isso, se essas regras são supostamente regras do analista ou se são as regras dela, que ela usa para governar seu comportamento.

A outra variação na situação é que ela vem para a sessão vestida de uma maneira que você obviamente acha pouco atraente. Você classifica a roupa dela de despretensiosa, chata, clássica demais, claramente tão pouco atraente como as batatas volumosas. Isso me parece a sua maneira de negar a transferência erótica. Está na mesma categoria que a corrida que ela pratica, que tem, para ela, algum significado que não está claro, mas ela provavelmente percebe que tem o efeito de engrossar as batatas das pernas.

Não tenha dúvidas de que ela e a irmã não só se gostam muito, mas têm também o hábito de expressar esse afeto e generosidade. Mas há outra dimensão nessa relação, que é a da rivalidade. Ambas são profissionais, e a atitude das duas sobre a importância relativa das profissões depende provavelmente de quanto dinheiro cada uma ganha. Se ela mora com a irmã numa condição de tanta intimidade, passar o fim-de-semana com o namorado dá a impressão de ser um ato de infidelidade, e não só de infidelidade, mas de chocante infidelidade. Não sabemos se a irmã também tem um, dois ou dez namorados; então, não conhecemos o outro lado; talvez a terapeuta conheça.

Também nos contaram que essas brigas a trouxeram para a análise, muito parecido com um conflito conjugal. Poderíamos presumir que esse namorado faça parte do plano para construir uma vida diferente para ela, mas, por outro lado, é bastante claro que ela tem muito medo de ficar "sozinha", como ela mesma disse. Ela não pode ver a casa do namorado como sua. Então penso: o que significa essa relação para ela? Ela se recorda de que esse escritório foi planejado como um presente para a irmã, que gostou muito, mas ela tinha dúvidas sobre o resultado da instalação. Vejo isso como se esse presente tivesse o significado de uma reparação, embora contenha muita ambivalência, que provavelmente se expressa através das dúvidas da paciente sobre as qualidades estéticas da obra.

Ela diz que nem sabe o motivo da briga; com certeza, não tinha nada a ver com o armário. Ela mencionou que esse é o tipo de briga que a trouxe para a análise., e o analista sente que é uma crítica a ele.

Em seguida vem um item que acho mais interessante do que qualquer outro nesse relato da sessão: "A semana passada fomos fazer compras e *ela me* comprou dois vasos pequenos para flores, dizendo que estava me dando um para cada ponto que eu tinha na perna, da remoção de uma verruga. "Parece um presente muito ambivalente, um lembrete de que a paciente tem verrugas na perna.

Do ponto de vista analítico, interessa o fato de que o analista sente que não lhe está sendo permitido pensar ou ter alguma coisa interessante para dizer. Estou tendo a mesma dificuldade. Sempre cai mal a gente falar em tédio, mas acho essa sessão absolutamente entediante. É entediaste porque a paciente não permite que o analista se interesse por nada. Talvez o analista não perceba que teve um interesse. Ele se interessou pela maneira como ela se vestiu hoje, se interessou pelas batatas das suas pernas e pela conexão entre elas e a corrida. Isso implica uma situação transferencial provavelmente planejada para produzir tédio; isto é, a paciente se faz pouco atraente, de um modo que também se torna desinteressante.

Como interpretar coisas desse tipo? Creio ter percebido que isso não é uma experiência nova para a paciente, isto é, de ela engendrar tédio no analista e engendrar uma aversão erótica em relação a ela.

Há aqui um problema de contratransferência. É a questão do analista homem diante de uma paciente de meia-idade, solteira, e pouco atraente. Ela não é de meia-idade; tem só 28 anos. O que acontece nessas condições é que a situação da contratransferência criada pela paciente, que está desesperada com sua condição de solteira e tem a convicção de que não há homens interessados nela, provoca um impacto sobre o analista, como se ele fosse um pai que ela espera que lhe consiga um marido. E são surpreendentes as maneiras pelas quais isso pode ser atuado, como se você pudesse promover encontros entre seus pacientes solteiros.

O que estou sugerindo é que esse tipo de tédio (e a paciente se comporta como se fosse uma mulher de meia-idade, no fim da sua época de reprodução, quase sem esperanças) cria um problema de contratransferência que se manifesta culturalmente através do casamento arranjado. O casamento arranjado é universalmente uma catástrofe, ao menos para um dos envolvidos, quando não para ambos. Mas pessoas de regiões onde esse tipo de casamento é muito praticado, como na Índia, dizem que os casamentos resultantes não são piores que os do Ocidente, onde se espera que os vínculos comecem com paixões sexuais.

Na minha experiência com pacientes que lamentam sua condição de solteiros, descobri quase sempre que havia um problema secreto de sexualidade perversa. Às vezes, é surpreendente que se possa encontrar o mesmo problema em mulheres excepcionalmente atraentes, que relatam constantemente que nenhum homem se interessa por elas. Parece-me um problema de desenvolvimento relativo ao período de latência, esse aspecto que parece incluir os sentimentos. Há um poema infantil que começa:

"Se ninguém se casasse comigo,
e não vejo por que alguém deveria,
pois a babá disse que não sou bonita,
e raramente sou boazinha."

Essa é a fala de uma menina de oito anos, provavelmente muito boazinha, mas também muito cheia de segredos. É **esse** tipo de atmosfera de sexualidade secreta que acho que exige penetração e exploração analítica.

Nesse material, é a irmã que está reagindo à sexualidade da paciente, a seus arranjos sexuais com o namorado. Eu gostaria de saber como as duas lidam com isso e como era antes do namorado, em relação à masturbação secreta delas, secreta uma em relação à outra; mas de algum modo não é segredo para a mãe, que parece convencida de que elas têm uma relação lésbica.

É uma sessão chata, com o intento de entediá-lo e de impor-lhe a função de arranjar um marido para ela, e, se você não puder encontrar um marido para ela, então que você seja o marido. Por outro lado, serve para fazê-lo se sentir culpado por não achá-la atraente. Nada disso é muito interessante e certamente não responde a nenhuma daquelas questões biônicas que o analista quis me dirigir. Não temos nenhuma informação sobre a natureza da formação dos símbolos nessa paciente; se ela sofre de reversão da função alfa e da correspondente tendência à formação delirante. Ela me parece uma criança de latência comum, uma boa menina obsessiva, cheia de segredos. Acho necessário que o analista assuma seriamente a sua responsabilidade de fazer uma análise numa situação de pouca cooperação por parte dela, com constantes queixas de falhas e de fracasso.

Essa discussão sobre marceneiros, gabinetes, móveis parece ter a ver com sua ansiedade sobre o analista pôr fim à sua análise. O analista diz: "Eu também não entendo imediatamente por que seria tão ofensivo ela ter um namorado e a irmã não." Ele realmente não está pensando nas irmãs e na rivalidade que existe entre elas. Eu sugeriria um retorno a "A Megera Domada", de Shakespeare, para ver como é terrível uma irmã ter namorado e a outra não.

Também não compreendo por que você está surpreso por ela não ter respondido às suas interpretações sobre a ambivalência, e empatizo com você quando sente que ela o empurra para um terreno delicado, sobre a questão de ela ter um namorado e a irmã não. E é difícil para ela se dar conta de que está aqui, próxima de si mesma e de você, enquanto você se queixa de que ela gastou a sessão inteira falando sobre a briga, e reclama porque ela falou com muita emoção.

Acho que o analista adentra a um terreno necessário, mas também bastante perigoso, quando a convida a perceber que eles estão tendo uma relação íntima. E ele diz: "Parece doloroso para você se perceber em uma análise que implicará um desenvolvimento e uma diferenciação em relação aos outros; por causa desse desenvolvimento, você terá uma relação afetiva com um namorado, talvez uma outra casa e uma profissão, na qual você poderá criar e até mesmo dar presentes para os outros."

O que o analista faz, e acho que já é por desespero, pois a sessão está no fim, é convidar a paciente a perceber como essa relação é próxima e íntima, para logo em seguida empurrá-la para longe. É um comportamento paternal, o de convidar a filha para a intimidade e depois mantê-la a distância com o braço, como que dizendo: "Agora, vai fazer com seu namorado!"

Minha impressão é que o analista está um pouco perdido com essa menina em latência, com sua obsessão, seu controle, sua profissionalidade e sua maneira de se fazer tão pouco atraente. Isso não responde a nenhuma das suas questões.

Desculpe-me por decepcioná-lo.

Como eu disse, o problema dos pacientes chatos, que é um aspecto de quase todos os pacientes obsessivos, *é que* apresentam problemas graves de contratransferência. Se não encontrar um jeito de falar sobre isso com sua paciente, você encalha em uma análise interminável, que acaba em exaustão mútua. Você tem de falar frontalmente sobre isso, porque não pode ser tratado como um segredo. Esses pacientes defrontam-se com esse problema em todas as suas relações sociais: não são convidados para isto ou aquilo, as pessoas não querem sentar-se ao seu lado, as pessoas não falam com eles, quando eles as convidam, as pessoas arrumam desculpas para recusar. Estão constantemente esbarrando com o fato de serem social e sexualmente pouco atraentes, mas têm esse jeito maravilhoso de transformar tudo isso no segredo que o analista mal tem coragem de investigar. Embora isso seja um fenômeno de personalidade, como qualquer outro, há algo em nossa cultura que dificulta essa investigação, da mesma maneira que é difícil mencionar para um paciente que ele cheira mal (e alguns pacientes fedem mesmo, você tem de abrir a janela quando eles saem), e é preciso ter a coragem de quebrar esses tabus sociais, mencionar e insistir para que isso seja investigado.

Apresentador: Nesses anos todos, a analisanda nunca se queixou de não ter namorado, embora ela tenha tido, eu acho, dois ou três namorados.

D. Meltzer: Durante a análise?

Apresentador: Durante a vida. De fato, houve momentos nesses anos em que eu me perguntava se ela não pensava em ter um namorado, porque ela não dizia nada a respeito, nem como queixa, nem como expressão de desejo. Tenho a impressão de que introduzir isso sempre desperta em mim uma enorme resistência, ou seja, uma preocupação e uma certa relutância em falar.

D. Meltzer: Sugiro que você mergulhe nisso, você não pode tratar como se fosse um assunto intocável,

Pergunta: O que você pensa do fato de ela ser arquiteta?

D. Meltzer: Não penso nada, acho que é urna dessas atividades quase artísticas que atraem pacientes obsessivos, pelo desenho da arquitetura com os instrumentos etc.

Apresentador: Ultimamente, mesmo essa atividade ela tem empurrado para o lado menos artístico.

D. Meltzer: Naturalmente para o lado da engenharia.

Apresentador: Engenharia ou computação. Um outro exemplo desse quadro é que essa pessoa praticamente não tem vida social.

D. Meltzer: Tenho certeza disso.

Apresentador: E mesmo essa corrida, que é uma atividade à qual ela se dedica com afinco, ela conseguiu dar um jeito para que não ficasse sujeita às intempéries. Em termos práticos, ela comprou uma esteira e não fica mais sujeita a deixar de correr.

D. Meltzer: Seu senso estético é mesmo pouco desenvolvido.

O meu ponto de vista é que você tem de reconhecer que é um mistério uma mulher se sentir pouco atraente sexualmente, e você deve se perguntar: "Como ela consegue?" Quando você olha para a diversidade de roupas femininas, as oportunidades que as mulheres têm de mudar, de interferir na própria aparência; quando você esquece o estereótipo das passarelas da moda e anda, por exemplo, pelos museus e vê a variedade de formas da beleza feminina (não há mulheres mais bonitas do que aquelas que Rubens pintou), percebe que, para uma mulher se sentir pouco atraente, ela tem de ser incapaz de se imaginar nua, deve estar presa naquele tipo de distorção da percepção dos homens, como se eles não estivessem constantemente tirando a roupa delas.

É um enigma imaginar como uma mulher tolera sentir que nenhum homem a acha atraente, e é preciso apresentar isso à paciente como um enigma. Que tipo de idéia terá ela sobre a beleza feminina e da relação disso com a sexualidade, para levá-la a pensar como as menininhas que acham que ninguém vai querer casar com elas porque elas não são bonitas?

Com essa paciente, você terá de entrar nessa intensa competição surda entre ela e a irmã, e isso vai levá-lo aos segredos da erotização do relacionamento entre elas e a uma avaliação de quanto estão se exibindo uma para a outra e excitando as respectivas curiosidades. Num certo sentido, não adianta falar em ambivalência, a menos que você investiga os modos pelos quais isso é implementado para se torturarem mutuamente.

Pergunta da platéia: Ela tem mais irmãs ou irmãos? Com que idade, e com que finalidade ela veio para São Paulo? Veio antes da irmã?

Apresentador: Ela veio para São Paulo para fazer a faculdade junto com a irmã, não sei se antes ou depois; elas têm uma diferença de idade muito pequena.

D. Meltzer: Mas quem é a mais velha?

Apresentador: Ela é mais nova, e elas têm dois irmãos mais velhos, que moram com os pais.

D. Meltzer: Uma das razões pelas quais eu não peço muito material histórico nesse tipo de seminário é porque isso induz à explicação e a uma abordagem explanatória da transferência, em vez de uma investigação. "O caminho para explorar a transferência é sempre baseado naquilo que se observa, e não no que o paciente diz". Não se pode confiar no que um paciente diz, em geral resumidamente, sobre a sua vida fora do consultório ou sobre a história da sua infância, mas aquilo que se pode observar tem um valor factual confiável como um instrumento para a investigação da transferência. Por exemplo, com uma paciente como essa eu tenho certeza de que você vai achar, se a observar cuidadosamente, uma série de truques de sedução engenhosos, tão secretos que nenhum homem teria a menor noção disso no cotidiano, mas que se fazem visíveis no consultório, pela maneira como a paciente se movimenta, se deita, as posturas que assume etc. Parece-me que a sua atitude antierótica com relação a ela, ou às batatas das pernas dela, deixa você pouco disponível para perceber os movimentos sedutores que ela faz.

Pergunta da platéia: Por um lado, parece que ela se acha pouco atraente como mulher, mas, por outro lado, quando ela desperta algum tipo de observação ou sentimento no analista, que nota as curvas da sua perna, ela começa uma sessão com uma choradeira de criança, cortando o barato. E quando depois o analista se interessa, se emociona, e faz uma interpretação, ela, de novo, corta. Então, a minha pergunta é: o que ela fez com esse analista, que começou potente e no fim se sentia impotente?

D. Meltzer: Tenho a certeza de que ela pratica ampla gama de estratagemas para afastar os homens. Faz parte do trabalho do analista observá-los, descrevê-los para ela e investigá-los. A descrição que o analista fez da maneira como a paciente se vestia naquele dia mereceria uma investigação: "despretensiosa, sem graça, um pouco clássica demais para seus 28 anos". Por que alguém se veste como uma apagada mulher de meia-idade, quando só tem 28 anos?

Pergunta da platéia: Gostaria de lhe perguntar como a história entra na psicanálise. Acho que temos várias histórias: a história transferencial, o desenvolvimento da história na transferência da sessão e temos também uma história quando tomamos um paciente em tratamento. Gostaria de ouvi-lo mais sobre as diferentes histórias e sóbre a possibilidade de usá-las para o desenvolvimento da análise.

D. Meltzer: Meu conselho é que não se pegue a história, porque é só um fragmento da mitologia. Você não pode impedir um paciente de contar a sua história, mas quando ele conta sua história, está expressando o que chamo de *transferência pré-formada*. Não é preciso uma investigação profunda para perceber que o paciente está tentando programar o analista quanto ao modo como quer ser entendido. O que digo para o paciente é que não estou interessado na história dele (aliás, não acredito em nenhuma palavra desses relatos), e tenho plena convicção, a partir da minha experiência, de que a história vai mudar até o final da análise. Mas acho que devemos investigar, desde o começo, as indicações da transferência inconsciente, e isso não depende do que a paciente conta, mas sim daquilo que você observa. Surpreendentemente, os pacientes acham muito interessante o fato de que você os está observando e pensando neles, e não esperando que eles contem coisas. Eu nunca fico preocupado por não saber fatos sobre o paciente: isso é tão irrelevante quanto ele não saber nada sobre mim.

Um dos fenômenos que você descobre, quando começa a receber pacientes que tiveram outras análises, é como se ouve pouco sobre as análises anteriores. É como se a pessoa da análise anterior desaparecesse, enquanto o processo da transferência que começou com o analista anterior subitamente reaparece no seu consultório. Eu não pensaria em analisar a relação de um paciente com um analista anterior, como também não pensaria em analisar a relação do paciente com a mãe e o pai, porque também os considero como processos da transferência que, com o tempo, vão reaparecer no meu consultório. As coisas horríveis que você ouve falar sobre os pais são equivalentes às coisas horríveis que você ouve falar dos analistas anteriores, e eu os aconselho a não acreditar em nenhuma palavra sobre isso. Não significa que não seja verdadeiro, mas isso não é da sua conta. Seu serviço é prestar atenção àquilo que está acontecendo no seu consultório de sessão para sessão, prestar atenção à transferência e à contratransferência. Com uma paciente como essa, a transferência é o seu único indicador confiável da natureza dos problemas analíticos, isto é, que ela é uma paciente apagada, chata, sem graça, que usa estratagemas para se tornar pouco interessante.

Pergunta da platéia: Dr. Meltzer, penso que um dos problemas que temos quando tentamos falar de psicanálise (e esse é um problema que eu vejo na Sociedade e quero apontá-lo de novo aqui) é que alguns nomes, como teoria da transferência e contratransferência, por exemplo, que são pilares do trabalho psicanalítico, me dão a impressão de que cada um que os usa tem um conceito em mente. Por exemplo, *parece-me,* pelo seu uso do termo transferência, que o senhor *se refere à* atenção para a relação de intimidade entre a analisanda e o analista, e para a emoção decorrente na sessão. E que há pouca preocupação se isto é revivido ou vivido.

D. Meltzer: Absolutamente pouca. Estou pouco preocupado com aquilo que é revivido. Estou convencido de que todo o processo de viver tem essa natureza circular, espiralada, que isso é sempre vivido e revivido em diferentes dimensões de tempo.

Continuação da pergunta anterior: Nesse sentido, e estou satisfeita com a sua resposta, eu lhe pergunto ainda se não seria desnecessário apontar a revivescência, ou melhor, que isso acontece agora como aconteceu lá, então. E uma outra questão é se o senhor acha que há um campo na análise para o vivido, para algo novo que não foi vivido antes.

D. Meltzer: Realmente não sei. Parece-me provável que, à medida que se progride na análise, o paciente começa a ter experiências que nunca teve antes. Mas tenho a certeza de que os pacientes nunca tiveram, antes, uma outra pessoa que se interessasse e conversasse com eles sobre as coisas de que falam.

Análise é um processo humano extraordinário e as pessoas ficam ligadas.à análise não pelas qualidades do analista, mas pelas qualidades desse método extraordinário que Freud inventou, e até algum ponto desenvolveu, mas que continua em desenvolvimento. E quando se chega ao fim de uma análise, descobre-se que o mais difícil para o paciente é abrir mão desse método, não da pessoa do analista. Quanto à repetição, se você fosse completamente honesto, ao interpretar para um paciente a repetição do passado, você deveria falar numa repetição de algo que ele disse que aconteceu no passado. E não adianta trabalhar com o que você ouve falar.

Pergunta da platéia: Eu queria perguntar se o senhor não teria alguma coisa para dizer sobre a rivalidade com a mãe, que se esconde por trás dessa rivalidade entre as irmãs.

D. Meltzer: Sim, a rivalidade entre irmãs é sempre, na minha experiência, derivada do complexo de Édipo, se é isso que você quer dizer.

Pergunta da platéia: Eu pensei nesses pontos na perna como um tipo de objeto combinado.

D. Meltzer: Poderia ser. Se fosse um sonho, você com certeza poderia dizer isso, mas eu hesitaria em ouvir isso como um sonho, porque foi a irmã que fez o gesto, e não a paciente. Eu pensaria que provavelmente essa irmã acusa a paciente de ter roubado os seios da mãe e não deixar nada para ela.

Seminário Clínico F

Apresentador: Trata-se de uma moça, de 29 anos, que se encontra em análise comigo há alguns anos.

D. Meltzer: Quantas vezes por semana?

Apresentador: Quatro vezes por semana. Há um ano passamos, por sugestão minha, para quatro sessões semanais. É solteira, os pais são separados. Há mais dados da história, mas talvez eu pudesse deixar para depois.

D. Meltzer: Sim. Vamos ver o material clínico.

Apresentador: É uma sessão de sexta-feira, reposição da sessão da segunda-feira. É a primeira semana de análise após as férias. Havíamos combinado essa reposição ainda antes das férias, porque eu reiniciaria meu trabalho na terça-feira.

D. Meltzer: Então, é a reposição da segunda anterior.

Apresentador: Sim. Chegou dizendo que quase não vinha hoje, pois havia esquecido. Diz: "De repente, abri minha agenda e vi o horário lá. Então, telefonei para confirmar e decidi nem ir trabalhar à tarde". Suspira e, num tom entusiasmado, diz: "Não parei o dia todo. Vamos ver no que vai dar. É bom fazer tanta coisa, assim não fico deprimida." Nas sessões anteriores, o clima era o que ela chama de depressão. Continuou seu relatório acerca do trabalho.

D. Meltzer: O que é esse trabalho?

Apresentador: Ela é artista plástica, está fazendo ilustrações para capas de cadernos, agendas, calendários, a partir de seus próprios trabalhos. Os motivos são variados, alguns foram extraídos de fotos artísticas que ela mesma tirou.

Ela continua seu relato, mencionando que tem de providenciar embalagens, e tem muito a fazer.

Logo ela interrompe e diz: "Hoje tive novamente o mesmo sonho. Sonhei com um homem, outro homem parecido com o João" (fazendo menção a um homem bem mais velho do que ela, com quem teve um início de relacionamento amoroso), "eu estava em um bar, num lugar com muitos homens, nua, seduzindo a todos, mas me sentindo muito mal com tudo aquilo."

D. Meltzer: Os homens não estavam nus?

Apresentador: Não, só ela! "Aí, surgiram Pedro e Vera" (um casal de amigos aos quais ela sempre se refere) "que me cobriram com um casaco e me levaram embora."

D. Meltzer: Isso aconteceu num bar ou numa piscina?

Apresentador: Num bar. Ela continua: "Eu que pensava que ultimamente andava mais calma. O meu amigo (com quem ela realiza esse trabalho) comentou nesse fim de semana que dei em cima..."

D. Meltzer: Ele é um parceiro sexual?

Apresentador: Não. Continua dizendo: "dei em cima de fulano, beltrano, eu nem percebo." Digo-lhe que o que me chama a atenção é ela não poder parar, para não se deprimir. "Você tem de tomar muitas providências. No seu sonho, quando você aparece nua, sugere-me mais uma situação de desproteção, e não uma situação sexual. Você imagina que, se der em cima, vai obter tudo aquilo de que necessita".

D. Meltzer: E uma boa interpretação essa, que procura estabelecer uma diferenciação entre ela estar nua defensivamente ou sedutoramente. Porque, no sonho, Pedro e Vera jogam um casaco para protegê-la. Então, parece que ela está ouvindo do sócio que não se deu conta de como se comporta de maneira sedutora. Claro, isso não quer dizer que tem de ser necessariamente uma coisa ou outra, sedução ou vulnerabilidade. Pode ser as duas.

Apresentador: Ela faz uma pausa longa, e momentos depois diz que estava maquinando acerca de seu trabalho, as providências do seu programa daquele dia. Enumera várias das suas atividades. Digo-lhe que, de fato, como ela mesma mencionara no início: "Você não pode parar, se não vai se deprimir. Acho que conversávamos a respeito de algo próximo à sua pessoa, e você rapidamente cortou e substitui por todas essas providências. É possível que os inúmeros casos, homens, namoros, não sejam diferentes disso, não expressam um interesse genuíno por algum parceiro".

D. Meltzer: Essa atividade de tirar fotos, essas agendas e esse sonho, em que é sedutora com os homens no bar, sugerem uma situação de identificação projetiva, dentro da vagina da mãe, com pênis por tudo quanto é lado, com vários homens entrando sucessivamente nessa mãe. Isso sugere uma referência às férias, mudança do dia da sessão e coisas que possam estar se passando na transferência. Talvez uma analista prostituída.

Apresentador: Continuando, ela diz: "É verdade. Hoje aprontei uma grande confusão." Conta que reuniu um grande número de pessoas para determinado programa noturno. "Parece que precisei juntar todos os meus amigos para não parecer que eu chegava sozinha nesse local." A sua comunicação é bastante longa, detalhada, nomeia os amigos e o local. O programa é o seguinte: eles iriam dançar no bar de um amigo e havia um clima ligado ao encontro nesse bar.

D. Meltzer: Parece que ela está num tipo de mania ninfomaníaca. E que requer o que os alemães chamam *Gupersech.*

Apresentador: Digo-lhe que a confusão que armou foi aqui. "Você armou uma confusão com todas essas pessoas, talvez como uma forma de não ficar na situação". Parece que, nesse momento, ela se dá conta do que estou lhe comunicando. Então, retomo o sonho, dizendo-lhe que a imagem da mulher nua em meio a todos aqueles homens é mais uma necessidade sua de ser alguém interessante, alvo de todas as atenções, para sentir que existe, que é alguém. Lembrava-me a imagem (e talvez eu tenha comunicado isso a ela) de uma criança pequena que precisa ser alvo de todas as atenções dos adultos.

D. Meltzer: Acho que é importante interpretar a transferência no sentido da transferência infantil, de que ela é uma menininha no meio de uma festa de adultos, que começa a tirar a roupa para chamar a atenção, e que isso pode acontecer. Essa linha de interpretação, de que tal mania é uma forma de defesa contra a situação analítica, é dúbia, porque talvez seja uma manifestação da forma como ela está envolvida na situação analítica, que está muito excitada de estar de volta na vagina desta mãe prostituta.

Apresentador: Eu disse: "Parece que você não sente ter nada, dentro de si, que lhe dê a noção de que você existe; então, acaba armando uma série de confusões, envolve pessoas, se expõe, pois precisa ser o alvo de todas as atenções, para que possa se sentir com uma existência própria. De qualquer forma, o casal do sonho, que surge e a cobre, protege você. Penso que diz respeito a alguma percepção da sua parte, de que pode se cuidar através da conversa aqui.

E ela diz: "É, eu faço assim mesmo." Referindo-se à confusão.

D. Meltzer: Ela é uma paciente que se sente bem armando confusão social, porque é uma pessoa mentalmente confusa. Mas desfrutar desse estado leva à formação de grupo, porque é mais confortável ficar confusa num grupo do que por si mesma, sozinha.

Apresentador: Então, ela começa o relato da seguinte situação: um fornecedor acabou se tornando mais maleável nas negociações devido a uma atitude do seu sócio, que entabulou toda uma conversa sobre assuntos em comum. Ela e o sócio tinham ido conversar a respeito de um problema de trabalho, mas a pessoa não queria atender algumas solicitações deles. Durante a conversa, o sócio percebeu que tinha interesses comuns com essa pessoa. Então, bateram um longo papo, e o fornecedor aos poucos foi-se interessando pelos dois e *eles* conseguiram o que queriam.

D. Meltzer: Eles encontraram um simbolismo comum.

Apresentador: Ela diz: "Aquilo aconteceu naturalmente. "Faz uma comparação entre a atitude do amigo e a dela. "Eu não sou como ele. Logo tento seduzir para obter o que quero." Fica perplexa ao ver que poderia ser diferente.

D. Meltzer: Parece que ela está dizendo que: O meu amigo está interessado nesse simbolismo comum, mas eu vou direto para o pênis.

Apresentador: Digo que talvez ela estivesse sentindo que a nossa conversa também tem esse teor. Foi acontecendo e agora talvez se sinta mais à vontade, sem precisar tomar tantas providências para não se sentir ameaçada.

D. Meltzer: Talvez seja verdade que ela está se sentindo mais confortável com você, porque você é como o amigo, está interessada no simbolismo e não fica excitada com todos os pênis que estão por aí.

Apresentador: Nesse momento, ela comenta que se lembrou de um de seus trabalhos, que continha uma foto, cuja forma sugeria um palhacinho todo alegre, que parecia estar dançando. Agora, num tom mais deprimido, diz: "Lembrei-me de uma imagem de uma das fotos que parecia um homem se agarrando em alguém para não afundar. Era um desenho que parecia um homem se agarrando em outro homem, para não afundar."

D. Meltzer: Um famoso poeta inglês escreveu: Eu não estava acenando, Eu estava pedindo socorro.

"Eu estava bem longe a minha vida toda, eu não estava acenando, eu estava pedindo socorro" – o que retrata essa oscilação da mania para a claustrofobia, numa depressão.

Apresentador: Seu tom de voz está bem mais deprimido. Parece, de fato, em contato com o que estávamos conversando nesse momento. Digo-lhe que as imagens que traz através dessa lembrança parecem sintetizar a nossa conversa. "E possível que essa imagem do homem se agarrando em alguém para não afundar esteja próxima de como você realmente se sente. A imagem do palhacinho é contrastante." Digo-lhe alguma coisa sobre o palhacinho ter a função de impedir a depressão.

"Parece que hoje estamos podendo conversar a respeito de tudo isso. Acho que os homens talvez tenham essa função, de algo a que você possa se agarrar, para se sentir alguém. É possível que, como disse no início, ao se lembrar do horário e desmarcar todo o trabalho para vir para cá, isso ocorra porque tal experiência, para você, é diferente de todas as atuações nas quais se tem envolvido. Aqui você pode pensar, e não apenas repetir tudo isso, como vem fazendo há muito tempo.

D. Meltzer: Acho uma boa intervenção, que pega a oscilação entre a mania e a depressão, e levanta questões sobre se essa atividade comercial não seria essencialmente uma atuação. Não dá para não sentir que dessa atividade de tirar fotografias emerge alguma coisa muito pornográfica.

Apresentador: Eu queria fazer um comentário. A análise é paga pelo pai e ela alega problemas econômicos. Ultimamente, o trabalho com essa paciente estava muito parado. Ela tinha queixas constantes de que não se modificava, que não se desenvolvia. Propus, então, apesar dessa sua dificuldade financeira, que fizéssemos uma quarta sessão, e sugeri que ela talvez pudesse providenciar para que ela mesma se encarregasse do pagamento dessa quarta sessão. A situação deste trabalho está um pouco nesse contexto.

D. Meltzer: As dificuldades financeiras estão ligadas a dificuldades financeiras do pai?

Apresentador: Sim.

D. Meltzer: Isso é o que ela conta. Quando, naquela situação meio parada, você propõe que ela faça uma quarta sessão e pague fazendo ela própria algum tipo de trabalho, você está se comportando de uma maneira que provavelmente sugere que você não acredita que ela esteja com dificuldades econômicas.

Essa posição parece bastante precária e pode colocá-la sob uma luz mercenária, como se você a estivesse convidando a fazer um *trotoir,* o que pode contribuir para esse tipo de transferência, na qual você é uma mãe-prostituta. É preciso cuidado na maneira de administrar a questão do dinheiro em análise. Se você acreditou que existem dificuldades econômicas, não compreendo por que não insistiu para ela pagar uma das três sessões já existentes, e propôs uma situação nova para o pagamento da quarta. Mas por que você solicitou uma quarta sessão?

Apresentador: Como uma tentativa de criar melhores condições para que o trabalho pudesse talvez se desenvolver. Acho que, de fato, estava muito parado e com a constante queixa dela, formou-se um círculo vicioso.

D. Meltzer: Difícil ver a lógica disso. Posso acreditar que houve uma revitalização no trabalho, mas não tenho certeza de que foi de uma boa forma. É uma situação que se presta para a atuação de identificações projetivas. Como o amigo dela entrou na Sociedade?

Apresentador: Eu não saberia especificar, foi uma situação casual. Pela primeira vez, ela se espanta de poder ter um relacionamento não amoroso com um amigo.

D. Meltzer: Ela teve um relacionamento sexual com esse amigo do tio, com quem teve um caso amoroso incipiente?

Apresentador: Não. Há um outro dado que eu gostaria de mencionar: a paciente se *refere* à mãe como alguém excessivamente ligada a assuntos sexuais.

D. Meltzer: Então, agora temos a cena para as fotografias: *o voyeurismo* da relação da mãe com os vários pênis, sua própria relação sexual incipiente com os pênis. Uma pessoa que vive em identificação projetiva, mesmo que seja só na área sexual, que está em identificação projetiva com a vagina da mãe, com a sexualidade da mãe, tem de trazer para dentro da transferência a atuação dessa situação, que é fundamentalmente ninfomaníaca, se for para substituir essa qualidade maníaca pela angústia claustrofóbica do afogamento. Portanto, a atuação dentro da transferência tem de ser aproximada com a situação de fora, para poder revelar a natureza da transferência. O que se tem, até agora, é que, para a paciente, a mãe é como uma ninfomaníaca com quem ela está sonhando o tempo todo; mas, com você, parece que o equilíbrio está pendendo para o lado da claustrofobia e do afogamento.

A maneira como você lidou com a freqüência e o pagamento da sessão extra vai influenciar o equilíbrio entre o *"acting in" e "acting out"*. A sugestão da analista de um aumento na freqüência das sessões, para uma paciente que tem dificuldades financeiras, pode fazê-la sentir que há um interesse financeiro por trás.

Como você achou que a análise estava meio encalhada, acreditou que uma quarta sessão poderia ajudar. O que se pode fazer em uma situação como essa é, por exemplo, combinar que os honorários sejam semanais e não por sessão, e que esse valor seja dividido pelo número das sessões que você julga necessário. Esse movimento de passar de honorários por sessão para honorários semanais, diminuindo o valor de cada sessão, leva o paciente a movimentar-se para ajudar a pagar de algum modo, sem que você entre no papel de alguém que diz: "Olha aqui, você é uma ninfomaníaca. Acho bom começar a ganhar dinheiro com isso".

Apresentador: Eu quis discutir isso justamente porque eu mesma tinha muitas duvidas sobre essa questão.

D. Meltzer: Vamos para o fragmento dois.

Apresentador: Essa sessão ocorreu uma semana após a sessão narrada no fragmento um. Maria diz: "Meu pai não providenciou o pagamento. Já pedi várias vezes, mas ele não deixou o cheque".

Pergunto: "Mas o que você pensa disso?"

Ela diz: "Que eu deveria ter me empenhado mais. Acho que estou assim porque é caro e eu muitas vezes venho aqui e é tempo jogado fora. Como ontem, que eu só tinha sono e não aconteceu nada. Por outro lado, pensei que a minha mãe foi viajar, e eu estou tocando as minhas coisas. Estou bem. Quando desci do carro, vindo para cá, pensei: vai ser a mesma coisa, não tenho nada de útil para falar."

D. Meltzer: Essa atmosfera pesada é a usual?

Apresentador: Sim. O clima que se instalou é pesado. Parece haver violência na sua comunicação. Digo: "Do seu ponto de vista, a sessão de ontem foi tempo perdido. Foi nisso que você transformou o que conversamos. Lembro que falamos sobre seu desejo de entrar em contato apenas com as situações de êxito, deixando de lado o que desagradava".

Faço essa observação e acrescento que hoje é uma outra sessão, uma sessão diferente, que não precisa repetir aquela. Ela faz outra pausa longa. Digo-lhe que noto que a conversa foi interrompida.

Depois do silêncio, comenta que ontem encontrou sua amiga e lhe disse, a propósito do ex-namorado, que não era bom ficar triste por causa dele, era melhor ir dançar.

Digo-lhe que ela aguardava que eu fizesse conexões que ela não faz. Por exemplo, perceber que não cuidou do pagamento como gostaria, causa-lhe tristeza, certa depressão, talvez por não corresponder à pessoa que gostaria de ser.

Faz outra pausa e diz que lembrou da faculdade, do que ela falou ontem. Faz uma nova pausa longa. Noto enorme distância, desligamento, desinteresse, falta de curiosidade:

"Ontem, eu estava com minha amiga e fumamos. Fumei três cigarros e disse para ela que é melhor fumar do que beijar". Comenta que disse isso mas pensou em não falar, pois não sabia o que dizer.

Digo que quando ela fala em "beijar", suponho que ela beije um ser vivo, que teria uma presença real na situação, o que despertaria muitas reações, como gozo, frustração; enquanto o cigarro é apenas um cigarro, um objeto do qual ela se serve e joga fora. Digo: "Parece que essa é exatamente i experiência dessa sessão, ou seja, você tenta retirar a vida, a emoção do encontro, evitando assim o sofrimento, i dor. Como no início, você se isola, ataca, dizendo que é caro, não serve para nada, só dá sono". Ela faz uma pausa, a conversa parece desconexa. Diz: "Ontem pensei em dois trabalhos dos que mais gosto: um foi o que te dei, inspirado em uma determinada situação; e tem outro trabalho, que foi feito i partir de um outro estímulo. A questão é a seguinte: eles não foram criações minhas, vêm de algo que uma outra pessoa criou".

Digo-lhe que é o que resulta da nossa conversa, nada se liga a nada, ***e esse*** foi também o destino que deu à nossa sessão de ontem. Em seguida, ela comenta que esteve em sua casa uma amiga que faz um trabalho de esculturas de bonecos em massa. E, à noite, sonhou que estava em um lugar onde havia uma vitrine com essas esculturas e tudo era muito bonito. Peças de ferro, estátuas – que ela comenta com riqueza de detalhes.

Digo-lhe: "O sonho é seu, é um produto seu, vem de dentro de você e não da amiga. Parece que não tem idéia do fato de ter dentro de si a possibilidade de criar."

D. Meltzer: Isso não leva em consideração que talvez seja um comportamento *voyeurista que* se dá através de uma janela, e isso provavelmente é a sua criatividade, que corresponderia à atividade fotográfica. Então, embora ela se queixe de que nada acontece nas sessões, reconhece no sonho que você é muito criativa e artística, mas ela trata isso da mesma maneira como tratou os três cigarros. Não recebe as interpretações que você dá como se fosse um beijo entre ela e você, como um bebê dá no seio da mãe. Ela trata como um cigarro que ela chupa e joga fora. Acho que esse sonho é muito revelador da natureza da situação. E que a situação financeira é mesmo uma cortina de fumaça para a situação emocional. É interessante que a sua criatividade é representada por esculturas em aço, que são de material durável, e não de papel maché, que, pela própria natureza, envolve um trabalho intenso.

Pergunta da platéia: Faço uma hipótese: o sonho parece ser um sonho com a mãe, com a qual ela vive em identificação projetiva, e que com a analista ela não estaria conseguindo a mesma coisa.

D. Meltzer: Parece improvável que a fotografia pudesse estar em pé de igualdade, em termos de criatividade, com a escultura. Alguns artistas combinam fotografia com escultura, fotografia com pintura, mas acho que o trabalho do analista não se confunde com o do fotógrafo, mesmo se levarmos em conta que o trabalho de um analista é fundamentalmente descritivo. A descrição envolve um grau de transformação, na medida em que o analista apreende o significado da formação simbólica e, em algumas situações, transforma sua própria simbolização, realizando a função alfa pelo paciente. Não acho que esse seja o tipo de paciente pelo qual o analista exerça a função alfa, mas certamente alguns pacientes hipomaníacos são uma continuação da hiperatividade de crianças, que se deve a defeitos na formação de símbolos. Não vejo defeitos na formação de símbolos nessa paciente, vejo mais a concretude da formação de símbolos, decorrente do uso da identificação projetiva.

Pergunta da platéia: Um defeito na formação de símbolos antecede dificuldades decorrentes do uso da identificação projetiva?

D. Meltzer: Defeitos fundamentais na formação de símbolos e na capacidade de formar símbolos certamente têm suas origens em uma época remota da vida da criança e deixa marcas profundas. Por outro lado, alguns defeitos na formação de símbolos contribuem para a situação em que as experiências emocionais são transformadas em fenômenos psicossomáticos, pela falta de formação de símbolos que permitissem sua mentalização. Mas essa paciente não parece fazer transformações em fenômenos psicossomáticos. Parece, antes, ser uma hipomaníaca que está sempre em identificação projetiva com a vagina da mãe, mãe vista por ela como um tanto promíscua e, provavelmente, com um pai que ela sente como sexual e erótico.

Acho que o problema está em sair da identificação projetiva. Nesse momento, isso se manifesta pela oscilação de ondas de funcionamento maníaco e afogamento, representada aqui pelo comportamento de fumar os cigarros e gostar da idéia de que pode jogá-los fora, em oposição a beijar o objeto dentro do qual está. A evidência da capacidade criativa de gerar bebês?

As esculturas do sonho são provavelmente representações dos outros pacientes da analista, pessoas que ela encontrou ou de quem ouviu falar, que parecem não estar tão encalhadas em suas análises. Não se ouve falar muito disso, mas e preciso estar atento aos encontros entre pacientes.

Vamos continuar.

Apresentador: Comove-se muito, chora silenciosamente, está de fato bastante tocada. Digo-lhe que é o que acontece nessa sessão. "Se você está em contato com o que vai dentro de você, então se comove e se deprime. Você quer evitar a dor, a tristeza, e isso resulta nessa situação de esvaziamento."

D. Meltzer: Isso é provavelmente verdadeiro, mas não inequivocamente verdadeiro, porque a analista interpretou as esculturas como uma produção própria da analisanda, e não como *voyeurismo* da criatividade da analista. É momentaneamente confortador para a paciente, mas de fato ela não acredita nisso. Porque a paciente diz, com todas as letras, que não se sente criativa, que tudo o que ela faz vem da criatividade de outrem. Isso também é ambíguo, porque todas as pessoas criativas alegam a mesma coisa, isto é, que a criatividade não é delas, mas vem por inspiração, o que Milton expressava ao dizer que a poesia que ele fazia não lhe vinha por solicitação, vinha das musas. De fato, vinha no seu sonho, acontecia na sua cegueira, era ditada durante o sono. Um novelista talentoso sonhou que ficava sentado em um banquinho, com fones de ouvido, escrevendo tudo o que lhe era ditado através dos fones.

Você pode conseguir tirá-la do estado em que ela se encontra, não acho que seja muito profundo. É construído a partir do fato de que ela tem uma opinião ruim da própria mãe – que você não tem necessariamente de compartilhar – mas é construído também em torno de um *voyeurismo* muito intrusivo, provavelmente agravado pelas suas férias, férias tão boas que você nem conseguiu chegar na segunda-feira. Isso provavelmente levanta sérias suspeitas. Mas ela é uma boa menina. Acho que ela é relativamente pouco sofisticada, mas é inteligente e sensível, e teve uma criação pouco afortunada.

Apresentador: A questão da criação é mais ampla. Havia muita dor quando ela se dava conta da sensação de vazio interno. Ela diz que tudo o que produz são apenas cópias. No sonho, ela se refere aos bonecos como bonecos pequenininhos.

D. Meltzer: Vi que nos consultórios daqui há muitas obras de arte, objetos bonitos. Eu perguntaria o que ela viu especificamente no seu.

Apresentador: Não propriamente objetos de arte, mas em frente ao divã fica uma estante fechada, uma espécie de vitrine com livros dentro.

D. Meltzer: Parece-me óbvio que ela está impressionada com suas habilidades analíticas, mas não sabe como usá-las. Acho que o problema é que ela parece oscilar entre a mania e a depressão, e não sabe como sair da identificação projetiva.

Pergunta da platéia: Gostaria de perguntar se essa atividade artística da paciente e usar esses motivos seria predominantemente uma atuação ou algum tipo de subliminação.

D. Meltzer: Não vejo nada como sublimação. Não encontro lugar, no meu modo de pensar, para o conceito de sublimação. Acho importante a diferenciação entre *"acting out"* e *"acting in"* na transferência, porque isso permite delinear os elementos emocionais dentro da situação da transferência, na qual há mais possibilidade de se modificar, não só através da interpretação, mas também pelo estado de espírito e comportamento do analista.

Pergunta: Como o senhor explicaria a identificação projetava na vagina da mãe? Na sua palestra "Dream Life", o senhor falou sobre a importância da identificação projetiva na interpretação de sonhos e na discussão do caso clínico. Aquilo me fez sentido, porém, agora, não consigo acompanhar.

D. Meltzer: Lamento que o livro O *Claustro* ainda não tenha sido traduzido para o português. Nele, descrevo como os estados da identificação projetiva são fundamentalmente estados de identificação projetiva com a mãe enquanto o objeto interno e, dependendo da intenção da intrusão e das razões para estar na identificação projetiva, as partes da personalidade que são projetadas vão ou para o reto ou para a vagina ou para ao seio, que equivale a ir para a cabeça. A fenomenologia da identificação projetiva é diferente, conforme cada uma dessas áreas do corpo da mãe. A identificação para dentro do reto está associada a uma cena de perversão e sadomasoquismo. A identificação para dentro da vagina liga-se a uma área de erotomania e grandiosidade, enquanto a identificação para dentro do seio ou cabeça produz uma fenomenologia diferente, um tipo de complacência, indolência e omnisciência. No livro, eu me refiro a um personagem completamente complacente, chamado "Oblimov", de uma novela russa, O *bebê no seio.*

Pergunta: Eu gostaria de indagar por que só esses três modelos. A identificação projetiva não pode ser com o pênis do pai?

D. Meltzer: As portas de entrada da identificação projetiva correspondem primariamente aos orifícios do corpo da mãe. É verdade que há orelhas, olhos, narinas etc. Mas aquelas são as três portas principais. Se você quiser assaltar um banco, poderá entrar pelo assoalho ou pelo telhado, quebrando de algum jeito, mas em geral você entra pelas portas. Lembro-me de um filme francês sobre um assalto de banco feito pelo esgoto. Os ladrões vieram pelos canais de esgoto e saíram pelo assoalho dentro do cofre, roubaram tudo e saíram pelo esgoto de novo. A identificação projetiva no reto, no ânus, tem sempre a intenção de fazer seu percurso por dentro, até chegar ao seio. Mas também vemos o contrário, o que seria a identificação projetiva com o seio, fazendo todo um percurso.tortuoso, descendo pelo caminho até a vagina ou até o reto.

Muitos desses fenômenos fazem parte das descrições que Melanie Klein faz daqueles fenômenos muito arcaicos da posição esquizoparanóide, antes que o papel da identificação projetiva tivesse sido compreendido, quando os motivos de roubar o interior da mãe foram vistos de maneira clara por Melanie Klein.

Pergunta: Estava pensando sobre tudo o que foi dito hoje aqui, sobre a maneira de trabalhar e de abordar o material clinico, e me parece que a sua abordagem seria em um nível bastante mais primitivo ou anterior ao nível em que eu, por exemplo, estou trabalhando.

D. Meltzer: Pode ser profundo, mas não é necessariamente primitivo. O que estou sugerindo é que você vá atrás da trilha do *voyeurismo* dela, porque você vai ter acesso a vários canais, por exemplo, sexo grupal, avidez por dinheiro – ou o que ela concebe como a sua avidez por dinheiro – e a questões como inveja, criatividade, bebês etc.

Se você ficar atenta aos sinais do *voyeurismo*, isso pode levá-la para todas essas outras transformações.

SEMINÁRIO CLÍNICO G

Apresentador: Como sempre, esse profissional bem-sucedido de trinta anos, solteiro, cumprimenta-me formalmente e não olha diretamente para mim. Está em análise há dois anos e meio, quatro vezes por semana (segunda, terça, quarta e quinta-feira).

Hoje é terça-feira, sua segunda sessão da semana. Enquanto se dirige ao divã com passos firmes, começa a falar de suas impressões a meu respeito, baseado, segundo ele, na minha expressão facial – para minha surpresa, pois pensei que ele não tivesse olhado para mim. Sua fala é ansiosa, interceptada por risos nervosos, e a cada pequeno movimento emocional *ele me* observa e espera pela minha reação, como num agitado *pas-de-deux,* que exige participação e prontidão do parceiro. É o seu jeito usual.

Então, enquanto se dirige para o divã, diz algo assim: "Nossa, você está muito séria! Alguma coisa aconteceu, com certeza! E não é pouca coisa. Não tem nada a ver comigo, sou muito pouco para provocar tudo isso. Deve ser algo na sua vida pessoal. "(Percebo que ele evita a situação transferencial) "Você parece aborrecida. Talvez alguém tenha roubado um trabalho seu e publicado, sei lá! Ou talvez você tenha brigado com o seu marido. Bem, analista também tem vida particular".

D. Meltzer: Isso é muito invasivo para um começo de sessão. É ainda mais impressionante pelo fato de que ele não olhou para a analista: traz para a sessão esse tipo de expectativa, e não a distingue de uma observação.

Eu gostaria de saber como é a aparência dele.

Apresentador: É um tipo forte, elegante, muito educado. Nunca falou a meu respeito, nunca havia feito uma observação assim direta.

D. Meltzer: Fiz essa pergunta porque o paciente parece muito vaidoso e acostumado a que as mulheres se sintam atraídas por ele. Quando diz: "Talvez alguém tenha roubado um dos seus artigos e o publicou", ele quer dizer que você está aborrecida porque "eu amo outra pessoa". E isso faz você brigar com seu marido, como todas as mulheres.

Apresentador: Eu só queria acrescentar que essa frase está muito linear e que, na verdade, é mais densa. Até então, venho tentado acompanhá-lo fazendo pequenas intervenções, deixando-me penetrar numa certa intimidade proposta por ele, mas evitando o clima hipomaníaco. Percebo que hoje,há uma turbulência especial. O que estaria provocando essa ansiedade?

Quando ele pára de falar, decido comentar esse clima, que parece ser o ponto mais forte da sessão.

D. Meltzer: É, tem de ser abordado o fato de que ele está gerando uma atmosfera de sedução e de onipotência.

Apresentador: Digo que ele parece ansioso com alguma coisa e que havia alguma exigência nele de que nos mantivéssemos no mesmo clima, numa sincronia perfeita, sem intervalo entre nós, como se eu tivesse que acompanhar ser ritmo *pari passu* "Parece que há algo levemente erótico no ar, você também nota?" (convidando-o a entrar nas minhas impressões).

Aí ele se levanta e começa a andar pela sala (ele faz isso algumas vezes), olhando-me talvez mais insistentemente. Diz: "Agora você deu uma de analista suíça; não, mais longe ainda: analista siberiana. Você não gosta do jeito que eu estou hoje" (ansioso, andando para lá e para cá), "olha como você está balançando sua perna".

D. Meltzer: Ele acusa a analista de estar se masturbando.

Apresentador: Estou sentada e ele andando, paralelo ao divã. Digo algo assim: "É, parece que agora sou eu que estou roubando o seu trabalho. Você sentiu que estou querendo sair do seu clima, é isso? Estou tentando falar e pensar sobre algo turbulento que está se passando aqui. Há uma ansiedade no ar que você capta nas minhas pernas, mas não consegue captá-la *também* dentro de você, do seu corpo: você está andando pela sala. Talvez..."

D. Meltzer: É uma situação difícil, quando o paciente se comporta de um modo tão agressivamente sedutor. Lembra-me uma paciente esquizofrênica, que tinha o hábito de entrar no consultório, me dar uma olhada rápida, e depois olhar para fora da janela e levar uma conversa silenciosa com alguma imagem que via lá. Durante uma sessão, eu cruzei as pernas, e ela imediatamente disse: "Dr. Meltzer, o senhor não consegue se controlar. Como só nós dois estamos aqui, tenho de controlá-lo."

O paciente acha que você está sob o controle dele, pelo fato de estar sob o seu escrutínio. E acha que pode escrutiná-la sem olhar para você.

Apresentador: Então acrescento, a respeito de roubar o trabalho, que talvez nós estejamos competindo pelo trabalho de analista: quem está em foco aqui dentro?

D. Meltzer: O ponto é exatamente este: "Quem tem o controle da situação?" E ele está dizendo: "Você não consegue se controlar; portanto, eu devo ficar te controlando."

Apresentador: Aí ele diz: "Este é o meu modo de ser, este é o meu jeito. Melhorei muito devido à análise, você sabe disso. O terapeuta comportamental que consultei no fim-de-semana me disse, em dois dias, o que demorou dois anos para a gente descobrir aqui: que sou narcisista, muito exigente comigo mesmo, provoco ciúme nas namoradas e quero ser admirado, mas estou melhorando! Meu pai disse que eu agora sou uma pessoa diferente, não sou tão mal-humorado. Acho que eu poderia dizer que melhorei uns setenta por cento, não é?"

Nesse momento, percebo que estou exausta por essa fala antagônica e por esse movimento na sessão, esse clima corporal de ansiedade. Penso que talvez isso esteja acontecendo porque não estou entrando no clima proposto por ele, do jeito que ele quer e, conseqüentemente, isso o aborrece. Então, ele passa para uma descrição objetiva, formal, avaliativa do discurso, incluindo uma nota para ele e para mim. Já que não entro naquele clima de ansiedade, ele se afasta quilômetros e se congela em diagnósticos, notas, criando uma situação dura. E eu vou murchando. Eu o sequei, agora ele me seca.

D. Meltzer: A analista descreveu o clima emocional dele como hipomaníaco. Não é hipomaníaco, é claramente maníaco. Está em um estado maníaco, e é exaustivo estar com um paciente em estado maníaco, porque se faz uma combinação de sugar avidamente sua vitalidade e, ao mesmo tempo, projetar dentro de você muita excitação.

Apresentador: Digo: "Quando não posso estarem sincronia com você, do jeito que espera, você me afasta e nos dá notas, formaliza as nossas idéias em diagnósticos. Percebe isso?" Ele diz: "Você só quer ver os meus defeitos, você é masoquista?" (diz isso brincando, é sempre muito educado e nunca agressivo. *Refere-se*, naturalmente, à minha insistência no meu clima, de analista silenciosa). "Eu realmente vou atrás de soluções, quero resolver os problemas, mas se acha que para mim é necessário ficar nos defeitos, tá bom. O que você teria a dizer a respeito disso?" Sinto que mais uma vez estou contra a parede. Arrisco: "Estamos tentando, você está fazendo o seu esforço, eu o meu, e estamos tentando lidar com essa coisa difícil que está criando ansiedade aqui. Não sabemos o que fazer com essas observações, temos de descobrir o que fazer aqui." Ele me olha com descrente submissão: "Descobrir?" Digo que uma aproximação real comigo não está sendo possível, uma aproximação que permita um intervalo entre nós, que permita que cada um seja do seu jeito. Então, ele faz silêncio, o que também é raro, e pergunto: "O que você acha do que falei?" Diz: "Passei o fim-de-semana com a minha nova namorada, e embora ela seja muito educada, bonita, agradável e inteligente, e tenha muitas coisas que combinam comigo, não tenho atração sexual por ela. Então, tive uma única relação, que foi insatisfatória. Não foi bom estar lá com ela, eu preferia estar com A. ou C."

D. Meltzer: O paciente maníaco sempre se vangloria de ser sexualmente irresistível; e qualquer mulher que não se jogar de imediato a seus pés e acusada de ser masoquista, a única coisa que a excita é ser espancada. É disso que ele acusa a analista, e ao mesmo tempo a trata de maneira sádica.

Apresentador: Digo, então, que é sobre isso que estamos falando, de como é difícil ficar numa situação que é tanto agradável e sensual quanto ansiosa. Uma exclui a outra. Ele diz: "Terminou a sessão, não é? A sua próxima paciente é muito bonita".

D. Meltzer: É uma mulher? Ele sabe se ela de fato é bonita?

Apresentador: Ele viu: ela é bonita.

D. Meltzer: Então, ele está te acusando de ser lésbica. Foi na hora de terminar a sessão?

Apresentador: Sim.

D. Meltzer: Tudo isso está expresso na fala de abertura, no pressuposto de que você se sente sexualmente atraída e o citada por ele, mas não se dispõe a reconhecer que tem ciúmes das suas outras namoradas e que isso a deixa irritada insatisfeita com seu marido etc.

Imagino que tudo isso ocorra numa sessão de segunda-feira, após o final-de-semana em que ele consultou esse terapeuta comportamental tão maravilhoso, em que não teve uma boa relação sexual com a nova namorada, na qual presumo que ele tinha sido impotente. Quando um homem vaidoso fica impotente, sempre diz que a mulher não o excitou. Se ele está em análise quatro vezes por semana, durante dois anos e meio, é surpreendente que seja a primeira vez que uma coisa como essa tenha acontecido. Como é uma sessão de terça-feira, gostaríamos de saber o que aconteceu na segunda-feira.

Apresentador: Na sessão de segunda, ele falou o tempo todo sobre sua consulta com o terapeuta comportamental. Ele descreve como uma terapia alternativa, que faz uma regressão e a pessoa é convidada a voltar à infância.

D. Meltzer: Era um terapeuta homem ou mulher?

Apresentador: Era um homem.

D. Meltzer: Então, esse encontro provocou nele alguma ansiedade homossexual.

Pergunta da platéia: É a primeira vez que ele vai a outro terapeuta?

Apresentador: Sim. E sinto que tem a ver com o momento que estamos vivendo na análise, dessa adesão afetiva. Dá a impressão de que ele precisa pôr um terapeuta entre nós.

D. Meltzer: Eu não teria tanta certeza de que essa situação seja nova, porque provavelmente ele é um homem de muitos segredos. Você tem, por exemplo, alguma idéia das experiências homossexuais dele?

Apresentador: Não, nenhuma.

D. Meltzer: Pois pode ter certeza de que ele é bissexual. Certamente é um psicótico *borderline e,* como tantas pessoas bem-sucedidas que procuram análise, provavelmente é pseudomaduro e maníaco-depressivo latente. Esse é mesmo um desempenho notável. Gostaria de saber um pouco da história desse homem.

Apresentador: Também gostaria de falar um pouco mais sobre ele. É de uma família tradicional, teve uma educação diferenciada e orgulha-se disso. Os pais sempre estiveram muito preocupados com sua forma física, de modo que, desde pequeno, ele usou aparelho nos dentes, outro para manter a coluna ereta, e outro aparelho no pé, para corrigir o andar. Sempre se vangloriava de que aquilo nunca havia sido problema para ele, que, mesmo todo formatado, se safa muito bem. E era uma criança alegre, em suas palavras. Atualmente trabalha com finanças, está acostumado a um ritmo intenso e rápido, trabalha sempre com soluções, nunca se detém numa situação um pouco mais depressiva e tudo dá sempre certo para ele. Só as namoradas e o amor *é que* não, diz ele.

D. Meltzer: Ele ganhou muito dinheiro?

Apresentador: Sim, é muito rico. Já era rico de família, e também ganha muito dinheiro.

D. Meltzer: Herdou dinheiro também?

Apresentador: O mais difícil na sessão, e é por isso que trago este caso, é **esse** clima hipomaníaco o tempo todo, esse clima superficial, mais ou menos erótico. Você é sempre colocada na posição de namorada ciumenta, porque sempre tem um terapeuta melhor, uma mulher mais bonita etc.

D. Meltzer: Sim, não é a natureza erótica da transferência que preocupa, mas o fato de que a situação está fora de controle, e ele a trata com um desprezo sádico. Eu me preocuparia nesse momento com a possibilidade de que ele esteja à beira de um colapso. Suspeito que esse homem esteja tomado por um tipo de pânico homossexual, com relação a algo que talvez tenha acontecido com esse terapeuta comportamental. A rapidez com que passa das namoradas para o pai é impressionante. O pai lhe diz: "Você está uma pessoa diferente agora."

Sinto muita empatia com seu estado de exaustão nesse momento, porque acho que você não apenas sente que está na presença de alguém à beira de um colapso, mas teme também que ele seja capaz de agredi-la.

As acusações de que você é masoquista e lésbica poderiam facilmente precipitar um ataque sexual, com a justificativa de que você é uma lésbica e uma masoquista frustrada que deseja ser agredida e que tem satisfação sexual provocando seus pacientes a um assédio sexual.

É uma sessão preocupante. Quando aconteceu?

Apresentador: Há umas duas semanas.

D. Meltzer: Acho que você deve nos contar um pouco o que aconteceu nas duas semanas depois dessa sessão. Se eu fosse seu supervisor e você me trouxesse uma sessão como essa, ficaria muito preocupado.

Apresentador: Gostaria de dizer que a questão da homossexualidade também me chama a atenção, mas nunca tive uma brecha para introduzir isso, porque acho que, se eu falasse alguma coisa, ele cairia desmaiado. Essa sessão foi realmente uma virada, porque em geral ele só fala de negócios e de coisas externas, e resolveu falar daqui de dentro, de mim. Não sei se é pela enorme disciplina dele, mas agora cismou que quer fazer uma análise mais profunda, e talvez falar daqui de dentro, de mim, seja esse profundo que busca. Não fiquei muito preocupada, porque ele sempre sai em mania, do tipo: tem uma mulher bonita na saída da sessão, e ele vai flertar com ela.

D. Meltzer: Você poderia ficar preocupada com essas namoradas também. É em estados de espírito desse tipo que prostitutas são espancadas.

Apresentador: Ele é sempre muito gentil com as pessoas. E, com as mulheres, um gentil sádico.

Pergunta da platéia: A analista disse que ele tem medo de falar da homossexualidade. Na versão dela, ele não suportaria; e, na versão do Dr. Meltzer, ele explodiria. Como entender esta dificuldade do analista de tocar num ponto em que acha que deve tocar? Isso já não é um assalto?

D. Meltzer: Pode ser difícil trazer à tona esse assunto com um paciente que nunca menciona a homossexualidade, nem ansiedades sobre homossexualidade. A ferida narcísica de um paciente assim pode fazer com que você perca o paciente de imediato. O paciente diz: "Eu não vim aqui para ser insultado. "E sai. Mas a minha suspeita é que esse homem é tão cheio de segredos em torno da questão da homossexualidade que combinaria melhor com a expectativa da analista: ele desmaiaria.

Percebo que ela sente que, com esse paciente, está andando sobre gelo fino. Gostaria de saber alguma coisa sobre as particularidades do *setting,* isto é, sobre as circunstâncias da análise: onde você o encontra, como são os horários, o local etc.

Apresentador: A sessão dele é sempre no final da tarde, depois do trabalho.

D. Meltzer: A que horas?

Apresentador: Às dezoito horas e quarenta e cinco minutos. E ele sempre faz questão de dizer que deixou a *happy hour* ou a natação para vir à análise, que enfrentou trânsito etc.

D. Meltzer: Mas ele também sabe que não é o seu último paciente, que você tem essa paciente linda depois dele. Como é o lugar onde você o vê?

Apresentador: No meu consultório, que é na minha casa.

D. Meltzer: Que pessoas da sua família ele já viu?

Apresentador: Talvez já tenha visto a minha filha, de relance.

D. Meltzer: Através da janela?

Apresentador: Embaixo, na portaria, porque é um prédio.

D. Meltzer: Ele viu sua filha entrando e saindo.

Apresentador: Ela é uma adolescente de dezenove anos.

D. Meltzer: É bonita também?

Apresentador: Eu acho.

D. Meltzer: Sim, eu teria adivinhado.

Apresentador: Quero me estender um pouco na questão que o senhor colocou, sobre o que aconteceu depois daquela sessão. Como achei que ele havia se colocado mais intimamente na sessão anterior, fiquei com uma certa expectativa sobre como ele voltaria; achei que iria faltar. Mas ele chegou mais ou menos no mesmo estilo de sempre, formal, deitando no divã e falando: "Tive uma transa maravilhosa com a minha namorada, como eu nunca tinha tido em três ou quatro semanas." Estava muito mais tranqüilo e mais seco também, mais distante.

D. Meltzer: Qual namorada?

Apresentador: Essa, pela qual ele não tinha tesão nenhum.

D. Meltzer: Então, dessa vez, não ficou impotente.

Apresentador: E curioso que, quando a moça é bem-recebida pela família dele, e é "casável", ele não tem interesse sexual por ela.

D. Meltzer: Perde o tesão.

Apresentador: Mas quando a moça é muito vivida, muito experiente, digamos assim, ele gosta. Acho que ficou a sessão inteira falando de como a relação tinha sido boa, que no final tinha conseguido falar de si próprio e mostrar-se interessado nela. A gente nunca sabe se ele está fazendo a lição de casa: como, na sessão anterior, ficou mais dentro, falou-se sobre ele, sobre mim, sobre o clima. Então, ele repete isso lá com ela, e está me contando como aprendeu bem a lição de ontem, não sei. Hoje ele vê a sessão de ontem e dá uma boa nota, porque talvez ache que fizemos direito, fomos mais ao fundo. (Não menciono isso a ele). Sobre o terapeuta, ele, sempre muito educado, diz: "Mas ele é muito bom, o analista da minha mãe disse que vai lá sempre, de tão bom que *ele é*. Acho até que você deveria ir, ele fala tudo da gente, como uma cartomante que olha e fala tudo o que você é". Nesse dia, não agüentei e disse: "Mas qual é a vantagem de ir lá para saber o que a gente já conhece, se você já sabe disso tudo?" Mas é impossível tocá-lo dessa forma, ele escorrega como peixe. (Mas essa foi uma escorregada minha).

D. Meltzer: Quero enfatizar este ponto: o paciente maníaco puxa você para dentro da mania *dele*, para dentro da atmosfera da pseudomaturidade mútua. O problema é quem vai dominar quem: a pessoa dominada é a que tem o maior nível de desejo ou excitação. A intenção do paciente maníaco é envolver o terapeuta num estado de pseudomaturidade mútua, que representa uma concepção infantil de como os adultos se comportam entre si. O conceito que as crianças têm da sexualidade adulta é que se trata de uma contínua luta pela dominação, que se expressa concretamente por penetração ou falta de penetração; pela posição: quem está em cima e quem está embaixo; pela forma: oral, vaginal ou anal, e se é fundamentalmente sadomasoquista. O problema da interpretação é trazer de volta o nível infantil.

Nesse caso particular, com o material que recebemos, eu teria interpretado para este paciente, independente do sexo do analista, que a sua intenção é criar uma atmosfera de excitação e combate sexual pela dominação, segundo a visão que a criança tem da sexualidade adulta. Ele se comporta de maneira calculada para excitar a analista, mas só consegue preocupá-la, porque o seu estado mental parece tão instável e explosivo que dá medo de dizer alguma coisa que possa soar mal e precipitar uma explosão de raiva. A partir do momento em que se estabelece a situação infantil e a ansiedade infantil, que vem sendo projetada para dentro de você como terapeuta, você fica preocupada com sua instabilidade. Eu gostaria de explorar a ansiedade homossexual despertada pelo encontro com o terapeuta comportamental, que parece ter feito aflorar *nele* um estado específico de identificação com a mãe, ligado à analista dela etc.

Gostaria de explorar a possibilidade de ele ter uma reação explosiva. Acho que seria a maneira mais provável de desfazer essa situação e reconduzi-la para uma situação analítica, saindo daquela que ele está vivenciando como atuação mútua.

Não me parece uma situação de atuação mútua; parece-me mais o que se chamaria, num jogo de tênis, de "pegar no contra-pé". Acho que ele a pegou de surpresa, e você não soube o que fazer com o que estava recebendo. Principalmente naquele comentário sobre o movimento da perna, não é de surpreender que ele a tenha colocado numa postura defensiva. Minha paciente esquizofrênica podia com facilidade me colocar na defensiva, com a diferença de que, eu já sabia que ela era psicótica, e estava vivenciando uma relação delirante com a minha imagem para fora da janela.

Então, o caminho é voltar para a transferência infantil e recuperar o sentido da contratransferência parental, o que significa que você vai se preocupar com ele, vai se dar conta de que ele está numa condição extremamente instável e num estado de espírito de atuar isso – o que já fez, indo para o terapeuta comportamental e começando com uma nova namorada, apesar de já ter duas. Ele está nessa voracidade e avidez típicas do estado maníaco.

Pergunta da platéia: Gostaria de esclarecer uma dúvida técnica. Esse paciente atravessa, a meu ver, uma linha perigosa, quando toma o que seriam apenas hipóteses e as vive como verdades absolutas. A minha dúvida técnica é se não seria interessante, antes de interpretações de conteúdo, mostrar isso a ele, que me parece não se dar conta.

D. Meltzer: Para interpretar, é preciso fazer uma escolha sobre a seqüência de eventos que se vai interpretar, e a seqüência de níveis que se vai tentar demonstrar para o paciente. O nível de demonstrar para o paciente sua onisciência, isto é, *que ele* toma suas observações como se fossem fatos, envolve uma decisão complicada quanto à natureza dessa onisciência. Pois os estados de identificação projetiva que levam a esse tipo de onipotência, arrogância e complacência, no qual a criança enxerga através dos olhos do objeto dentro do qual ela está localizada, produzem o que chamo de "delírio de clareza de *insight*", que é um tipo de onisciência.

O segundo tipo é a onisciência produzida pela alucinose, que o Dr. Bion descreveu. Há outros tipos de onisciências que se devem, em sua maioria, a graves perturbações de pensamento, difíceis de demonstrar, porque envolvem uma lógica defeituosa.

A meu ver, esse exame detalhado da onisciência tem de ser deixado para uma ocasião posterior, depois de ficar estabelecido que estamos lidando com a transferência infantil, porque se não ficar claro que é uma transferência infantil, você vai se enredar em uma discussão acirrada, num tipo de altercação em que a sua opinião e a do paciente estão sempre colidindo. É possível perceber que este paciente está querendo entrar nesse jogo com você, e você só vai conseguir sair disso interpretando a transferência infantil que, nesse caso, tem a ver com a sexualidade e a concepção das crianças sobre a sexualidade dos adultos.

Agora que conhecemos um pouco a origem e a educação dele, que é parecida com a de Schreber, podemos entender algo sobre a grandiosidade e a competitividade com os adultos, provavelmente incentivadas pelo tipo de restrições a que foi submetido quando criança. Assim, do ponto de vista da história, você pode incluir em sua interpretação a idéia de que ele está resistindo à transferência analítica enquanto um sistema de restrição. A tentativa do paciente de romper as algemas do que sente como restrições da analista significa romper a transferência infantil de vivenciar como uma criança sua relação com a analista, que é vista como um adulto que o restringe. Quando ele traz o que o pai diz (que "ele está diferente") e afirma que o terapeuta comportamental apontou, em dois dias, o que a analista levou dois anos para dizer, ficamos com a impressão de que ele está aliado aos homens contra as mulheres, que a intenção do comportamento dele com a analista é colocá-la no devido lugar, ou seja, no lugar onde as mulheres deveriam ficar, no lugar da submissão, na cama e na cozinha, e gratas aos homens que se utilizam delas. A missão dele é dar uma lição a ela. Estar ao lado dos homens contra as mulheres é a homossexualidade da puberdade, o espírito dos times.

Assim, parece-me que a analista tem uma bela tarefa pela frente: trazer esse homem de volta para a situação analítica, se é que ele esteve nela alguma vez. Não sei se jamais cooperou na situação analítica; é provável que tenha feito tudo do jeito dele, secretamente, como viveu a própria educação: aprendendo a linguagem da psicanálise, passando nos exames psicanalíticos (e talvez, até mesmo, ganhando diversos prêmios), não aprendendo através da experiência nem permitindo que ninguém lhe ensine nada, mas aprendendo por meio do parasitismo, roubando idéias, pegando pistas sobre como vencer. E, até aqui, pelo que ele diz, obteve setenta por cento de êxito.

Apresentador: É surpreendente como o senhor foi perspicaz, acho que descreveu o meu paciente. A idéia da transferência infantil me soa muito bem, porque a dificuldade está justamente em sair daquele *pas-de-deux*, assumir de volta minha posição de analista. Com a idéia da transferência infantil, sinto que talvez tenha um instrumento na mão, mas não sei se vou saber usá-lo.

D. Meltzer: Sim, provavelmente você precisa saber mais sobre menininhos do que o que aprendeu tendo uma filha. E uma das vantagens de fazer observação de bebês, embora não se compare com ter filhos. Na sessão que nos apresentou, pode-se ver um menininho de quatro anos de idade, extraordinariamente arrogante por sua conquista edipiana da mãe, sentindo que o pai está ao lado dele, contra a mãe, aprovando o domínio que exerce sobre ela do mesmo jeito que o pai – porque suponho que ele tenha um pai dominador, cujo elogio é valorizado, porque geralmente critica tudo.

Pergunta da platéia: Essas últimas palavras me pareceram a descrição essencial e sintética da dinâmica emocional, mas me pergunto se não está claro, já no inicio da sessão, um certo modo intrínseco da caracteriologia deste paciente, de cisão, que vou formular em poucas palavras, para perguntar o que o senhor pensa da situação que se exprime no início. Porque o que sabemos agora é que a sessão de segunda-feira trouxe algo novo e inusitado, que é a ida desse senhor para o terapeuta, e uma discussão a esse respeito na segunda-feira, a ponto de a analista, enciumada, revelar um enfado com o fato de ele ter ido. Então, o paciente chega nesse dia e diz: *"Meu Deus do céu, como você está séria! Aconteceu uma coisa muito séria, mas eu não tenho nada a ver com isso, é da sua vida.* "No primeiro momento, o paciente não consegue se dar conta de que é capaz de fazer uma coisa tão terrível – que para ele não é terrível. Quem percebe é a outra pessoa, é a analista que fica perturbada com o fato de ele ter ido a um outro terapeuta. E esse aspecto caracteriológico dele, de não apreender em si nenhuma responsabilidade e pôr tudo para o analista, isto é, não ser sensível ao que pode produzir no outro, *deve* corresponder a um movimento de tentar por na analista o sentimento de que ela não tem consideração por ele. Assim, tudo fica fora e *ele* não estabelece conexão com a sua necessidade de uma experiência emocional, para se perceber como alguém capaz de ferir o outro.

D. Meltzer: O problema do que interpretar, e em que nível interpretar, não é uma questão de seguir regras, mas de seguir suas intuições, que me parecem colocar em cena o problema das relações de objeto, antes de trazer os problemas dos elementos individuais da metapsicologia. Minha sensação é que é necessário estabelecer a natureza da transferência infantil como uma relação objetai, antes de explorar a dinâmica da metapsicologia, sua gênese, sua economia etc.

Acho que é assim que as coisas acontecem: você vai atrás da estrutura da fantasia, que governa a relação objetal. E depois, com calma e com a ajuda dos sonhos, é possível descrever as outras particularidades da metapsicologia. Eu gostaria de esclarecer que tipo de menininho *é esse*, que andou fazendo brincadeiras excitantes com pai e trata a mãe com desdém. E gostaria de indagar se o pai não está brincando com esse menininho de uma maneira excessivamente provocante e excitante, aquele tipo de brincadeira sexual que os pais costumam fazer, como lutar, rolar no chão, fingir de boxe. Será que o pai não está exibindo sua força, fazendo acrobacias com a criança no ar, para depois o filho entrar para almoçar, dizendo: "Por que eu tenho de comer essa porcaria?"

SEMINÁRIO CLÍNICO *H*

Apresentador: Apresentarei hoje o caso clínico de uma paciente que chamarei de Teresa. Ela está em análise quatro *vezes* por semana, há quase oito anos, durante os quais tenta emergir de um sistema defensivo arcaico, que denominarei de relação presa/predador.

D. Meltzer: Você pode me explicar por que escolheu esse termo, em vez do clássico *sadomasoquismo?*

Apresentador: Tem a ver com a história da paciente: ela é uma cientista que pesquisa sobre imobilidade tônica e a relação presa/predador.

D. Meltzer: Que forma de predação?

Apresentador: Vou explicar. Teresa foi encaminhada ao meu consultório por G., que havia falecido poucos meses antes de ela me procurar. Após a morte da amiga, recrudesceram suas somatizações, diarréias com cólicas abdominais, e sua depressão se acentuou tanto que suas capacidades criativa, de concentração e de trabalho estavam se paralisando. Temia não conseguir continuar seu trabalho de docente na universidade.

D. Meltzer: G. era namorada dela?

Apresentador: Sim. Quando me procurou para análise, tinha quarenta e seis anos de idade. Teresa tinha um corpo rígido ao andar, ao cumprimentar-me, não gesticulava, seu olhar era tímido e quase não se fixava em mim. Ficava imóvel no divã, sempre com as mesmas roupas, apenas sua voz ecoava do corpo parado, sinalizando um estado mental de imobilidade.

Na entrevista, deu algumas informações. Seu pai nasceu na Alemanha e tem setenta e sete anos, é um industrial aposentado e sempre foi um homem severo e rígido. Sua mãe nasceu na Bélgica, foi muito doente, tinha depressões profundas e constantes, que a deixavam psiquicamente ausente por longo tempo. Soube, durante a gestação de Teresa, que o marido tinha uma amante, fato que incrementou a depressão e o desânimo que sentia pela vida. Faleceu há nove anos, na segunda tentativa de suicídio, ingerindo dose letal de agrotóxico e tranqüilizantes. Teresa tem dois irmãos, o primeiro é homem, seis anos mais velho; a segunda é mulher, quatro anos mais nova.

Quando decidiu estudar Medicina, saiu de casa pela primeira vez e, nessa ocasião, começou a namorar um homem vinte anos mais velho, com quem teve suas primeiras experiências heterossexuais. Era um homem de porte atlético e, como ela, muito ligado à natureza. Depois de um ano de namoro, ele faleceu de broncopneumonia.

Após se formar em Medicina, decidiu ser pesquisadora e instalou-se na universidade onde trabalha, mudando para longe da família. Nessa época, começaram suas primeiras relações homossexuais.

Teve três amantes. A primeira foi G., envolvimento que durou dezessete anos; a segunda foi L., que também é pesquisadora, e essa relação durou três anos; e a terceira e atual é J., uma psicóloga que vive em outro estado. G. faleceu de câncer quando Teresa estava se ligando a L., que também teve câncer de mama, quando ela decidira abandoná-la para se ligar a J.

Teresa sente dentro de si forças tragicamente destrutivas, que foram ampliadas por vivências de perdas nas relações com seus primeiros objetos. Assim, acreditou ser como um grande predador que passa pela vida imobilizando e matando seus objetos: os seres que vivem à sua volta estão fadados a adoecer, a morrer e a abandoná-la. A confirmação de suas teorias por dados da realidade, durante a sua vida, fez crescer a crença onipotente nos seus sentimentos destrutivos. Como pesquisadora em neurofisiologia, Teresa tem um talento especial para relatar seus trabalhos científicos. Logo no início do tratamento, descreveu-me uma pesquisa sua que continha uma metáfora abrangente sobre o seu funcionamento mental: demonstra que, para os seres vivos, a imobilidade é garantia de sobrevivência e o movimento é ameaçador à vida.

Então, ela trazia os seguintes dados:

"Estou preparando uma conferência para o encontro nacional de Histologia, e o assunto sobre o qual me convidaram a falar é imobilidade tônica e hipnose animal. Revendo os meus dados, acabei fazendo uma descoberta que me deixou entusiasmada: a imobilidade tônica é uma reação de defesa ou um estado reversível de inatividade, observado em animais de diversos grupos de vertebrados e de invertebrados. E uma observação já feita por Darwin, os cientistas consideram a imobilidade tônica o estágio final de uma seqüência de respostas que ocorrem no encontro presa-predador; seria o último recurso da presa para iludir o seu perseguidor. Vários experimentos mostram que os animais imóveis têm menos chance de se tornar vítimas de predação e, portanto, a reação teria valor de sobrevivência. As vezes, esse fenômeno é conhecido também como hipnose animal, denominação que não é correta, porque há uma relação estreita entre imobilidade tônica e medo, que exclui qualquer semelhança com a hipnose humana, em que é essencial uma relação de cooperação entre o hipnotizador e o hipnotizado.

Mas o que eu descobri é que há uma ponte entre a imobilidade tônica e a modulação da dor. Então, num dos meus trabalhos, descobri que quando estimulava uma região do cérebro do animal com acetilcolina, eu conseguia abolir, além do movimento, também o reflexo ao estímulo doloroso por um período de uma hora (a imobilização dura quinze minutos). A aplicação prática disso é que, se o animal for mordido, ele continuará imóvel, porque, se sentisse dor ao ser atacado, *ele se* moveria e o predador continuaria a devorá-lo. Assim, dois fatores preservam a vida animal: a imobilidade diante do agressor (fingir-se de morto) e a ausência de dor por um período de uma hora. Descobri isso hoje de manhã e precisava contar essas descobertas para alguém."

D. Meltzer: Acabou de sair do forno.

Apresentador: Era preciso contar a alguém ou contar com alguém para entender suas dores. Senti, desde o início, que estava diante de uma pessoa com uma inteligência superior, mas com estancamento do desenvolvimento emocional desde os primórdios da sua existência.

Fiz a hipótese de que Teresa sofreu uma grave perda quando ainda vivia num estado psíquico de concretude, quando seu aparelho psíquico ainda não podia substituir o objeto concreto pela simbolização, e isso fez com que sua vida de relação se baseasse num padrão com características especiais. Em conseqüência, ela se organiza de maneira frágil, vivendo uma constante e trágica expectativa de ser abandonada por seus objetos, o que a transforma em vítima ou presa. Utilizando o modelo biológico, Teresa descobriu um meio de interceptar a dor entre dois seres. Na relação analítica, como não consegue projetar inicialmente a analista como um objeto adequado, e sim ameaçador, Teresa tenta fugir da dor que emerge na transferência, pela repetição de vivências dolorosas, atuando através da fala. Nesse jogo, ela utiliza a linguagem para se transformar ora em predadora, ora em presa, tentando imobilizar a analista e paralisar o processo analítico.

Através da palavra, transforma-se em predadora, ficando eu sua presa, e isso se verifica quando suas falas são cheias de ricas metáforas e analogias, quando são longas e intelectualizadas, ou quando ela se insere com hostilidade, colocando dúvidas sobre o método analítico. Ela também se transforma em presa, e eu sou a predadora, quando tento com firmeza decodificá-la: então, ela se fragiliza, faz silêncios prolongados e fecha-se em seu reduto.

D. Meltzer: Essa é uma história muito interessante. Dá vontade de dizer: "Que falta de sorte, menina". Mas ela não aceitaria isso. Ela quer usar essas perdas como provas da sua onipotência.

Apresentador: Isso mesmo. Em uma das sessões vai aparecer que ela cresce, quando alguém morre.

D. Meltzer: Gostaria de algumas informações. Esse primeiro amante foi o único amante heterossexual que ela teve?

Apresentador: Foi.

D. Meltzer: Quanto às duas amantes homossexuais, a que morreu e a que tem câncer de mama, ela abandonou uma pela outra ou manteve as duas relações simultaneamente?

Apresentador: Ela estava se ligando afetivamente à segunda quando a primeira ficou doente e, depois ligando-se afetivamente à terceira quando a doença da segunda se manifestou.

D. Meltzer: Isso não responde à minha pergunta. Ela manteve a relação com as duas ao mesmo tempo, ou com uma de cada vez?

Apresentador: Com uma de cada vez.

D. Meltzer: Estou tentando entender o que a deixou tão excitada essa manhã que a faz comunicar imediatamente sua descoberta. Ela sente que descobriu dois fatores que preservam a vida do animal, a imobilidade perante o agressor e a ausência de dor por um período de uma hora. Esse período parece crítico. Presumo que isso seja uma afirmação a respeito da transferência. Você provavelmente pode ler, em vez de uma hora, cinqüenta minutos. Não há dúvida de que ela foi bem-sucedida em interessar você.

Apresentador: Ela é muito sedutora.

D. Meltzer: Num certo sentido, ela está oferecendo também uma alternativa à psicanálise para entendê-la. Perguntei se ela tinha esses dois casos amorosos ao mesmo tempo porque parece que ela está vivendo dois casos amorosos, com sua pesquisa e com sua análise. Ainda não está claro o motivo da urgência em comunicar isso para alguém e por que esse alguém seria você. Está claro por que ela precisava contar para alguém essas descobertas?

Apresentador: Penso que sim. Ela precisava de alguém, mas era um alguém que ainda não tinha uma representação dentro dela.

D. Meltzer: Mas qual era a urgência?

Apresentador: Não sei.

D. Meltzer: Também não sei. Ela provavelmente sentiu que, de alguma maneira, suas técnicas de imobilidade e neutralização da dor por uma hora estavam sendo ameaçadas, e ela estava à beira de experimentar uma dor terrível.

Apresentador: Fiz um resumo, é uma longa história comigo. Fiz uma divisão em três fases, só para efeito didático, porque as três fases ainda se misturam.

Fase 1: (aproximadamente um ano): Durante muito tempo a análise se desenrolou em um ambiente favorável. Numa linguagem rica, a paciente foi mostrando, através da palavra, as experiências catastróficas vividas precocemente em sua vida, numa época em que era ainda incapaz de conter ou elaborar psiquicamente o que sentia. Teresa parecia ter encontrado o objeto perdido, cuja carência havia desencadeado toda a sua sintomatologia. Comparecia a todas as sessões, raramente atrasava; melhorara dos sintomas, sua produção científica melhorou e ela foi eleita chefe do departamento em que trabalha.

D. Meltzer: Vamos esclarecer um pouco a cronologia.

Apresentador: Quando começou a análise, ela estava com a segunda relação homossexual, partindo para a terceira.

Fase 2: As relações contratransferências sinalizavam que a análise tendia a paralisar. Havia momentos em que eu me sentia imobilizada para pensar. Ela me ouvia com atenção, mas não respondia diretamente às minhas interpretações. Suas falas tinham a função de afastar-me do contato com ela, ou, na maioria das vezes, eu me sentia englobada, petrificada. Nessa fase, sua defesa chegara ao máximo: eu entendia que havia nela uma tentativa de afastar-me, para não reviver transferencialmente as ameaças de catástrofes que tinha sentido ocorrer com seus primeiros objetos. A fase durou aproximadamente um ano e meio.

Fase 3: Começa a haver rupturas das defesas e aparecem momentos de intimidade na relação analítica. Ocorrem primeiro nos sonhos, depois ela fala mais diretamente que começa a se dispor a romper a parte encapsulada que há dentro dela, e Teresa pôde, pela primeira vez, chorar com a analista durante a sessão.

Vou falar de três sessões para exemplificar as fases.

D. Meltzer: Quanto tempo durou a fase três?

Apresentador: Até hoje. As fases estão misturadas.

D. Meltzer: Vamos dizer, cinco anos e meio. Como se situa a amante homossexual número três, em relação a essas fases?

Apresentador: Está presente desde o início da análise.

D. Meltzer: Foi na transição da amante homossexual número dois para a amante homossexual número três que começou a análise?

Apresentador: Sim.

D. Meltzer: Então, não é provável que ela culpe a analista pela morte das duas primeiras. A segunda tinha câncer da mama, mas não morreu. E importante esclarecer isso, porque ela tem uma certeza tão onipotente e onisciente sobre o seu efeito destrutivo que parece que a técnica de interpor uma distância entre vocês é para que você se mantenha viva. Assim, a urgência em contar sua descoberta não era só devido a uma ameaça à própria vida, mas também um imperativo pela ameaça à sua vida, porque a situação presa-predador é reversível. Ainda não esta claro por que chamar esse conceito de presa-predador em vez de sadomasoquista. Parece sadomasoquismo com onipotência. Quantos anos ela tinha quando a mãe cometeu suicídio?

Apresentador: Foi há oito anos, ela estava com trinta e oito anos aproximadamente.

D. Meltzer: E a mãe, quantos anos tinha?

Apresentador: Não me lembro, mas provavelmente em torno de sessenta a setenta.

Fase 1: Numa das primeiras sessões, Teresa traz a metáfora do seu nascimento biológico. Chega para uma sessão (a quarta da semana), deita-se e começa a falar sem interrupção:

"Ontem, se eu tivesse que continuar aqui após a sua intervenção, no final da sessão, eu não agüentaria".

D. Meltzer: Uma luz de alerta se acendeu.

Apresentador: "Algo a mobilizou", eu digo. E ela diz: "É sobre aquilo que se falou, sobre a condição intra-uterina. O útero deveria ser um lugar de conforto ideal, sem fome, sem sede, sem dores e sem frio; depois que a gente nasce, é preciso chorar e chorar para sobreviver. Então, lembrei-me de dois fatos vividos por mim, dos quais eu soube por minha mãe. O primeiro foi quando nasci; disseram que chorei muito, chorei tanto nos primeiros dias que meus pais me trancaram por duas noites num quarto escuro, e daí não chorei mais.

Fui sempre uma criança dócil, segundo o critério deles. Minha mãe dizia que tinha feito isso porque meu pai não podia perder noites de sono, tinha de trabalhar no dia seguinte e filho não podia fazer barulho. Comecei cedo a calar as minhas emoções. Minha mãe contava esse fato sempre que tinha de opinar sobre a educação de crianças.

A segunda coisa desse tipo que me aconteceu foi quando subi numa arvore, caí, quebrei o braço e tive de engessá-lo. À noite, após o engessamento, eu sentia muita dor e chorava demais. Minha mãe se levantou e me repreendeu, disse que eu tinha de parar de chorar para não atrapalhar o sono de meu pai. Daí para frente não dei mais preocupação; eles acharam sempre que eu era uma criança modelo, que não fazia peraltices e estava sempre quieta."

E prossegue, associando que durante toda a sua vida tinha procurado resolver os problemas sozinha, contrastando com o irmão, que era rebelde e problemático.

D. Meltzer: O aviso que ela deu no início da sessão agora se transforma no aviso de que ela vai parar de reclamar, vai se imobilizar, ficar quieta e ser uma criança perfeita, porque as alternativas são: ou interferir com o sono do pai e atrapalhar o trabalho dele, ou levar a mãe ao suicídio. E parece claro que, se falar sobre a sua vida intra-uterina de uma maneira que lhe provoca dor, você recebera esse tratamento de silêncio e com isso vai enlouquecer.

Não vejo necessidade de acreditar nesses fatos sobre a infância, o desenvolvimento etc. Parecem simplesmente técnicas para ameaçar a analista de uma maneira específica, que apela para o precedente histórico. Ao invocar o precedente histórico, provavelmente ela também nega qualquer responsabilidade ou escolha. E isso que significa resolver os problemas sozinha.

Apresentador: Parece que foi assim durante muito tempo. Durante essa fase, foi assim a situação com a analista.

D. Meltzer: Podemos presumir que esse confronto foi há sete anos.

Apresentador: Sim. Nesse momento, ela faz uma pausa e digo que, trazendo essas lembranças, ela estava dizendo que sobreviveu e que para sobreviver é preciso chorar. E agora estava ali comigo, e eu podia ouvir o seu choro. Ela se assusta com a minha proximidade, faz uma pausa e, gaguejando emocionada, diz que não havia conquistado espaço em sua família, que nunca dera trabalho aos pais, era sempre boazinha e tirava boas notas; no trabalho com colegas, alunos e subordinados, procurava fazer tudo o que lhe pediam, não conseguia se impor, e sentia-se sempre explorada.

Agora ela falava mais tranqüilamente, e pude dizer: "Quando precisa se impor, você tem medo de que suas palavras e seu choro arrebentem as pessoas, que suas palavras destruam os outros. Então se cala, como se não existisse."

Teresa diz: "Sinto que bloqueio as emoções fortes. Na morte da minha mãe e na morte de G. parece que na hora eu não liguei, a coisa vem depois. Não consigo ainda mexer na casa de G., geminada que é à minha, a presença dela fica muito forte. Não consigo ir a B. A. para passear, porque G. está enterrada lá. No momento em que ela morreu, enfrentei tudo, fui até Cumbica embarcar seu corpo, mas não pude ver enterrá-la".

Digo a ela: "Atrás da menina que não chora e que aparentemente não sente nada, há alguém que sente muito e que vem expor a mim sua dor. Hoje você está aqui com a sua ferida exposta, como esteve quando pequena debaixo daquela árvore de onde caiu e não teve quem a segurasse. Hoje você não está só como naquele dia".

Ela responde: "Eu queria uma explicação para toda essa dificuldade que tenho de externar os meus sentimentos. Sempre achei que isso estava na raça, meu pai era alemão e a minha mãe era belga, acho que dá tudo no mesmo. Eu fiquei só, mas meus irmãos se casaram com brasileiros e devem ter amenizado esse posto."

Digo: "E você veio se analisar com uma brasileira, e aqui tenta amenizar sua dor, ou pelo menos conhecê-la".

D. Meltzer: O que significa essa história sobre a casa da G.?

Apresentador: Quando era amante da G., ela se mudou da casa dos pais e foi trabalhar na universidade. E elas construíram uma casa que tinha áreas comuns. As frentes eram separadas, mas as casas eram ligadas pelos fundos.

D. Meltzer: Quer dizer que era possível entrar em qualquer das duas casas pelos fundos? Duas portas na frente e uma atrás?

Apresentador: Sim. Nos fundos, havia um quintal e na frente tinha duas salas, dois quartos e acho que a área comum era a cozinha, a biblioteca, o quintal e dois banheiros.

D. Meltzer: Ela herdou a casa inteira quando G. morreu?

Apresentador: A questão ainda está pendente com os herdeiros de G.

D. Meltzer: Pelos últimos sete anos?

Apresentador: Sim, está havendo um processo jurídico.

D. Meltzer: Quem está processando quem?

Apresentador: Teresa está tentando que os herdeiros tomem posse ou comprem a casa, assim ela poderia construir outra.

D. Meltzer: É como o comediante que conta que tem um relógio de ouro que ganhou do avô, e diz, com lágrimas nos olhos: "Ele me vendeu no seu leito de morte." Há sete anos?

Estou tentando entender quanto essa moça é psicótica. A maneira como ela conta as coisas e a certeza absoluta com que anuncia suas teorias parecem bastante psicóticas. "Devido às minhas origens, o meu pai era alemão, a minha mãe belga" e ponto. "Meu irmão e minha irmã casaram com brasileiros, mas eu fiquei solteira". Não é verdade que tenha ficado solteira. Na verdade, na sua única relação heterossexual, o homem morreu e não é que "não teve outros". Em vez de ter outros homens, ela teve três rêlações homossexuais.

Ela tem uma capacidade interessante de explicar tudo. No começo, parece que ela vive num universo de presas e predadores, mas há uma situação delicadamente equilibrada entre quem é a presa e quem é o predador, dependendo de quem pode se fingir de morto. Ela é tão boa em se fingir de morta, que a gente se pergunta se ela acredita mesmo que essas outras pessoas morreram, ou se fingiram de mortas. Ela não pode fazer nada com a casa da G., tudo lá está paralisado, presumo que a casa esteja vazia, talvez caindo aos pedaços. Ela não pode ir a B. A. porque a G. está enterrada lá.

Você está interpretando corajosamente a transferência. Não está claro para mim se ela escuta alguma coisa do que você diz.

Apresentador: Tento me manter viva.

D. Meltzer: Ela ficou furiosa no começo da sessão por algo que você disse a respeito da vida intra-uterina, e ela ameaçou abandoná-la. Parece acreditar que houve um período na vida intrauterina quando tudo era perfeito, sem dor, sem fome, sem sede, e depois ela nasceu e o choro começou. Então, foi fechada num quarto escuro por dois dias. Parece que ela a ameaçou, porque sente que você ameaçou essa idéia a respeito do período feliz dentro do útero.

Parece implicar que ela sente que você está a ponto de lhe dizer alguma coisa diferente, isto é, que no útero ela estava imóvel, não-feliz, e que mesmo no útero estava assustada e fingindo-se de morta. Vamos continuar e ver o que acontece na fase dois.

Apresentador: Fase dois, material A. Era a terceira sessão da semana, Teresa faltara no dia anterior. Entra em minha sala muito pálida, abatida, carregando na bolsa um livro que coloca sobre uma cadeira. Comunica-me, ao deitar-se, que teve fortes dores abdominais do tipo cólicas e vômitos, procurou um gastroenterologista que lhe pediu exames ultra-sonográficos para afastar a hipótese de pedras na vesícula. Depois diz: "Hoje recebi um livro importado que contém um artigo de psicanálise, é uma enciclopédia atualizadíssima. Desde sexta-feira estou extremamente ansiosa porque será amanhã o concurso de efetivação dos docentes do departamento, sou a presidente da banca examinadora. Não deveria ter aceito esse cargo porque estou envolvida emocionalmente com as duas participantes do concurso; a L. vai ser aprovada, mas a V. não. Ela é extremamente infantil, não publicou nada em oito anos, é impossível aprovar alguém assim. Se ela não passar, perde o emprego, e com esta situação que atravessa o país não será contratada em lugar nenhum.

Agora já sei, o que tive ontem foi um 'piripaque' por causa dessa história; a mãe da L. chamou minha doença de frescura".

Eu disse que acreditava que a sua doença podia chamar-se angústia e não frescura ou 'piripaque', senão ela não estaria trazendo este fato para conversar aqui e nem estaria interessada em ler artigos sobre psicanálise. Responde arrogantemente que até quis conversar com o professor C., decano do departamento, e ouvir a opinião dele sobre o caso, mas não o fizera porque já sabia que notas deveria dar a L. e a V.

D. Meltzer: Não entendi bem. Existe um exame de efetivação para professores da faculdade, que implica uma prova, ou basta um relatório da sua eficiência?

Apresentador: Nessa fase, ela já era chefe do departamento e tinha a função de elaborar um parecer. Depois de um certo tempo, os docentes têm de fazer um exame de efetivação, e ela era presidente da banca. É uma prova de títulos e trabalhos.

D. Meltzer: Mas tem um exame? Minha questão é se isso é verdadeiro ou é a forma como a paciente entende.

Apresentador: Creio que é verdade.

D. Meltzer: No exército, o comandante escreve seu relatório de eficiência, e só ele decide. Nesse caso, há mais duas pessoas, mas ela se comporta como se a decisão fosse só dela, e como se fosse uma questão de vida e morte.

Apresentador: Sim, daí o conflito.

"Esta noite sonhei que estava num lugar que parecia um paraíso, tinha flores, lagos, rios e eu estava dentro daquele mundo, fascinada pelas coisas exóticas espalhadas por lá. Comecei a colher conchas no chão e colocá-las em minha mão, e elas se transformavam em pedras comuns e eu as jogava fora. Depois fui andando e encontrei um lago límpido e transparente, onde nadavam seres estranhos. Eram invertebrados, polvos coloridos, mas quando eu chegava perto para apanhá-los eles não tinham vida e eram feitos de plástico transparente. Na beira do lago havia uma mulher, ela mergulhou e saiu da água trazendo uma linda concha que se abriu e até apareceu um animal exótico. Eu me aproximo e, quando chego perto, percebo que não era um animal, era uma massa disforme, sem vida, de consistência plástica.

Agora me lembrei de outra história que nem sei se pode ter ligação com isso. Hoje de manhã, um colega, que veio de outra cidade para participar da banca examinadora, contou-me as pesquisas que tem feito no seu departamento sobre manipulação genética. Eles produziram uma galinha que tem uma massa muscular enorme, o dobro da comum, é uma mega-galinha que cresce em sessenta dias. Só há uma desvantagem: essa super-galinha morre com muita freqüência de parada cardíaca, porque seu coração é pequeno e não nutre a grande massa muscular".

D. Meltzer: Em que mundo ela vive! Um mundo onde tudo que é bonito torna-se sem vida, plástico e artificial na hora em que ela toca, e onde a ciência produz monstros que não podem sobreviver. Esse não me parece simplesmente o mundo da identificação projetiva. O mundo dela e primeiramente descrito como um Paraíso. "Eu estava naquele mundo, fascinada pelas coisas exóticas que estavam por lá e comecei a catar conchas, como restos de seres mortos."

Pelo que ela disse antes ("Eu me mantive solteira, mas o meu irmão e a minha irmã casaram com brasileiros, e isso deve tê-los suavizado"), é como se tivesse feito o grande sacrifício para poupá-los de ficarem solteiros, estéreis, suicidas etc. Acho que isso ultrapassa a grandiosidade comum da identificação projetiva.

Apresentador: Quando ela parou de falar, eu me senti petrificada por alguns instantes, sem conseguir pensar. Depois, pude dizer que ela trazia, naquela ocasião, o seu lado intelectual crescido, com muitas funções (presidente de banca, etc.), e o seu lado emocional, vulnerável, que adoece e somatiza. Traz um livro atualizadíssimo para eu aprender a cuidar dela, porém quando chamo sua atenção para a sua parte frágil, que ela chama de V., foge e sai da relação.

D. Meltzer: Isso é muito bom. Certamente, ela não te deixou. petrificada.

Apresentador: Quer colher coisas boas, bonitas, vivas e coloridas comigo, mas se assusta ao me sentir tão próxima e tenta petrificar-me ou transformar-me numa super-galinha, que tinha muito a oferecer como alimento, mas, morta, de nada lhe adiantaria.

D. Meltzer: Essa é uma interpretação excelente. Você é essa galinha grande com esse megapeito, mas não é viável. Não há dúvida de que ela vai condenar "V. ", como uma parte dela mesma, à morte.

Apresentador: Ela murmura *hum, hum à* minha resposta, e depois fica em silêncio até terminar a sessão.

D. Meltzer: Não entendo bem o tom do *hum, hum.*

Apresentador: Ela sempre fazia isso quando não queria me ouvir.

D. Meltzer: Mas a analista também faz este som?

Apresentador: Não.

D. Meltzer: Eu faço. Às *vezes,* os pacientes reclamam do meu *hum, hum...*

Apresentador: Material B: Sessão de segunda-feira. Teresa diz:

"Neste final de semana, tive de ficar migrando de um canto para outro da casa: um lado era muito frio e no outro batia sol e esquentava demais. Entrei e me acomodei num canto, até conseguir ler alguma coisa. Tenho uma forma muito dispersiva de estudar, em vez de parar e me aprofundar numa leitura, recomeço várias vezes, até ficar completamente fora do assunto que estou lendo. Tenho de dar aula sobre a fisiologia da visão, e divaguei para a neurofisiologia, tentando fazer correlações, me perdi entrando em assuntos que nada tinham a ver com o aparelho visual. Comecei a ler, por exemplo, sobre a influência da luz na secreção dos hormônios etc."

D. Meltzer: Provavelmente, isso é uma bela descrição do que acontece quando ela a escuta. Poderia ter dito: "Sim, tenho uma forma muito dispersiva de ouvi-la; em vez de parar e entrar no seu texto, começo a procurar outras coisas relativas à intenção da sua fala, e isso me leva longe de qualquer coisa que você de fato diz".

Apresentador: Eu disse que, quando está comigo, ela queria que eu não me sentisse seduzida por todo **esse** universo que cerca o conhecimento humano e ficasse concentrada essencialmente nela e nas suas emoções. Pareceu não me ouvir e disse: "Quando eu estudava o sistema visual, pensava em algumas questões. Um sinal visual é estudado de maneira sofisticada. Consegue-se estudar o código de um neurônio em funcionamento para assinalar cada sinal, mas nada se sabe quanto a decodificar e perceber como funciona, como retomam os estímulos e como estes são trabalhados na mente. Aí a ciência pára, e é falha". Faz uma pequena pausa e diz que está indo dar aulas para substituir V. (que ela matou), a colega que foi rejeitada, por isso não tem obrigação de saber tudo.

D. Meltzer: Ela está lhe ensinando tudo o que você precisa saber sobre assuntos em que está muito interessada, e com certeza não prestou atenção ao que você falou. Infelizmente, tudo isso soa científico, sofisticado, refinado: o código do neurônio, decodificação etc. E, subitamente, ela diz: "Não sabemos nada sobre como funciona o cérebro; aí a ciência pára. E isso é um erro" Qual é o erro? Por que a ciência pára de repente?

Apresentador: Creio que a falha está em entender as emoções dela.

D. Meltzer: Com certeza isso significa chegar aos limites do seu conhecimento, que aqui é chamado *de cérebro.* É possível fazer todas essas elucubrações sofisticadas e inteligentes com o aparelho visual, mas subitamente você se depara com o cérebro *e percebe que* não sabe nada.

Presumo que, na transferência, você é cérebro; não é só uma mega-galinha com esse peito enorme, mas é um cérebro que sabe pensar, escutar e observar. Alguma coisa está acontecendo para que ela *se dê* conta de que erra ao tratá-la de uma forma insultante e superior.

Ouvimos, a seguir, que ela vai substituir V. Em *vez de* matá-la, viu-se identificada com ela, tendo de fazer o trabalho dela. Neste momento, implora para não ser obrigada a saber tudo, como se a sua onisciência fosse cúmplice dessa exigência de saber tudo.

Apresentador: Disse-lhe com firmeza que, se quando falo ela foge e não me ouve, não seria fácil para ela se compreender a partir de seus sinais internos. Mas disse também que ela tinha uma intuição de que, naquela parte em que a ciência falha ou não lhe dá as respostas, talvez eu pudesse entrar com a ciência dos sentimentos, da compreensão humana, e falaríamos numa linguagem emocional.

D. Meltzer: Sim, isso é muito bom. Não precisamos usar a linguagem da matemática para falar com precisão. Podemos usar a linguagem das emoções, que tem um tipo diferente de precisão *e merece* o nome de ciência.

Apresentador: Ela diz: "Essa não é uma tarefa tão fácil como entender a neurofisiologia. Acho que só agora, depois de vinte anos, começo a estudar entendendo, com a sensação de estar aprendendo os processos integrativos do sistema nervoso. De alguns anos para cá, ocorreram em minha vida muitas mortes, doenças e cânceres. Tive de trabalhar dobrado no departamento, e pensei: "Pô este setor nunca se estabiliza", tenho de dar aulas que nunca dei. No fundo, essas heranças e perdas representam, para mim, mais esforços, mais trabalho, mas no fundo acho que estou aprendendo coisas que nunca suspeitei aprender".

Senti que precisava decodificar as falas de Teresa com firmeza. Evidenciava-se nessa sessão a sua parte intelectual, que cresce ou se desenvolve quando alguém morre ou é rejeitado.

D. Meltzer: Dessa vez, ela realmente a ouviu, porque está dizendo que sua antiga teoria, de que a única coisa importante era a sobrevivência, talvez não seja verdadeira, pois existe um outro sistema de valores, representado por você, que é "aprender com a experiência e desenvolver-se". Porque aqui não estamos lidando com um mundo rígido, estável; lidamos com um mundo em constantes fluxos e mudanças, e não tentamos controlá-lo, mas entendê-lo um pouco. Ela não só nunca suspeitou que aprenderia as coisas que está aprendendo, mas também nunca suspeitou que essas coisas existissem para ser aprendidas.

Há oito anos ela vem lhe ensinando como ser científica; e certamente chegou o momento de matá-la, seja você um polvo, um crustáceo, uma mega-galinha ou uma colega chamada "V". Como ameaçou no começo: se você ousasse falar com ela daquele jeito, iria embora. Faz uma ameaça, como presidente da banca, quando diz: "Se eu tivesse de continuar aqui, depois da sua intervenção no fim da sessão, eu não agüentaria". Isso é uma forma de humildade, nessa moça tão arrogante. Mas ainda não responde à minha pergunta: estamos lidando com identificação projetiva ou com um estado mais psicótico?

Apresentador: Fase 3: Teresa comunica-se comigo através de sonhos. Nessa sessão, está mais descontraída, ri ao falar de suas pesquisas sobre imobilidade tônica, conta que está estudando uma família de ratos recém-nascidos e descobriu que só apresentam imobilidade ao nascerem, perdem-na quando crescem. Depois, fala sobre o filme "A Montanha dos Gorilas", dizendo que se identificava com a americana que tinha um grande contato com os animais. Nesse momento, faço a intervenção: "Você espera compreender-se melhor e não ter de se imobilizar, nessa nova fase de contato maior comigo".

Então, diz: "Tenho tido sonhos que refletem bem essa minha dificuldade de entrar a fundo no processo da análise. Sexta-feira à noite, sonhei que tinha de subir uma ladeira para vir para cá. Eu estava com meu sobrinho nas costas, ele estava doente *e era* pesado. A subida era dura, e depois eu tinha de atravessar uma floresta inteira. Havia vários caminhos para sair dela, e eu tomei um deles, que ia em direção ao hospital que tem paredes de vidro, era lá que eu queria ir, que eu teria de ir. Quando cheguei, entrei no hospital e olhei para todos os lados. Avistei, ao redor das paredes de vidro, a paisagem de fora. Olhava para todos os lados e era linda: havia um córrego, e a natureza me encantava, tanto que fui me distraindo da função de ir para a análise, sentia que ia chegar atrasada.

Depois, sonhei outra vez: Eu estava com meu sobrinho no colo, *e ele* tinha de fazer quimioterapia, era eu que tinha de aplicá-la. Tinha uma caixa de agulhas que eu deveria usar, e todas as agulhas estavam rombadas e contaminadas. Foi uma sensação desagradável, eu queria fazer alguma coisa para melhorar o meu mal-estar e não consegui".

Percebi sua fala aflita, mas bem próxima a mim. Disse-lhe que, como uma criança, a parte pequena dentro dela vem para ser tratada. Para isso, temos de arrebentar juntas as paredes de vidro, que simbolizam a sua dificuldade de sentir afetos, de se ligar a mim. Percebo-a emocionar-se e chorar até o final da sessão, quando lhe digo também que sua parte afetiva ficou cancerizada, aprisionada como a de um menino que tem coisas malignas dentro de si. Ela quis ser médica, mãe de si mesma, estar só, se bastar, mas percebia que não dava mais para lidar sozinha consigo mesma. Agora, ela queria romper a parede de vidro, para permitir que eu e ela cuidemos dela.

D. Meltzer: Isso é muito bom. Parece que ela está a ponto de emergir da identificação projetiva. Talvez não seja psicótica, mas tenho de confessar que não estou totalmente convencido disso. Muito bom. Trabalho difícil.

Pergunta da Platéia: Gostaria de saber o que o senhor considera mais psicótico do que a identificação projetiva.

D. Meltzer: A identificação projetiva pode ser muito primitiva e envolver a pessoa em todos os tipos de perversão, vício, confusões etc. Mas viver em identificação projetiva sempre traz um certo risco de cair num sistema delirante e ficar inacessível ao contato analítico. Nem sempre isso acontece com a personalidade toda, mas a parte da personalidade que se torna esquizofrênica fica inacessível à análise.

Minha opinião sobre esse material é que tal paciente provavelmente já foi esquizofrênica, e que a analista foi capaz de fazer contato com partes não-esquizofrênicas da personalidade, que estavam vivendo em identificação projetiva. Oito anos parece um período razoável para conseguir isso e fazer uma análise com ela. Se tratasse apenas de ajudá-la a sair do estado de identificação projetiva, oito anos talvez ultrapassassem o que geralmente seria necessário. Mas, quando se chega a esse ponto, há ainda pela frente todo o curso comum da análise. Isso ainda se complica com os feriados, pois cada vez que a transferência fica especialmente extenuante, a esquizofrenia volta à tona e a analista tende a sentir que não conseguiu nada, e fica muito desencorajada.

Se, como suspeito, essa paciente tem um sistema delirante, não é um sistema delirante ortodoxo, do tipo que se costuma ver, mas é um sistema delirante científico, que me parece bastante comum atualmente.

Seminário Clínico I

Apresentador: Não vou distribuir as cópias deste material, apesar de ter sido autorizado pelo cliente a apresentá-lo aqui.

D. Meltzer: Não compreendi bem essa questão da autorização do paciente para o uso do material. Você contou a ele que seria apresentado para um grupo numeroso?

Apresentador: Contei. Vou ler em português. O Dr. Meltzer está com a versão em inglês.

D. Meltzer: Só por curiosidade: se o paciente tivesse recusado, o que você teria feito?

Apresentador: Conversaria com outro cliente.

D. Meltzer: Então você realmente pediu a permissão dele?

Apresentador: Sim. Queria agradecer este espaço e esta oportunidade ao Dr. Meltzer, ao Departamento Científico que propiciou este encontro...

D. Meltzer: Estou interessado nessas questões relativas ao problema do sigilo. Você pediria a permissão dele para fazer uma supervisão comum do material?

Apresentador: Não.

D. Meltzer: Você pediria permissão ao paciente para falar com sua esposa sobre o caso?

Apresentador: Também não.

Platéia: A esposa dele é analista.

D. Meltzer: Não estava falando da colega, estava falando da esposa. Essa questão de sigilo é tão complexa, que se torna um pouco hipócrita.

Pergunta da Platéia: Você perguntou para o paciente antes dessa sessão, ou você escolheu uma sessão aleatoriamente e avisou que enviaria uma sessão? Ou ele sabe que se trata de uma sessão específica?

Apresentador: A sessão aconteceu, eu me interessei por ela, a sessão foi anotada e, ao receber o convite da Sociedade, pensei em trazê-la, porque eu tinha um interesse especial nisso. E foi o que falei para o paciente.

Durante o primeiro ano da análise, trazia sonhos que foram ocupando cada vez mais espaço nas sessões. Tinham a função de criar um manto onírico, que dificultava uma aproximação emocional comigo. O tema das suas perdas é freqüente.

Apresentarei duas sessões: uma que antecede ao cancelamento, e a sessão seguinte, que é a primeira da semana.

O analisando estava num clima de muita satisfação pelos resultados de seu trabalho e pelo clima de harmonia em casa (sua esposa havia aceitado o nome do bebê, que havia sido falado na análise). Num momento da sessão, diz: "Estou vivendo a gravidez e o início da nova atividade. É uma parte importante da minha identidade. O que adquiro aqui se torna possível lá fora. Sozinho eu não conseguiria."

D. Meltzer: Vamos conversar sobre isso. É uma espécie de lua de mel, presidida por esse feto ainda não nascido. É interessante ver como esse bebê se faz presente. Esse é um dos mistérios sobre o poder de uma criança. Quando se traz um bebê recém-nascido para qualquer situação onde existe um grupo de pessoas, essas quase não conseguem olhar para outra coisa, a não ser para o bebê. Muitas vezes, não conseguem falar sobre mais nada. Não pretendo entender porque isso acontece, mas vimos, em análise, muitas indicações de que é exatamente isso que o bebê sente nessa situação. Todos os olhos estão voltados para ele. Paciente e analista tendem a receber o crédito por essa situação, o que acho correto se tivermos em mente que o crédito se deve a algo que não é bem deles. Isto é, *eles* estão, de algum modo, celebrando um evento da natureza, e a psicanálise não é um evento da natureza, mas é construída e calculada para ser um pedaço da vida em família.

A freqüência com que bebês, concebidos e nascidos no transcurso da análise, recebem o nome do analista é tão alta quanto a dos que recebem nomes dos avós, o que coloca o analista no lugar de um avô. Então, paciente e analista estão celebrando algo parecido com uma lua de mel, mas que, na verdade, está mais próximo de um serviço religioso.

Agora, vamos para a sessão de terça-feira, que é a sessão seguinte. É um fim de semana especialmente longo.

Pergunta da platéia: Na primeira fala da sessão de sábado, o paciente menciona uma viagem (que o analista ia viajar). Não haveria aí uma hostilidade ao analista? Pareceu-me que, no começo, a sessão não é uma lua de mel.

D. Meltzer: É mesmo surpreendente que, apesar desses fatos que você mencionou, existisse um clima de cooperação. Seria de se esperar que a sala estivesse povoada de ambivalências. O que ele quer dizer com "nova atividade"?

Apresentador: Há no analisando um desejo de se aproximar da psicanálise.

D. Meltzer: Não sabemos, o relato não menciona o que significa para ele ser um analista. A maioria dos pacientes, no clima de transferência positiva, quer ser analista, mas acho que isso *deve* ser ouvido do mesmo modo que ouvimos as crianças afirmarem que querem ser como *a mamãe, o papai* e tudo mais. Isto é normal, é uma função da identificação projetiva; eles já são analistas, estão analisando os filhos, a mulher, os amigos, têm uma clínica bem grande. Normalmente essa fase é seguida por outra, na qual a última coisa que eles querem no mundo é ser analistas. Quando começam a se dar conta de que eles não são pacientes ideais, mas pacientes difíceis, pensam para si mesmos que, se ser um analista significa ter um consultório cheio de pacientes como eles, então não vale o esforço.

Na minha opinião, é pena que as pessoas possam se candidatar *e ser* aceitas para treinamento antes de completar a própria análise, porque assim muitas vezes a decepção surge na formação, durante o curso. Seria melhor se essa decepção viesse antes, como a decepção natural da criança para com a idealização dos pais, e não durante a formação.

Porque o destino da idealização é levar à desilusão. E a conseqüência dessa desilusão equilibra-se precariamente entre a hostilidade e a compreensão. A compreensão, que pode ser uma conseqüência da desilusão, consiste na diferenciação fundamental entre *self e objeto,* isto é, a diferenciação entre a identificação com os pais enquanto objetos externos, e a identificação com objetos internos. Essa diferenciação é o que dá essa atmosfera peculiar de exaltação ou desvalorização, que forma o caráter da pessoa. Mas voltemos ao nosso homem para ver o que está acontecendo com ele.

Apresentador: A primeira sessão da semana... Começo com um atraso de seis minutos. Ele entra, sorri como de hábito, deita-se rapidamente no divã.

Diz: "Estes dias, a minha mulher parece que está no momento. Não sei se é questão do útero, parece que ela fica um pouco mais contraída. É assim que entendo o que ela diz".

D. Meltzer: Acabou a lua de mel. Não se pode pôr toda a culpa no atraso de seis minutos, porém temos o direito de perguntar também sobre a contratransferência. Mas isso pode ficar por conta do analista.

A expressão "parece" é importante, porque é um reconhecimento de que você não pode observar diretamente o significado das coisas: só podemos chegar a ele pensando sobre as observações. Então, o significado das coisas se resume a um "parece", e isso é uma desilusão. Vá em frente.

Apresentador: Continuando a mesma fala: "Ela tem ficado mais em repouso, tem-se queixado de um pouco de dor, e fica voltada para si mesma, quieta".

D. Meltzer: Ela fica voltada para si mesma: essa é a grande desilusão. O contato emocional entre pessoas leva a um isolamento, um em relação ao outro, como se cada pessoa se recolhesse para dentro de si mesma. Ele tenta explicar em termos do que está acontecendo dentro do útero da mulher. Parece que ela está um pouco "contraída". Está falando sobre o útero dela ou sobre a vagina? Está falando sobre a maneira como ela fala ou sobre sua boca? Porque a desilusão da interrupção do contato emocional tem a tendência de trazer de volta toda a confusão sobre a falta da confiança e sobre as zonas de contato. Ele está falando da solidão da individualidade. Essa é a essência da desilusão, o que em filosofia se chama de *"solipsismo"*. Esse é o isolamento fundamental de cada indivíduo em relação aos demais. O único conforto possível é o tipo de contato que você pode ter com os objetos internos, o que eu achei que eles estavam celebrando naquele serviço religioso da sessão anterior.

Apresentador: Pergunto a ele o que sentiu ao observar a esposa com dores, andando de um lado para outro, voltada para si mesma.

Ele riu, e disse: "Agora estou pensando. Será que está chegando a hora do parto?".

Nesse instante, faz movimentos bruscos de se segurar na borda do divã, tem um abalo e se segura firmemente nas bordas.

D. Meltzer: É muito interessante, ele subitamente se identificou com o bebê na iminência de ser empurrado e expelido para fora, para o mundo.

Analisando: "Digo a ela que é a adaptação, é assim mesmo. O obstetra disse que ela iria sentir as contrações, mas isso mexe com as emoções. Fico com a sensação de que o parto vai ser logo, que chegou a hora do parto".

Apresentador: "A espera pelo meu atraso e a de sexta-feira até hoje, quatro dias: você quer que seja logo".

D. Meltzer: É muito boa a maneira como o analista faz essa ligação entre a situação analítica e a experiência do paciente com a esposa e, através dela, com o bebê. E também como os problemas que ele chama de adaptação são claramente, nesse momento, problemas decorrentes de abrir mão da idealização – que é o que o bebê tem de enfrentar no momento em que nasce, empurrado para o mundo lá fora e tendo de fazer a adaptação fundamental, que é respirar.

Analisando: "O ritmo do fim de semana marcou, pois no sábado não tivemos sessão. O início da sessão de hoje,... Espera aí. Eu estava ansioso" (há um silêncio).

Apresentador: Digo: "São indicações de que a gravidez é um processo gra-du-al. Gradual para amenizar o desconhecido e a espera."

D. Meltzer: Sim, o nascimento não é tão gradual, talvez a gravidez e o desenvolvimento do feto sejam, mas o nascimento é cataclísmico. "Segure-se no divã". É muito concreta a maneira como ele se segura no divã.

Apresentador: Eu digo: "É, e fica com medo de que eu não agüente a sua angústia".

Analisando: "Agora estou meio confuso, porque, de duas uma: ou fico ansioso aqui, ou fico ansioso lá, com a minha mulher. Onde eu deveria estar ansioso?".(Observo que o clima de tensão da sessão se desfaz.)

Analisando: "Estou tentando ver por que estou perturbado. O que me ocorre é que a gravidez é gradual e incerta, depende do bebê e de minha mulher. Estou participando de um processo que tem duas outras pessoas, e que não depende de mim. Ou melhor, só enquanto pai e marido".

D. Meltzer: "Que decepção!"

Apresentador: Ele diz isso surpreso: "Pode ser o começo".

D. Meltzer: O analista disse antes: "Você tem medo de que eu não possa ser um bom continente para sua angústia". Ser um bom continente para a angústia do paciente depende, na verdade, de o analista poder se angustiar, isto é, receber a angústia do paciente e vivê-la como se fosse dele. Então, se o paciente está se segurando no divã, sentindo-se ansioso, como se fosse o bebê que está para nascer, o analista se torna a mãe preocupada com a possibilidade de que o bebê não nasça vivo, de que não tenha todos os dedos e tudo mais.

Apresentador: Digo: "Você se surpreende. E o desejo de que a fase final possa terminar logo. Hoje, estamos começando com a primeira sessão da semana. Quer terminar a análise, o trabalho, a gravidez... há término para essas coisas?".

Analisando: "Começo, meio e fim, parece. Termina a gravidez, começa a vida lá fora, fora do útero." (Termina o horário.)

D. Meltzer: Isso é uma referência a outra grande dimensão da desilusão, obscurecida por esse processo gradual em que uma sessão se segue a outra, e uma semana é sucedida por outra semana, e o tempo parece circular. Às vezes, é um círculo benéfico, outras vezes, é um circulo vicioso, mas é sempre circular.

Com a emergência desse estado uterino, o tempo subitamente estica e fica linear, e aparece no horizonte o que a Senhora Bick chama de sem saída. O que significa que cada sessão que termina e cada despedida pode ser a última. Um fato da vida. É um ponto bonito em análise mas tem certa artificialidade, como tudo o que se relaciona com a gravidez, seja a gravidez do paciente ou a da esposa.

Como eu disse, quando um bebê entra na sala, todas as coisas e todos os olhos convergem para ele. Então, num certo sentido, quando a gravidez está dentro da situação analítica, tudo fica focalizado nisso. E, dentro deste foco, está não só a angústia, especialmente quando já houve perdas anteriores, mas infiltra-se também nessa situação um tipo de otimismo, de esperança. Isso faz parte do fato de que a construção de um bebê é um processo tão misterioso que está absolutamente além das funções do *self* Então, ele está um pouco decepcionado de ser apenas o pai, mas também ficaria decepcionado de ser só a mãe, pois trata-se de um processo que não é da construção de ninguém. Junto com o otimismo e a esperança artificias, contrabalançadas pela angústia quanto à vida e a segurança do bebê, há também esta linearização do tempo e a constatação do "sem saída". Isto é parte essencial da aceitação da realidade, negada pela atmosfera da primeira sessão, como acredito que as crenças religiosas também são uma forma de negação. Seria bastante útil para o desenvolvimento, se pudéssemos pelo menos esperar a existência de um céu, de uma outra vida e tudo mais, mas é difícil para as pessoas não acreditarem num mundo próximo. Elas preferem lidar com isso como se fosse uma crença, e não uma esperança. Os cristãos não dizem: "Espero que o meu Redentor viva." Proclamam: "Sei que meu Redentor vive."

O mesmo se passa com a situação analítica, quando a constatação da diferenciação entre objetos internos e externos *emerge* como uma crença, e assume traços semelhantes ao fanatismo religioso. O que poderia contrabalançar isso seria o que Bion chamou, inspirado em Keats, de "capacidade negativa", a capacidade de permanecer na incerteza, sem pretender alcançar os fatos e as razões. Em um material como esse, fica visível como é bem-vindo o otimismo das crenças, como parece que se espalham para fora do consultório, nos casamentos dos pacientes, nos locais de trabalho, em todos os relacionamentos pelo mundo afora. É um tipo de euforia, e é extremamente bem-vindo.

É nesse momento da desilusão que está **esse** delicado ponto de equilíbrio entre o reconhecimento da realidade, o tempo linear, o *beco sem saída,* ou a adoção do cinismo e do pessimismo. É um ponto importante em qualquer análise, mas aqui está sendo empurrado através do bebê, que preside essa situação. Enfatizo o fato de que o processo analítico está sendo empurrado artificialmente, porque depois que o bebê nascer, vão reaparecer todos esses processos, e terão de ser lidados de novo, e de novo.

O analista reconhece isso e diz: "Você parece surpreendido! Você desejaria que esse estágio final acabasse logo. Hoje, estamos começando a primeira sessão da semana, e você quer terminar a análise, quer terminar o trabalho, a gravidez. "Isto é o reconhecimento de que o paciente gostaria de terminar a análise nesse ponto. Como dizem os jogadores: "Você deve sair do jogo enquanto está ganhando." Acho que o analista foi hábil em reconhecer que, naquele momento, o paciente gostaria de terminar a análise. E o paciente poderia dizer: "O que mais temos a fazer? Estou feliz".

Perguntas da platéia: Eu queria fazer uma pergunta que pode parecer um pouco fora do foco tratado aqui, mas tem a ver com uma questão teórica trazida anteriormente. A pergunta deriva da impressão que tenho desse paciente. Ele me deu a impressão de ser uma pessoa assustada. Fiz a imagem de um jovem, de uma criança latente, que vai pela primeira vez sozinha para a escola, de ônibus, ainda numa situação de transição, quando a mãe diz: "Pode ir, não tem perigo, não vai te acontecer nada". Isso é um modelo; me veio à mente porque na história relatada há perdas, isto é, experiências violentas, como se o menino saísse de casa e fosse assaltado na esquina.

A questão teórica previamente trazida aqui foi sobre "história". Foi dito textualmente que o analista de certa maneira deve colocar entre parênteses, ou esquecer, as informações que o paciente dá sobre sua vida. Agora, as perdas podem soar ao ouvido do analista como "trauma" e o analista tem diante de si uma criança assustada. Eu queria saber se o Dr. Meltzer trabalha com a noção de "trauma", neste sentido histórico.

D. Meltzer: Se tomarmos o aborto como modelo, a questão em temos lingüísticos está na diferenciação entre "abortion" e "miscarriage", uma diferenciação que, em português, se faz pelos qualificativos "aborto espontâneo" e "aborto provocado". De qualquer modo, há sempre a incerteza sobre a origem dessa falha, desse fracasso da vida. Assim, não é de se estranhar que os pais sintam-se deprimidos e culpados quando ocorre um aborto "espontâneo", pois não podem ter certeza de que não contribuíram para isso. Esta é uma das razões pelas quais eu não veria esses abortos como traumas. Na verdade, não encontro lugar, na análise, para o conceito de trauma, pois acho que esse conceito reforça um tipo de angústia persecutória, que evita a questão da incerteza e a questão da responsabilidade. Isso inclui até a nossa atitude quanto à influência que o ambiente exerce sobre a criança, isto é, se ele tem um impacto concreto sobre a criança, ou se tem sobre ela uma influência apenas relativa, só reforçando as atitudes da criança numa ou noutra direção. Mesmo no bebê, cujos processos de pensamento são rudimentares, e num certo sentido primitivos, cada momento envolve julgamento e decisão. Assim, mesmo quando falamos sobre temperamento, acho que talvez estejamos evitando a questão da capacidade de julgamento e decisão do bebê. É verdade que os bebês parecem diferir uns dos outros, em termos de temperamento, desde o momento do nascimento. Por outro lado, estudos ecográficos do feto tornam inevitável a suspeita de que, no útero, já existe vida mental, de que o que está lá não é só o bebê em isolamento, com seu cordão umbilical e sua placenta. Há também o contato e a comunicação com o mundo lá fora e com a mente da mãe, através da voz dela, das suas posturas e pensamentos. E, através de tudo isso, a mentalidade da mãe e, por intermédio dela, a mentalidade do pai, se impingem no bebê.

Essas considerações são importantes na questão do "aborto médico". Talvez seja insustentável a idéia de que o que se faz é menos do que matar uma pessoa. Até mesmo recursos como o **D.I.U** (Dispositivo Intra Uterino) podem ser considerados como a introdução de uma pequena influência abortiva dentro do útero da mulher. A vida é complicada.

Em resumo, acho que o material apresentado é muito bonito para mostrar esse momento, crucial em qualquer análise, que é o limiar da posição depressiva. Mas, neste caso, nós vimos alguma coisa sendo empurrada para a frente no tempo, uma coisa que vai ter de se recolher e ser retrabalhada com mais sossego. Ainda assim, se, num incidente como esse, pudesse se estabelecer com clareza a metapsicologia do que se passa, isso poderia servir como um guia e uma ajuda depois, quando o processo se tornar mais duro, e o limiar da posição depressiva tiver de ser enfrentado. Como se a gente dissesse para o paciente: "Sabemos o que vai ter de acontecer. Como percebíamos quando sua mulher estava grávida e num momento você se segurava ao divã e, em outro momento, se sentia eufórico e acreditava que a análise tinha chegado ao fim. Como se fosse uma experiência condensada do tipo de decepção que você está tentando enfrentar agora".

É realmente um material muito bonito.

SEMINÁRIO TEMÁTICO
IMPLICAÇÕES DA OBRA DE BION NA PRÁTICA CLÍNICA

Donald Meltzer

Maria Olympia França: Dr. Meltzer, pela experiência vivida consigo, reforçada pela troca de idéias com meus colegas, sei que ficaram conosco algumas características de sua personalidade que ampliaram nosso ser analítico, assim como a humanidade nele contida. Sua generosidade e vitalidade em nos transmitir as descobertas que foi fazendo ao longo de sua vida analítica, seu respeito e consideração pelo trabalho de todos os colegas, ainda quando iniciantes no percurso analítico, sua alegria e força interna, condensadas talvez em seu sorriso de humor e cumplicidade – penso que essa tenha sido uma maneira viva de nos transmitir o que é a capacidade de perdoar. A sabedoria de perdoar "esta vida tão complicada". Muito obrigada.

D. Meltzer: Quero dizer que foi uma semana de muito trabalho, trabalho duro. Mas quero dizer também que estou longe de estar exausto. Gostei muito de ter contato com o espírito dessa associação. Porque me parece que esta associação não só captou o espírito científico dos deuses dessa casa – Melaine Klein e Bion –, mas também captou alguma coisa provavelmente muito característica dos dois, que é o sentido de prazer da psicanálise, o prazer de falar sobre psicanálise e o de praticar a psicanálise. O Dr. Bion não era obviamente um humorista, mas, como vocês sabem, ele tinha muito humor. E o objetivo dele era claramente ajudar as pessoas a pensarem por conta própria.

Acho que o que assustava Bion era o temor de formar apóstolos, como Freud havia formado, e não me considero apóstolo de Bion. Nunca se formou um comitê para proteger o Dr. Bion. Quando ele deixou Londres e foi para a Califórnia, todos nós achamos que era um grande erro. Num certo sentido, ele também chegou à conclusão de que havia sido um erro e voltou para Oxford, mas então já não lhe restava muito tempo de vida.

Nunca tive um contato sistemático com o trabalho de Bion, nem sob a forma de análise nem de supervisão. Apenas seminários e conversas. Era um homem carismático. Não era uma pessoa de quem eu me sentisse especialmente próximo, emocionalmente. Seu trabalho foi crescendo devagar dentro de mim, e foi crescendo no meu consultório, sem que eu me desse conta disso. Afetou a minha maneira de pensar, e afetou a minha prática. Com o tempo, foi-se fundindo tanto, amalgamando com as idéias e o pensamento de Melaine Klein, que me pareceu uma continuação do trabalho dela, da mesma maneira que sempre achei que o trabalho de Melaine Klein era uma continuação do trabalho de Abraham.

Não preparei nada de especial para lhes falar da maneira como o trabalho de Bion me afetou. Em parte, porque já escrevi sobre isso na parte III do *Desenvolvimento kleiniano*, referente a Bion, e em outros trabalhos. Certamente as questões que ele nos deixou, sobre o desenvolvimento do pensamento e as questões práticas da clínica, estão no centro do meu trabalho de pesquisa na clínica.

Os destaques do pensamento dele, contidos na sua teoria do pensamento, têm aplicação clínica direta, porque nos capacitam a observar e a ouvir de maneira inteiramente nova. Há vinte e cinco anos, isso não seria possível. Não apenas não éramos capazes de observar e ouvir dessa forma, mas também não havia maneira de conversar sobre os processos de pensamento. Havia algumas idéias meio rudimentares, tais como formas concretas de pensamento, mas não chegavam a ser muitas, se comparado-as com a estrutura impressionante que está na grade de Bion.

Ele próprio nunca achou outro jeito de usar a grade a não ser como uma espécie de jogo. No fim, acabou perdendo o interesse nisso e, embora tenha mencionado a possibilidade de uma grade negativa, não chegou a desenvolvê-la. A idéia de distúrbio de pensamento ficou evidente, ubíqua em todo o trabalho clínico.

Então, ele lançou uma luz inteiramente nova sobre toda a seqüência de eventos, diferente de tudo o que pude escrever no livro *"Processo psicanalítico "*. Esclareceu o processo pelo qual as experiências emocionais têm de achar um caminho para serem mentalizadas e entrarem na vida mental, e não evacuadas por outros truques que ele menciona (por exemplo, fenômenos psicossomáticos, alucinoses, ação, fala sem sentido etc.)

Para descrever a vida mental em termos do que chama de função alfa, Bion levou em conta a noção de Melaine Klein da concretude da vida mental do mundo interno e deu a esses objetos internos uma função, que vai muito além do que podia ser descrito por superego ou ego ideal – uma função que significava fazer pelo *"self'* alguma coisa que o *"self'* não podia fazer.

Isso nos ajudou a entender as diferentes maneiras pelas quais funcionamos na vida normal, cotidiana, usando símbolos que nos são oferecidos pela nossa cultura e pelos nossos pais, isto *é, símbolos recebidos, ou* utilizando-nos dos símbolos que se formam nas nossas mentes, como algo novo, conhecidos como *símbolos autônomos,* que são a fonte de todo trabalho mental criativo.

É com base nessa diferenciação, entre símbolos recebidos e símbolos autônomos, que podemos distinguir, em psicanálise, aquilo que chamei de interpretações rotineiras e interpretações inspiradas. É isso que, tanto na arte como na ciência, revela a diferença entre um trabalho que está na moda e um trabalho verdadeiramente criativo. Por isso, quero recomendar o estudo da grade, que nunca alcançou popularidade em nenhum lugar. Embora contenha erros, é um esforço maravilhosamente criativo, comparável, na história psicanalítica, à mudança provocada na química pela Tabela Periódica de Mendeleïev. Como eu disse, há alguns erros nela, mas não vou entrar nisso.

Quando Bion se afastou da grade, e desinteressou-se dela, voltou-se para a trilogia que foi o principal interesse do final da sua vida: a "Memória do Futuro", que provavelmente não é um grande trabalho literário, mas é um grande trabalho de organização imaginativa. A partir daí, em especial no terceiro volume, dá para se reconhecer o fechamento do círculo do seu trabalho, que começou no livro sobre grupos.

Nesse terceiro volume, ele define o grupo interno que constitui o núcleo da personalidade – e o faz com maravilhosa vivacidade. O tipo de debate que se dá nesse grupo interno, que é na verdade o núcleo do pensamento, é uma leitura maravilhosa.

Prefiro parar por aqui e pedir para as pessoas fazerem perguntas, conforme o combinado: eu falaria em torno do que aparecesse aqui.

Perguntas da platéia

Alicia Lisondo: Gostaria de perguntar sobre os erros que, segundo o Dr. Meltzer, a grade contém.

D. Meltzer: O próprio Bion reconheceu, por exemplo, que a coluna dois deveria ser eliminada, porque na verdade ela é a base para uma grade negativa. O segundo erro, que o Dr. Bion também reconheceu, é a coluna chamada ação; porque a ação provoca uma pausa no pensamento, dá uma parada no pensamento. Isso está muito bem ilustrado no terceiro volume da *Memória.*

Há dois erros que não considero, de fato, erros, porém formulações inadequadas: são a última e a penúltima colunas horizontais do sistema dedutivo científico, que ele chamou de cálculo algébrico.

Uma leitura cuidadosa da ***Memória,*** em particular do volume terceiro, mostra claramente que essas duas linhas poderiam ser: nível estético e nível espiritual. A razão pela qual Bion chamou de sistemas dedutivos científicos é que ele teve, durante algum tempo, um romance com a matemática, não com a matemática de verdade, mas com a linguagem matemática. O que o atraiu foi a precisão da linguagem matemática, da mesma maneira que atraiu Platão, que pensava que o que não pudesse ser expresso pela linguagem matemática não poderia ser chamado de científico. Acho que foi esse flerte com a precisão que determinou isso.

Mas é possível chegar à precisão por outros caminhos; por exemplo, por meios lingüísticos, por diferenciação lingüística e por precisão lingüística. O terceiro volume da *Memória* versa sobre isso e traz claramente estas duas categorias, da estética e do espiritual.

Nem sempre sentimos que estamos em condições de fazer explorações com os nossos pacientes, seja no nível espiritual, seja no nível estético. Mas, da minha experiência, sinto que, à medida que nos tornarmos melhores em enxergar do ponto de vista estético e do ponto de vista espiritual, encontraremos uma linguagem para comunicar isso aos nossos pacientes. Não é muito correto chamar tais coisas de erros; a grade foi uma primeira tentativa, mas aí ele se desviou para outros interesses.

É possível ver no livro de Bion chamado *"Cogitation"* algo dos processos mentais através dos quais ele desenvolveu o conceito de função alfa. É uma demonstração impressionante do poder do seu pensamento: focalizar um problema, ver esse problema de diferentes pontos de vista, trabalhar a questão de uma perspectiva reversível – tudo isso é impressionante.

Não concordo que a função alfa não possa ser observada. Acho que algumas vezes, nos sonhos dos nossos pacientes, temos vislumbres de como a função alfa trabalha; e de como opera esse maravilhoso conceito de reversão da função alfa. É um dos conceitos mais extraordinariamente imaginativos que existem, porque nos permite ver isso como algo que ocorre no funcionamento mental normal. Exatamente como Freud descreveu, de forma crua, nas fantasias de destruição e de fim de mundo de Schereber.

Essa idéia de que os símbolos, no processo de formação, podem subitamente ser abandonados e, por assim dizer, pulverizados em fragmentos irreconhecíveis que, em seguida, podem ser juntados, como os delírios se formam na mente, parece-me um trabalho de grande engenhosidade imaginativa. Porque basta levar um pouco mais adiante a idéia, e imaginar uma estrutura construída desses bloquinhos delirantes, para ter uma imagem vívida de como é construído um sistema delirante. Parece a descrição de Milton de como Satã fazia a construção do inferno; exatamente como Schereber descreve o seu sistema delirante, ou como Freud fala sobre o sistema delirante de Schereber, que não era maior nem melhor do que o mundo, mas era um mundo no qual ele podia viver. Milton descreve claramente que Satã construiu o inferno segundo o modelo do céu, só que com o sinal negativo. Esse sinal negativo é a própria marca registrada dos distúrbios de pensamento: o espírito que nega, que diz não. Esse é o significado central daquilo que Melaine Klein descreveu como inveja: o espírito que nega e recusa.

Julio Frochtengarten: O senhor diz que os modelos de intervenção freudiano e kleiniano baseiam-se na interpretação, enquanto o modelo bioniano pressupõe a descrição. Vimos, nesses dias de trabalho aqui, que as suas descrições são formuladas conforme a teoria kleiniana. Eu gostaria que o senhor falasse mais sobre a interpretação kleiniana e sobre a descrição calcada nas teorias kleinianas.

D. Meltzer: Para mim, a diferença fundamental entre os modos de intervenção kleiniano e freudiano e o modo bioniano está na passagem da explicação para a descrição. A meu ver, a psicanálise não é uma ciência explicativa, é uma ciência descritiva. Seu valor – a possibilidade de se atribuir a ela o caráter de ciência, depende do rigor com que se faz essa descrição. Em Bion, encontramos a chave para isso: o princípio da incerteza e da capacidade negativa. Não temos nada a oferecer aos nossos pacientes, sob a forma de interpretações, que não sejam opiniões. Há alguns reveses nessa idéia, os quais eu também não sei como evitar, e estou pronto para ser acusado de fazer isso. Ou seja: o analista pode saber com alguma certeza o que está na mente dele; mas quando interpreta com base naquilo que está na sua mente, soa como algo que ele sabe, não como uma opinião. Por exemplo, a maneira como estou falando com vocês agora não soa como uma opinião. O que estou expressando neste momento *é esse* princípio geral da capacidade negativa.

Evelise Marra: Eu tinha pensado em duas questões para lhe propor. A primeira era justamente essa, coincide com a questão que o senhor acaba de comentar: ia lhe pedir para falar desse par interpretação-descrição, com proposição de sentido. Em parte o senhor já respondeu. Uma outra questão que eu queria colocar é que me parece que esse campo, da descrição e proposição de sentido para uma experiência emocional, torna o campo de ação do psicanalista tão extenso, que fica difícil delimitá-lo. O campo da interpretação é mais bem delimitado, me parece.

D. Meltzer: Acho que só dá para delinear o campo da atenção. A parte de arte na psicanálise consiste num comportamento parecido com a maneira como alguém se comporta numa galeria de arte: a pessoa se aproxima de um quadro, afasta-se, aproxima-se de novo, afasta-se, estreita o seu foco de visão, amplia o foco. Mas, nas duas situações, a gente tenta descrever aquilo que observou e tenta juntar as várias observações, as várias descrições.

Bion ressalta que Freud chamou a atenção para esse órgão da atenção: o que chamamos de consciência é o órgão da atenção. Podemos prestar atenção ao objeto externo ou aos objetos internos. Podemos nos aproximar ou nos afastar deles, e isso pode ser visto nos sonhos, quando, por exemplo, num momento o paciente está olhando para dentro da geladeira e, no momento seguinte, está olhando para a paisagem.

Quanto à segunda questão, não vejo motivo para ter de limitar o campo de interesse. De qualquer maneira, você nunca vai fazer mais do que arranhar a superfície. Os processos mentais que o processo analítico deixa à nossa disposição são tão complicados, que ninguém consegue prestar atenção a mais de um item ou uma dimensão. Então, quando falamos de captar organizações do estado mental do paciente, dependemos praticamente só da intuição, ou seja, estamos à mercê do objeto interno.

O meu conselho *é que* vocês se interessem por tudo o que possa ser percebido. Não temos como decidir o que é valioso e o que é perda de tempo. Dependemos de que o paciente nos esfregue isso na cara.

Luís Carlos Junqueira: Gostaria de retornar à questão da coluna dois, pois tenho uma visão diferente da que o Dr. Meltzer expressou. Nunca me pareceu que Bion tivesse sugerido que a coluna dois pertencesse à grade negativa. O que acho que ele comentou foi que a coluna dois e a fileira "C" mereceriam uma grade à parte. Para ilustrar o fato de que a coluna dois não pertenceria à grade negativa, invoco uma formulação do próprio Bion, *que ele* chamou de "dimensão coluna dois da interpretação". Significa que, na clínica, o melhor referencial que o analista poderia ter, de que o momento da interpretação estava maduro, seria o surgimento de um ápice de resistência a fazer a interpretação. Para mim, isso tem um valor clínico muito grande. Gostaria de saber sua opinião a esse respeito.

D. Meltzer: Quando digo que não sou um apóstolo de Bion, significa que não quero fazer parte de nenhuma exegese do pensamento de Bion, como aconteceu com o debate talmúdico que se fez com Freud, do tipo: o que ele disse, o que ele queria dizer exatamente. Corre-se o risco de acabar com quatro evangelhos etc.

Não quero dar voz a nada além do que acho que aprendi com o trabalho de Bion, e que eu uso. Não quero que achem que estou alegando que foi isso o que Bion quis dizer; porque não sei direito o que Bion quis dizer, e não tenho nem certeza de que isso seja muito importante. Mas fico feliz, porque o trabalho dele mexeu tanto comigo e me fez produzir e trabalhar de maneiras como eu nunca teria feito.

Parece que o que ele descreveu como coluna dois era essencialmente uma referência a interpretações de coisas que não eram bem-compreendidas e que tinham o propósito de esconder nossa ignorância. Mas, por que ele quis pôr isso na grade é, para mim, um mistério. Acho que pertence à área que ele chamava de mentira, que me parece fazer parte da grade negativa.

Cada um deve ter a sua própria idéia sobre a obra de Bion, e de como usá-la em seu consultório. Não estou tentando convencê-los da minha visão, nem estou citando Bion de verdade. Estou falando a partir das impressões que tenho dele.

Cecil Rezze: Não seria do meu estilo se eu não começasse manifestando minha admiração pelo trabalho do Dr. Meltzer, que, para usar uma expressão de gíria, "deita e rola na psicanálise". Em segundo lugar, devo me referir ao senso de humor e ao bom humor dele, que são admiráveis.

D. Meltzer: Sim, agora a crítica!

Cecil Rezze: Gostaria de comentar sobre as Transformações e, particularmente, as Transformações em alucinose. Acompanhei a palestra *Dream Life* e o grupo de trabalho. Tenho a impressão de que o Dr. Meltzer lida fundamentalmente com Transformações projetivas, privilegia a identificação projetiva.

D. Meltzer: E isso que observo com mais freqüência.

Cecil Rezze: A questão é se não poderíamos observar as Transformações em alucinose, não somente nas psicoses, já que foi focalizada uma esquizofrenia, mas também no trabalho comum do consultório. Outra questão é a seguinte. Tenho visto, inclusive na literatura internacional, que se fala em transferência, contratransferência, quase como se fosse uma senha, quando as pessoas estão falando de coisas diferentes. Então, pergunto: quando Bion fala das Transformações projetivas em alucinose, servindo a transferência; não teríamos de rever todo o conceito de transferência e, sobretudo, de contratransferência?

D. Meltzer: Na minha opinião, o conceito de Bion de Transformação em alucinose é mais uma daquelas idéias brilhantes, que ele ou não foi capaz ou não teve vontade de ilustrar mais claramente. A questão é que, embora a gente veja as Transformações em alucinose com freqüência, na análise de pacientes comuns é difícil ver como ela se forma. Quando tive a oportunidade de ver em um paciente, escrevi um artigo a respeito e achei que era um dos processos mais intrincados, rápidos e fascinantes: uma percepção do paciente era posta para dentro, era estilhaçada, e os estilhaços eram novamente projetados através dos olhos, na forma de uma Transformação em alucinose.

Vejo Transformações em alucinose em muitos pacientes, mas raramente consigo ver como elas se dão. Tenho uma paciente, por exemplo, em quem isso é um fenômeno regular. Por exemplo, ela entrava e sentia cheiro de esgoto na casa; numa próxima vez, sentia o cheiro do assado de carneiro; na terceira vez, entrava e sentia o cheiro do creme de barbear que eu usava, embora eu não use nenhum creme, e sim um barbeador elétrico. Assim, posso observar a existência das Transformações em alucinose, mas isso é diferente de observar como elas se dão. Isso me parece complicado, e nem mesmo Bion enunciou na sua totalidade, plenamente. Não sei por que a gente espera que um gênio detalhe todos os pormenores de suas idéias. Acho que fica para as pessoas menores, as pessoas comuns, irem preenchendo os detalhes, através da observação e do registro cuidadoso dos fenômenos clínicos. Enquanto nos limitarmos aos fenômenos clínicos, não vamos entrar nesses debates talmúdicos.

Cecil Rezze: Eu havia perguntado ainda sobre a transferência e contratransferência nesse contexto, mesmo porque Melanie Klein e Bion, por exemplo, não consideram que a contratransferência seja operacional para o analista. Mesmo quando isso se expande, eu gostaria de lembrar que Bion desenvolve e valoriza consciente e inconsciente, mas enfatiza que não é suficiente, ele ainda precisa do conceito de finito e infinito. Além de a interpretação ser uma fala descritiva, ela não deve conter um elemento de ação que atenda o momento emocional presente?

D. Meltzer: Não, estou convencido de que, no momento em que a sua comunicação vira ação, você perde o pensamento. Você estará fazendo aquilo que Bion ressaltou: que a resposta é o infortúnio da pergunta.

Cecil Rezze: Tenho a impressão de que fui infeliz na observação. Estava querendo falar sobre "language of achievement", linguagem de êxito, que Bion desenvolve.

D. Meltzer: Essa é uma frase que Bion tirou de Keats, que diz que nenhum homem, ao que ele soubesse, havia se aproximado de Shakespeare em capacidade negativa, e isso era a idéia que ele tinha de um "man of achievement", que se baseava na capacidade negativa, não em ação, e sim no pensamento, não irritantemente tentando alcançar fatos e razão.

Cecil Rezze: A meu ver, a palavra "interpretação" não serve, precisamos de outra expressão, que nos distancie da interpretação em Freud, da interpretação em Melanie Klein, e crie um outro campo. Nesse sentido, a expressão "language of achievement" pode ser um substituto vantajoso. Quando mudamos o referencial de Freud (transformar o inconsciente em consciente, ou onde havia id haja ego), ou mesmo de Melanie Klein, levando em conta a transferência total; se passo a observar os fenômenos entre finito e infinito (essa situação que Keats descreve), vou precisar de um instrumento diferente daquele descrito em psicanálise.

D. Meltzer: Concordo plenamente. Se você estiver pensando em termos de finito e infinito, está se aproximando de uma linguagem matemática e vai precisar de um instrumento novo. Acho que Bion não se decidiu inteiramente, com relação a consciente e inconsciente. Em alguns lugares, ele define como a membrana da função alfa, e em outros lugares, descreve como uma questão de atenção. Pessoalmente, no meu trabalho, uso pouco o conceito de inconsciente. Estou convicto de que existe um inconsciente que não está ao alcance da introspecção, que está além da possibilidade de introspecção. E uma área e um nível muito primitivos da mente. Mas acho que o meu trabalho não se relaciona com isso; relaciona-se com o que o paciente pode observar internamente e me reportar, aquilo que posso construir imaginativamente, com a ajuda da observação da minha contratransferência. Não considero que isso tenha qualquer valor explicativo. Só aspira a ser interessante para o paciente. Para mim, esta é uma regra de ouro: se você não conseguir falar nada que seja interessante, cale a boca.

Muitas vezes, quando o paciente fala, você não tem a menor idéia do que dizer, ou do que ele está falando. Nessa hora, o melhor que se pode fazer é um ruído de atenção; coisa de que os pacientes sempre reclamam: "O senhor só fala hum, humo"

Mas é raro que se passe uma sessão inteira sem eu achar alguma coisa interessante para dizer para o paciente. Tivemos um exemplo aqui, com a apresentação de um dos seminários (Seminário D). Naquela ocasião, fiquei sentado durante quarenta e cinco minutos, e não achei nada de interessante para dizer. Em parte, devido ao tom ansioso da apresentação, que o próprio paciente fazia do seu material, e em parte ao caráter da apresentação do analista. Com freqüência, nas análises, também somos de tal maneira bombardeados que não conseguimos captar ou dizer nada de interessante, nem com base na percepção do material do paciente, nem com base na contratransferência. É válido chamar isso de bombardeio. No final, quando o analista parou de falar, algo apareceu na minha mente; e aí me interessou, **e tive** a sensação de que poderia oferecer alguma coisa útil, interessante, mas não tinha certeza.

Acho que a diferenciação que Freud faz do que é consciente e do que é inconsciente não é um instrumento clínico muito útil. E certamente tem pouco ou nenhum valor explicativo, porque a mente não funciona através de causa e efeito, ela opera através de processos mentais, julgamento, formação de idéias, valores etc. De algum modo, poder-se-ia dizer que alguns fenômenos psicossomáticos operam na base de causa e efeito, porque são o oposto de funções mentais, devem-se a evacuações de acréscimos de estímulos, como Bion descreveu.

Luís Meyer: Eu queria pedir que o Dr. Meltzer discorresse um pouco sobre as semelhanças e diferenças que existem entre o conceito de visão binocular e atenção flutuante.

D. Meltzer: Nenhuma das duas é especialmente idéia de Bion. Acho que as pessoas com freqüência confundem com a reversão de perspectiva. Para mim, isso parece ser um ponto de vista bioniano e a idéia tem antecedentes filosóficos. Suas origens provavelmente estão no "pato/coelho" de Reichenstein: é um animal que parece um pato ou parece um coelho, dependendo do jeito que se olha. É diferente das variações de atenção, que derivam de se aproximar e se afastar do objeto de atenção. Relaciona-se com níveis mais sofisticados de percepção, que Reichenstein descreveu como "modo de ver", e não é uma questão de formação de símbolo, é uma questão de predisposição à experiência. Ver um objeto como uma ou outra coisa não é um processo mental. Acho que a questão da atenção flutuante é um mito freudiano; não creio que a atenção jamais seja livre ou flutuante. O que se passa é que ela vaga para dentro e para fora, sem o controle do analista, que pode perder a atenção quando ela se afasta. Seria, em geral, uma pista muito boa para a contratransferência se pudesse ser recapturada para onde ela vai. Quando, por exemplo, uma pessoa que apresentou o material disse que se distraiu e pensou na osteoporose da mãe. Esta foi uma recuperação brilhante, como quando um jogador de rugby deixa cair a bola, mas consegue apanhá-la de novo antes que alguém chegue.

Mas não é dessa maneira que usualmente fazemos contato com a contratransferência. Em geral, mantemo-nos sempre atentos ao conteúdo visual do que se passa conosco- A parte de arte da psicanálise é permitir que essa fantasia visual tenha o máximo de liberdade. As vezes, nossa fantasia visual vai embora e não conseguimos reconhecer como isso se relaciona com o paciente. E, às vezes, é aí que se constituem os momentos mais inspirados.

Escrevi sobre isso no artigo sobre as interpretações de rotina e as interpretações inspiradas. É verdade que as expressões "transferência e contratransferência" podem ser usadas de maneira banalizada e até se transformar em moda. Mas isso não tem maior interesse, porque qualquer coisa pode sofrer abusos. Uma vez vi, em Roma, um cartaz anunciando algum tipo de pílula para pessoas bulímicas manterem o peso. A propaganda exibia a imagem da Vênus de Botticelli em cima de uma balança. Enfim, não há como evitar que coisas assim aconteçam.

Naturalmente, há pessoas externas à psicanálise que assumem a incumbência de criticá-la, e escrevem em jornais e revistas. O máximo que podemos fazer é dizer que elas não sabem do que estão falando e não fazem-a menor idéia do que se passou na psicanálise desde os tempos de Freud. Provavelmente, leram *os Estudos sobre a histeria,* e ficaram nisso. Às vezes, pedem-nos para comentar alguma coisa que sai nos jornais, mas não vale a pena se dar a esse trabalho. Fui convidado para participar de um programa de televisão, para discutir a questão de se Freud deveria ter usado a palavra "alma" em vez de "ego". Acho que foi Bettelhein quem disse isso. No programa, estavam dois acadêmicos de muito prestígio e um psicanalista sem muito prestígio (eu mesmo). Tivemos um debate divertido entre nós. Um psicanalista tentava insistentemente matar a conversa e, para meu alívio, o programa não foi considerado adequado para a transmissão. Foi divertido, porque é sempre um prazer conversar sobre psicanálise com gente que não é do ramo, mas tem um interesse genuíno pela matéria.

Eu também acho que ele deveria ter usado a palavra "alma", mas não sei se isso tem importância.

Antonio Sapienza: Eu gostaria que o senhor focalizasse os fatores que levaram a uma certa ruptura do esquema kleiniano clássico, no qual não há ênfase no objeto externo; se a emergência desse conceito de Bion, de continente com "rêverie", tem a ver também com pesquisas na área de "terra sem nome"; e de que maneira o senhor vê certa assepsia, por parte dos analistas, para preservar essa função na sessão. Que fatores nós, analistas, devemos ter em conta para isso?

D. Meltzer: Em primeiro lugar, há pacientes que não parecem ter um mundo interno: as crianças autistas, as crianças hiperativas ou as crianças que crescem em ambientes em que recebem pouca ou nenhuma atenção individual, e tornam-se crianças carentes, que se desenvolvem de uma maneira que, imagino, vocês conhecem bem em São Paulo – nós temos muitas em Oxford também. Essas crianças têm a maior dificuldade em fazer qualquer tipo de vínculo, operam puramente na base da sedução e da delinqüência, e envolvê-las em qualquer forma de vinculação implica um processo longo e vagaroso. São crianças muito pesadas quanto à capacidade que você chamou de continência com "rêverie". Porque, na maneira como compreendo a capacidade de continência com *"rêverie"*, esta não depende exclusivamente do analista; depende de que o paciente use o analista como um continente para as suas projeções, sejam elas projeções evasivas ou projeções comunicativas. Você não consegue fazer com que aconteça uma continência com "rêverie", a menos que o paciente coopere nesse sentido, e as crianças autistas e hiperativas não usam o analista dessa forma. Qualquer paciente, em alguma hora, deixa de usar o analista dessa forma. Nessas ocasiões, o analista pode sentir tédio, pode cair no sono, pode sentir-se irritado pela perda de tempo. Se quiser chamar essas coisas de contratransferência até pode, mas na verdade elas são respostas a um paciente que falha, que deixa de cooperar. Eu não chamaria de contratransferência, porque não se configuram como uma resposta parental à utilização do analista pelo paciente numa maneira infantil. Não ajuda em nada chamar de "contratransferência" qualquer coisa que você sinta pelo paciente, porque com crianças ou com adultos sempre se dá um nível de relacionamento que não tem nada a ver com transferência e contratransferência.

Quando a gente pensa em organizar *o settingde* uma análise, é importante organizar as particularidades do *setting*, de tal modo que os arranjos atraiam o mínimo de transferência possível. Isso envolve os horários, o horário para começar, o horário para acabar, as férias, o número de sessões, o pagamento. Convém conceber todos esses itens de forma a serem tão regulares e convenientes quanto possível, e discutir de maneira aberta os agravos que o paciente sente em relação a isso.

Gostaria de falar também da interpretação e do que acho que não deveria ser chamado de "interpretação", mas de "opinião" e "comentário". Se você se ativer a essa capacidade negativa, você automaticamente se reserva o direito de mudar o pensamento. Não me parece necessário que o analista seja consistente, no sentido de viver hoje exatamente o que viveu algum tempo atrás.

Tivemos aqui uma sessão muito interessante, na qual a paciente agredia a analista, apontando todos os erros que a analista tinha feito, e que me pareceram, na verdade, erros de consistência. É claro que cometemos erros, e não há nada a ser feito, a não ser pedir desculpas por eles. Você pode chegar alguns minutos atrasado, pode até esquecer uma sessão; e não há nada a ser feito anão ser desculpar-se. É surpreendente como os pacientes não perdoam; mas se você não tiver a expectativa de ser perdoado, não dói tanto. Trata-se de transferência infantil, e as crianças certamente não são generosas.

Leopold Nosek: Eu queria, e acho que vou me manifestar em nome de todos, falar do prazer que foi a visita do Meltzer e de como ele fez sentido em nossa sociedade, principalmente pelo seu aspecto não institucionalizado. Seja da instituição formal, seja da instituição de grupos informais. Pela disciplina de fala, pela continuidade que deu a esse trabalho, pela simpatia com que lidou com o material clínico; enfim, pela forma como conviveu conosco, esta semana inteira, eu queria que soubesse que sua visita foi importante para nós.

Muito obrigado.